IMPRESSUM

www.markusalbers.com

www.meconomy.me

Covergestaltung: Katrin Hoffmann

Satz: Dirk Mönkemöller

Lektorat: Ralph Schüngel

Herstellung und Verlag: epubli GmbH, Berlin, www.epubli.de

ISBN 978-3-86931-383-2

INHALT

WARUM ICH DIESES BUCH SCHREIBE

„Starting your own business is risky, but the recent economic turmoil suggests that we should recalibrate our notions of safety. The working world used to be divided into safe but boring jobs, and exciting but risky ones. Of late, many of the supposedly safe professions have been decimated – which should help us let go of illusions of safety."

Alain de Botton, Monocle „Small Business Guide" 2009/10

Eigentlich war der Plan wasserdicht. Ich hatte meine gut dotierte Festanstellung aufgegeben, denn ich wollte frei sein. Wollte raus aus dem Bürotrott, weg von der Fremdbestimmung, aus dem Klein-Klein von Meetingterror und Anwesenheitspflicht. Ich hatte mit „Morgen komm ich später rein" sogar ein Buch darüber geschrieben, dass wir neuerdings arbeiten können, wann und wo wir wollen – Hauptsache, der Job wird erledigt. Und obwohl ich bei der Recherche für das Buch viele fortschrittliche Unternehmen fand, die ihren Mitarbeitern diese Freiheit einräumten und damit sehr erfolgreich waren, wusste ich doch: Mein alter Arbeitgeber, die Zeitschrift Vanity Fair, bei der ich als Managing Editor gearbeitet hatte, gehörte nicht dazu. Und die meisten anderen Medienunternehmen, die ich kannte, auch nicht. Journalisten sind immer im Dienst. Und gefälligst auch immer am Schreibtisch. Es könnte ja noch etwas passieren.

Also hatte ich beschlossen, mein Konzept des Überallarbeitens – das ich „Easy Economy" genannt hatte – zunächst einmal in dem Status auszuprobieren, in dem es am einfachsten zu verwirklichen ist: als Selbstständiger. Ich hatte viele Kontakte, ein vorzeigbares Portfolio, viele Ideen und verlangte einen komfortablen Tagessatz. Ich würde unterwegs von irgendwo auf der Welt Artikel recherchieren und Konzepte entwickeln. Würde, wenn ich wieder in Deutschland war, Verlage und Agenturen beraten oder Vorträge halten. Und sollte ich mal für ein paar Monate Fernweh verspüren, würde ich einfach das nächste Buch schreiben. Auf Bali, in Buenos Aires, Bangkok – oder Born am Darß. Ich sah ein Leben vor mir, wie ich es immer erträumt hatte: unabhängig, kosmopolitisch, komfortabel.

Dann kam die Wirtschaftskrise.

Zunächst dachte ich, was wohl alle dachten: Geht vorbei, betrifft mich nicht. Dann fingen die ersten Menschen in meinem Umfeld – Profis, die ich als optimistisch und saturiert kannte – an schwarzzumalen. Die Aufträge würden weniger, die Budgets kleiner, die Kunden unfreundlicher. Schließlich merkte ich es selbst. Redakteure riefen nicht zurück. Honorare wurden gedrückt, Jobs, die ich für sicher hielt, von einem Tag auf den anderen storniert. Alles nicht dramatisch, aber doch schwierig, unsicher, irgendwie schlecht gelaunt.

Wollte ich wirklich ausgerechnet jetzt meine Vision von globaler Mobilität, maximaler Freiheit und Selbstverwirklichung im Job umsetzen? Oder ging es nun gar nicht mehr darum, später reinzukommen, sondern überhaupt noch? Nicht rumzicken, keine unrealistischen Ansprüche stellen und bitte schön: vor Ort und erreichbar sein. Überstunden machen, bevor einen die Kurzarbeit erwischt. Das waren doch in der Rezession die neuen Anforderungen an Arbeitnehmer und Freiberufler. Ich sollte wohl besser meine Reisepläne verschieben, die Kollaborations-Software einmotten und mich um einen ordentlichen 9-to-5-Job bemühen, solange es noch welche gab. Sollte mich freuen, wenn ich jeden Tag an meinen Schreibtisch gehen durfte. Oder?

Nach einigen Tagen des Grübelns und vielen langen Diskussionen mit Freunden und Kollegen beschloss ich zu tun, was jeder analytische Macher nach gründlichem Abwägen getan hätte: erst mal gar nichts. Vielleicht ging diese Krise ja doch von selbst vorbei. Jedenfalls mochte ich meine Theorien nicht beim ersten Widerstand über Bord werfen, auch wenn ich mir vorkam wie der Mann, der gegen den Flüchtlingsstrom auf einen Vulkanausbruch zuläuft.

An einem dieser Tage, an denen ich mich ernsthaft fragte, ob die Entscheidung, meine Führungsposition in der Redaktion aufzugeben, nicht doch etwas übereilt gewesen war, summte mein Telefon mit einer SMS: „Vanity Fair sofort eingestellt, alle gekündigt", benachrichtigte mich ein früherer Kollege aus der Redaktionssitzung. Da wusste ich: Es war klüger gewesen, das sinkende Schiff auf eigene Initiative und mit einer Vision zu verlassen, als mich mit schlechtem Gefühl an eine Festanstellung zu klammern, die so fest ja eben doch nicht war. Meine freigestellten Exkollegen jedenfalls hatten es jetzt erst mal nicht leicht: Die Kündigung hatte sie überrascht, die meisten hatten keinen Plan B. Dazu kam: Wenn 80 Zeitschriftenmitarbeiter auf einen Schlag nach neuen Jobs suchen, wird es eng. In den folgenden Monaten entpuppten sich viele krisensicher geglaubte Jobs selbst bei Traditionsmarken als sehr wackelig: Märklin, Rosenthal, Schiesser, Karstadt, Opel – Sicherheit fürs Leben war dort – anders als für frühere Generationen – nicht mehr zu finden.

Ich hingegen merkte, dass die anfängliche Auftragsflaute nur an der Unsicherheit der Unternehmen zu Beginn der Krise gelegen hatte. Meine Theorie war offenbar doch nicht so blauäugig. Es konnte tatsächlich sein, dass ich mein freies, ungebundenes und glückliches Leben auch in wirtschaftlich schwierigen Zeiten würde führen können. Inzwischen verdiene ich – vorausgesetzt, ich nehme mir nicht zwischendurch frei – mindestens so viel wie als Festangestellter. Meine Arbeitsweise, manchmal vor Ort im Büro zu sein, manchmal aber auch von einem Café in Lissabon aus zu arbeiten, stellt keiner mehr infrage. Das Leben ist nicht immer einfach, aber näher an die Easy Economy kann man wahrscheinlich nicht kommen.

Ich habe seitdem viele Menschen kennengelernt, denen es ganz ähnlich ging wie mir: Von alten Gewissheiten enttäuscht, haben sie sich entschieden, ihr Leben selbst in die Hand zu nehmen und endlich das zu tun, was sie mögen. Sie gründeten ein Unternehmen für elektronisches Lernen, erfanden ein kleines Programm fürs iPhone, das es Menschen ermöglicht, ihre eigene Produktivität zu verbessern. Sie machten sich mit einer Agentur für Virtuelle Persönliche Assistenten selbstständig, arbeiteten im Winter in Südamerika oder immer von einem kleinen Häuschen in der Uckermark.

Für manche ist die Lehre aus der Krise, dass sie umso mehr an ihren Sicherheiten festhalten, vor allem: an der Festanstellung, so sie noch eine haben. Das ist verständlich und kurzfristig wohl auch vernünftig, aber auf längere Sicht nicht unbedingt die beste, jedenfalls nicht mehr die einzige Strategie. Manche kündigten ihre gut bezahlten Jobs, weil sie sich von der Krise nicht einschüchtern lassen wollten oder diese sogar als Chance sahen. Viele Berufsanfänger machten sich in der aktuellen Wirtschaftslage keine Hoffnungen auf die sichere Festanstellung und begannen von ihrem Wohnzimmer aus, nur mit dem Laptop bewaffnet, ein Geschäftsmodell zu verfolgen.

Es ist kein Zufall, dass der Ansatz der Easy Economy, also des mobilen, flexiblen und selbstbestimmten Arbeitens, auch in ökonomisch angespannten Zeiten funktioniert. In Wahrheit, so denke ich inzwischen, funktioniert er dann sogar besser. Die Krise ist – zumindest gefühlt – schon wieder vorbei, doch sie hat einen grundlegenden Mentalitätswandel bewirkt. Sie war der Katalysator für eine Entwicklung, die Experten schon vorher unaufhaltsam erschien, die nun aber noch einmal beschleunigt, vor allem aber für viele erstmals sichtbar wurde.

Am Ende stehen Lebens- und Arbeitsbiografien, die kaum noch etwas mit denen unserer Elterngeneration zu tun haben. Wir machen unsere Hobbys zum Beruf und verlegen unseren Lebensmittelpunkt dorthin, wo wir am glücklichsten und produktivsten sind. Wir müssen uns selbst wie eine Marke positionieren, unsere Stärken ausbauen und Dinge, die wir nicht so gern oder gut machen, an andere Experten auslagern, vielleicht sogar an Dienstleister in anderen Ländern. Wir machen uns leichteren Herzens selbstständig, aber vor allem werden wir selbstständiger denken und fühlen. Es wird ein gutes, aufregendes und erfülltes Leben sein, aber nicht jeder wird es führen können. Nur jene mit guter Ausbildung, Bereitschaft zu lebenslangem Lernen, kultureller Offenheit, Neugier und Glauben an die eigenen Fähigkeiten werden dazugehören. Das heißt zugleich: Viele werden durch dieses Raster fallen. Die neue Arbeitswelt, nennen wir sie „Meconomy“, wird hart werden und sie wird die Gesellschaft in der Mitte spalten.

Zugegeben: Nicht jeder kann seine Leidenschaft zum Beruf machen, kann sich aus den Fesseln des Bürotrotts befreien und sich in der modernen Welt selbst verwirklichen. Von diesem Buch wird profitieren, für wen die Möglichkeiten der digitalen Ökonomie, der globalen Mobilität und der individuellen Markenbildung verlockend klingen. Wer unter der Fremdbestimmung einer Festanstellung leidet und sich überlegt, endlich mal etwas Sinnvolles mit seinem Leben anzustellen. Wer schon selbstständig ist, sich aber mit Routineplackerei und Brotjobs durchschlägt. Wer neue Jobs erfinden will, die es heute noch gar nicht gibt. Wer als Arbeitgeber wissen will, wie er künftig die besten Mitarbeiter anlockt. Dieses Buch ist nicht für Menschen geschrieben, die wohlige Routine, pünktlichen Feierabend und eine komplett berechenbare Zukunft schätzen. Es gibt auch Berufsbilder, in denen das Versprechen der Meconomy schlicht nicht funktioniert. Dies ist ein Buch, das hauptsächlich für eine Zielgruppe geschrieben wurde: Wissensarbeiter, auch Kreative Klasse genannt. Also Menschen, die mit Informationen umgehen, die eher Produkte entwickeln als herstellen, die eher digitale als handwerkliche Dienstleistungen anbieten, die hauptsächlich am Computer arbeiten. Das sind heute schon etwa 50 Prozent aller Jobs, Tendenz steigend, aber es sind eben nicht alle.

Vor allem aber wird die Meconomy für uns alle hart, weil wir mit weniger Sicherheiten auskommen müssen, ohne manche Leitplanken der alten Wirtschaftsordnung. Der Staat, die Sozialversicherungssysteme und viele politische Ordnungsmuster werden sich an diese neue Welt anpassen müssen, wenn sie noch eine Gültigkeit für die Menschen haben sollen. Wer sich statt auf seine Leidenschaften und Fähigkeiten weiter auf die staatlichen Netze, gelernte Routinen und den vertrauten Arbeitsalltag verlässt, wird es schwer haben, wird vermutlich zu den Verlierern gehören. Die netten Jahre sind vorbei. Jetzt kommen die aufregenden, die fordernden, die Jahre voller Gefahren und Gelegenheiten.

EINLEITUNG

„The future of business will be more startups, fewer giants, and infinite opportunity."

Chris Anderson

Manchmal müssen wir aus der Bahn geworfen werden, um zu wissen, wo es hingehen soll. Manchmal brauchen wir einen ordentlichen Schubs von außen, um Veränderungen zu akzeptieren, von denen wir schon lange ahnten, dass sie unumkehrbar sind. Und manchmal wollen wir einfach mal etwas Neues ausprobieren, weil das Alte so komisch schal schmeckt und vermutlich eh bald umkippt.

Spätestens die Weltwirtschaftskrise hat uns die Grenzen vieler Werte und Regeln aufgezeigt, die noch unseren Eltern Sicherheit und Verlässlichkeit boten. Wir ahnten es schon, aber jetzt war es unübersehbar – kaum noch etwas bot existenzielle Sicherheit: der lebenslange Job? Die großen Unternehmensmarken? Die Altervorsorge? Marode oder komplett hinfällig. Die scheinbare Berechenbarkeit unseres Lebensrhythmus, der tägliche Weg zur Arbeit, das Sparen für die Rente – alles schien plötzlich hoffnungslos veraltet. Unzuverlässig. Falsch. Es war zum Verzweifeln. Oder man konnte in diesen Katastrophenmeldungen eine gute Nachricht entdecken: Denn was erwartet uns statt des patriarchalischen Systems von Rheinischem Kapitalismus, Reihenhaus, Rente? Vielleicht ja ein Leben, das wir schon seit einigen Jahren vorgeschmeckt haben, das wirklich zu kosten uns aber immer zu risikoreich erschien. Ein Leben, das uns Freiheiten, Entscheidungsoptionen und Wege der Selbstverwirklichung eröffnet, die noch vor wenigen Jahren undenkbar waren.

Für die kluge Zeitschrift Monocle war 2009 das „Rethink year" – das Jahr des Umdenkens. Die Menschen hätten gelernt, sich auf ihre Fähigkeiten zu verlassen, sagte mir Chefredakteur Andrew Tuck, der Stimmen aus aller Welt zu diesem Thema veröffentlicht: „Es gab schreckliche Verluste für viele, aber auch einige heilsame Korrekturen." Auch Tuck glaubt, dass es nun einfacher ist, sich neu zu erfinden: „Ich kenne Menschen, die vom Fotoagenten zum Koch umgeschult haben oder vom Banker zum Bauern und die in beiden Bereichen gut sind. Ich finde das toll. Es ist nie zu spät, zu tun, woran einem wirklich liegt." Viele hätten in und nach der Krise gelernt, was sie wirklich glücklich macht.

Tu, was Du liebst, heißt es, dann wirst Du keinen Tag Deines Lebens arbeiten. Was früher nach schwülstiger Selbstfindungsromantik klang, wird heute plötzlich möglich. Nicht zuletzt die digitale Ökonomie macht es einfacher und zugleich notwendiger, Zielgruppen, Anhänger und Märkte für Tätigkeiten und Produkte zu finden, für die wir brennen. Das Leben wird zu einem Baukasten der Möglichkeiten. Modular können wir uns genau jene Teile zusammensetzen, die zu uns passen.

Hierüber tauschen sich von überall in der Welt neuerdings Menschen aus – wie sich die alltäglichen Dinge des Lebens mithilfe von praktischen Tricks und moderner Technik besser bewältigen lassen. Sie versuchen so, ihre persönliche Produktivität zu optimieren, weil der gute alte Bürotag von neun bis fünf zunehmend der Vergangenheit angehört und wir dank diesem Ende der Anwesenheitspflicht erstmals ein wahres Interesse daran haben, Dinge schneller und effizienter geregelt zu bekommen, um danach freizuhaben. In meinem letzten Buch, „Morgen komm ich später rein", habe ich gezeigt, wie man durch mobile und flexible Arbeitsweise heute weniger Zeit im Büro verbringt und Zeit für andere Dinge gewinnt. Die Frage, die sich nun stellt, ist: Was passiert dann? Wie nutzt man nun diese Zeit? Für immer mehr Menschen lautet die Antwort: Bildung, Fähigkeiten erweitern, Selbstverbesserung.

Gleichzeitig machen die neuen Kommunikationstechnologien auf der Basis von Internet und mobilen Services das Bilden, Motivieren und Mobilisieren von Gruppen immer einfacher. So kann heute jeder von uns zum Anführer seines eigenen „Stammes" werden, wie der Marketing-Experte Seth Godin das nennt. Die heute 18- bis 25-Jährigen gelten schon jetzt als die „kreative Generation", denn sie sind es gewohnt, nicht nur zu konsumieren, sondern genauso selbstverständlich zu produzieren. Auch dies ist für jeden von uns eine nie dagewesene Chance der Selbstverwirklichung.

Mit der Arbeitswelt verändern sich auch die Geschäftsmodelle. „What would Google do?", fragt der amerikanische Autor Jeff Jarvis und gibt die Antwort für viele Branchen: Auch sie müssen sich neu erfinden – müssen viele ihrer ehemaligen Geschäftsgeheimnisse offenlegen und ihre Produkte von Kunden und Subunternehmern auf unerwartete Weise remixen lassen. Chris Anderson, Chefredakteur der klugen Technologiezeitschrift Wired, hat als neuen Trend „Free" identifiziert – das Verschenken von Produkten und Dienstleistungen, um dann auf verschiedene neue Weisen doch wieder Geld zu verdienen. Fest steht: Viele Geschäftsmodelle wandeln sich gerade grundlegend. Und die meisten Unternehmen haben heute noch keine Antwort auf diese Veränderungen. Das bedeutet zweierlei:

1. Egal wie stabil und groß unser Arbeitgeber bislang war – sein Erfolg in der Zukunft – und damit unser Job – ist ungewiss.

2. Die Barrieren für einen erfolgreichen Markteintritt neuer Player sind so niedrig wie nie. Wenn niemand weiß, wie es weitergeht, können genauso gut wir es sein, die die Zukunft miterfinden.

Wir sind im positiven Sinne auf uns selbst zurückgeworfen. Die kleinste sinnvolle Einheit, auf die wir uns in der Wissensgesellschaft verlassen können, ist unser Kopf. Wir selbst. In diesem Buch möchte ich zehn zentralen Entwicklungen nachgehen, die meiner Meinung nach unsere Arbeits- und damit Lebenswelt in den kommenden Jahren prägen werden:

1) Tradierte biografische Routinen und Eckdaten der Lebensplanung wie Festanstellung, sichere Rente, 9-to-5-Arbeitstag oder klassische Ausbildung verlieren zunehmend an Wert. Immer mehr von dem, was die Existenz unserer Eltern noch überschaubar machte, ist für die Generation der unter 40-Jährigen bestenfalls von sentimentalem Wert.

2) Viele der Jungen stehen klassischen staatlichen Strukturen reserviert gegenüber, nehmen Sicherheitsversprechen im Zeitalter der Globalisierung nicht mehr für bare Münze. Sie setzen stärker auf Eigeninitiative und Unternehmertum denn auf klassische Karrierewege. Wenn die Sozialstandards langfristig nicht zu halten sind – so die Devise –, dann will ich wenigstens Freiheit haben.

3) Arbeit wird zunehmend mobil und flexibel, wir verbringen nicht mehr den Großteil unseres Lebens in Büros. Dieser veränderte Arbeitsalltag ergibt sich vor allem durch technologische Neuerungen, und durch sie kristallisieren sich auch alternative Berufsfelder heraus. Weil Wissen, Fähigkeiten und Geschäftsmodelle immer schneller veralten, müssen wir uns permanent neu erfinden. Die Floskel des lebenslangen Lernens ist für uns harte Realität.

4) Wir haben das Gefühl, auf uns selbst gestellt zu sein. In der Folge wird Individualität als Lebensziel für viele immer wichtiger. Andere fühlen sich von der Entwicklung aber auch abgehängt und überfordert.

5) In diesem Wandel steckt eine enorme Chance. Denn durch die kommunikativen Möglichkeiten des Internets finden wir nicht nur viele Gleichgesinnte, mit denen gemeinsam wir Neues lernen können. Die Technologie dient zugleich als großes Bildungslaboratorium. Die Vermittlung von Wissen wird zunehmend kostenlos, global, individuell und zugleich sozial organisiert.

6) Gleichzeitig verschafft uns dieser kommunikative Anschluss an die Welt erstmals die Möglichkeit, unsere Leidenschaften zum Beruf zu machen, Geld mit dem zu verdienen, was uns begeistert. Im Internet finden wir Kunden, Gleichgesinnte und also Geschäftsmodelle – allerdings auch den größtmöglichen Wettbewerb. Wir müssen also nicht nur unser Leben stärker in die Hand nehmen, wir können es erstmals auch.

7) Es reicht nicht mehr, Dinge einmal zu lernen und dann im Job zu funktionieren. Wir müssen uns vielmehr als Marke inszenieren, müssen Personal Branding betreiben, um im weltweiten Wettbewerb um Arbeitskräfte mitzuhalten. Auch hierbei helfen die Link-Ökonomie des Internets und die Rückbesinnung auf unsere Stärken und Leidenschaften.

8) Glücksforscher sagen, dass wir mit dieser selbstbestimmten, abwechslungsreichen und doch fordernden Art, unsere Arbeit und unser Leben zu gestalten, alle Voraussetzungen erfüllen, um glücklich zu sein.

9) Personal Branding sowie die zunehmend mobilere und flexiblere Natur von Arbeit erlauben uns, die Orte auszusuchen, an denen wir zufrieden und produktiv sind. Leben und Arbeit sind nicht mehr an einen Arbeitgeber und einen Wohnort gebunden. Wir werden global mobil. Auch das kann uns glücklicher machen.

10) Weil wir zunehmend selbst bestimmen, wie, wo und mit wem wir unser Geld verdienen, stellt sich die Sinnfrage verstärkt. Der Trend, ökonomisches und soziales Engagement zu verbinden, nimmt zu. Wir wollen Gutes tun, glücklich sein und Geld verdienen. In der alten, patriarchalischen, hierarchischen und unflexiblen Arbeitswelt schloss sich das in der Regel aus. In der Meconomy ist es geradezu Voraussetzung für den Erfolg.

All das wirft viele neue Fragen auf, mit denen sich dieses Buch beschäftigen soll. Im ersten Teil, „Was ist heute anders?“, werden die veränderten Rahmenbedingungen der Meconomy zusammengefasst. Ob und wie dieser Wandel uns zu zufriedeneren Menschen machen kann, wird im zweiten Abschnitt diskutiert: „Was macht mich glücklich?“ Im dritten Kapitel erfahren wir unter dem Titel „Was kann ich können?“, was wir wissen müssen, um in der Meconomy Erfolg zu haben und wie wir dieses Wissen erwerben. „Wie werde ich arbeiten?“, fragt der vierte Abschnitt. Anhand vieler Beispiele und Studien wird hier erklärt, warum wir heute unsere Leidenschaften zum Beruf machen können und müssen. Dass uns diese Jobs, aber auch eine gesunde Portion Fernweh in die Ferne tragen können, sehen wir im fünften Kapitel, „Wo will ich leben?“, in dem es um unsere neue globale Mobilität geht. Am Ende soll es im sechsten Teil um die Frage gehen, weshalb die Meconomy keine rein egoistische Lebensanschauung mit sich bringt, sondern im Gegenteil eine neue Kultur der Empathie und des sozialen Engagements befördert. Gleichzeitig wird gefragt, welche Rolle der Staat mit seinen Institutionen dabei spielen kann und welche politischen Reformen jetzt nötig sind: „Von der Me- zur Weconomy“.

„Meconomy“ ist dabei ein unbedingter Aufruf zur Tätigkeit. Ein optimistischer Gegenentwurf zu Weltuntergangsszenarien, Krisendepression und Passivitätslehren von „Durchtauchen“, Aushalten und Abwarten. Es ist ein Lebensbaukasten – die Aufforderung, seine Existenz nicht zu erleiden, sondern aktiv zu formen. Es wendet sich an den Einzelnen, der seine Karriere stärker selbst in die Hand nehmen möchte. Aber auch an den Arbeitgeber, der verstehen möchte, welcher Wandel in den Bedürfnissen hoch qualifizierter Arbeitskräfte auf sein Unternehmen zukommt. Mit vielen Beispielen aus der Praxis und verständlicher theoretischer Unterfütterung fasst es den aktuellen Diskussionsstand internationaler Wissenschaftler, Unternehmer und Praktiker zusammen. Wir leben in unübersichtlichen Zeiten. Ich möchte nicht darüber klagen, sondern erklären, warum es nicht anders sein kann. Was wir daraus lernen. Und wie wir die neuen Entwicklungen nutzen können, um für uns und unsere Kinder ein besseres Leben zu bauen.

WAS IST HEUTE ANDERS?

„This is the modern world that I've learnt about
This is the modern world, we don't need no one
To tell us what is right or wrong -
Say what you like cause I don't care
I know where I am and going too
It's somewhere I won't preview"

The Jam: „(This is) The Modern World"

Das Ende des Büros und seine Folgen

Wie wollen wir eigentlich leben? Diese Frage treibt nicht nur Berufseinsteiger um, sondern auch jene ältere Generation, die immer viel gearbeitet und spätestens in der Krise nun gemerkt hat, dass ein größtenteils im Büro verbrachtes Leben vielleicht nicht unbedingt das erfüllteste ist. „Es ist seit den 70er-Jahren etwas aus der Mode gekommen, Zeit zu haben", schreibt Claudia Voigt im Kulturspiegel. „Wer Zeit hatte, war entweder alt oder hatte schon in jungen Jahren verloren." Wir haben zu Unrecht und zu lange das Glück am Arbeitsplatz gesucht, haben elf oder zwölf Stunden am Tag in Büros verbracht und uns dabei aufgerieben. „In dieser Hinsicht hat die aktuelle Wirtschaftskrise etwas Gutes", findet die Spiegel-Autorin. „Sie ist so tiefgreifend und systemerschütternd, dass plötzlich Raum entsteht für Fragen: Wie haben wir eigentlich gelebt? Was war uns wichtig, was waren unsere Werte? Soll das so weitergehen? Und: Wie wollen wir eigentlich leben?"

Sie plädiert für ultraflexible und vor allem kürzere Arbeitszeiten, weil man auch in nur 30 Wochenstunden kluge Ideen entwickeln kann. Dafür, wirklich nur zum Arbeiten ins Büro zu kommen, statt dort Kaffee zu trinken, private E-Mails zu lesen oder sich Musik aus dem Netz zu laden. Schimpft gegen die Pflicht zu Daueranwesenheit und Überstunden in Führungspositionen. Sie findet es gut, Geld gegen Zeit zu tauschen und sich diese frei einteilen zu können. Ein wichtiger Artikel, weil er einen Zusammenhang zwischen neuer Arbeitswirklichkeit, Wirtschaftskrise und Sinnfrage nennt, den ich auch so sehe: „Wie wollen wir leben? Viel Arbeit, wenig Zeit: Lange galt das als einziger Weg zu einer erfolgreichen Existenz. Doch die Krise wird das ändern – zum Glück." Und weil er eine Frage stellt, die ich in diesem Buch zu beantworten versuche: „Was fangen nun jene Menschen an, die heute schon nicht mehr rund um die Uhr an ihrem Arbeitsplatz sind?"

Willkommen in der Meconomy

Plötzlich schienen die Cover der unterschiedlichsten Zeitschriften voll von Themen wie den Fragen nach Sinn und Selbstverbesserung angesichts der Wirtschaftskrise zu sein. Auf dem Wissensmagazin der Süddeutschen Zeitung prangte als Zeile: „Das gute Leben – Alternativen zum Leistungswahn." Der Focus titelte: „Glück, selbst gemacht", und behauptete: „Die Deutschen entdecken den Spaß, ihr Leben selbst in die Hand zu nehmen." Die Junge Karriere forderte in derselben Woche auf der Titelseite: „Erfinden Sie Ihren Job neu", und fragte: „Arbeiten Sie noch oder leben Sie schon? Wie Sie sich und Ihren Beruf neu ausrichten – mit oder ohne Chef!" Irgendetwas geschah hier.

„In der Krise stellen die Menschen wieder vermehrt die Frage nach dem, was wirklich wichtig ist", analysierte die Süddeutsche. Manche probten den Ausstieg aus einem System, das sie als sinnentleert empfänden, und eine neue Generation von Sozialwissenschaftlern denke über andere Gesellschaftsmodelle nach: „Wo alte Gewissheiten erschüttert werden, wächst bei vielen die Bereitschaft, Neues zu wagen."

Der Münchner Soziologe Ulrich Beck sieht in Sachen neuer Lebenskonzepte gar „einen unglaublichen Reformbedarf wie zu Beginn der Industrialisierung". Horst Opaschowski, wissenschaftlicher Leiter der Hamburger Stiftung für Zukunftsfragen und Berater von Wirtschaft und Politik, sekundiert, die weltweite Krise sei eine „Wendezeit", die er gar mit der 68er-Bewegung vergleicht. „Damals war die gleiche Aufbruchstimmung wie jetzt." Deutschland stehe am Beginn einer Periode der Erneuerung: „Zukunftsvisionen werden nicht länger nur mit Produktvisionen verwechselt. Und mehr mit unternehmerischem Mut als mit Staatsgläubigkeit wollen die Bundesbürger Wege in die Zukunft beschreiten."

Auch in einer aktuellen Untersuchung des Zukunftsinstituts von Trendforscher Matthias Horx wird die Wirtschaftskrise als reinigendes Gewitter gewertet, als Beschleuniger für einen überfälligen Umbruch. Mitarbeiter wandelten sich zunehmend zum Selbstunternehmer. Starre Hierarchien, behäbige Kommunikationsstrukturen und lineare Unternehmensabläufe passten immer weniger zur schnell drehenden digitalen Wirtschaftswelt. Selbstständigkeit, freiberufliche Projektarbeit, temporäre Arbeitslosigkeit oder Multijobbing kennzeichneten die neue Arbeitswelt. Der Wunsch nach einer sinnvollen Tätigkeit und nach Selbstverwirklichung im Job würden in der Ökonomie von morgen zur entscheidenden Produktivitätskraft für zukunftsfähige Unternehmen.

Das Leben als Baukasten

Die fast zur selben Zeit erschienene Titelgeschichte von Handelsblatt Junge Karriere setzt genau hier an. Der Ableger der großen Wirtschaftszeitung beschreibt eine neue Generation von Arbeitnehmern, die die Prozesse im Unternehmen selbst gestalten und sich weiterbilden wollen

– die den Job und sich selbst neu erfinden. „Neue Pfade beschreiten und Ideen ausprobieren, das ist wichtiger als je zuvor", so das Fazit der Autoren, denn: „Wer sich heute für einen Beruf entscheidet und eine Stelle annimmt, muss davon ausgehen, in seinem Leben eine Vielzahl von Stationen zu absolvieren."

Der Soziologe Richard Sennet schätzt, dass ein Amerikaner in 40 Arbeitsjahren elfmal den Job wechselt und dreimal sein gesamtes Knowhow austauscht. Hierarchien verflachen auch in Deutschland, gesetzliche Regulierungen gehen zurück, Arbeitsverhältnisse werden kürzer. „Darin liegt die Chance, sich selbst zu verwirklichen, aber auch das Risiko, der Entwicklung nicht mehr folgen zu können", so die Junge Karriere.

Dieses Phänomen ist heute so aktuell wie nie, aber es ist nicht neu. Schon 1960 prägte der Management-Professor Douglas McGregor den Begriff des „Self-Actualizing Man" – des sich selbst neu erfindenden Menschen, der nach Selbstverwirklichung strebt, indem er seine Talente und Möglichkeiten im Unternehmen ausnutzt. Richard Sennett beklagte Ende der 90er-Jahre den neuen „flexiblen Menschen", der zwischen stets neuen Herausforderungen des sich permanent wandelnden Kapitalismus sein wahres Ich zu verlieren droht. Um die Jahrtausendwende konnte der US-Soziologe Richard Florida dieser unsteten Lebensweise hingegen viel Positives abgewinnen: Seine „Kreative Klasse" arbeitet ideengetrieben, ist extrem mobil, hat lieber viele lockere Bekanntschaften als wenige enge Freunde und ist allgemein jederzeit bereit, Job, Wohnort – sprich: ihr Leben – zu verändern.

Und das ist auch nötig, derzeit mehr denn je. Der Dienst nach Vorschrift läuft aus „und damit sterben auch die klassischen Jobs", so Arbeitsmarktforscher Frank Wießner. Produktionsprozesse werden automatisiert oder in Billiglohnländer verlegt. Arbeitnehmer müssen immer wieder neue Qualifikationen erwerben und mit immer schneller veraltendem Expertenwissen punkten. „Die wissensintensiven Berufe boomen", so Wießner.

Die Wirtschaftskrise hat diese schon länger wirksamen Tendenzen verstärkt, fokussiert, teils einfach nur sichtbar gemacht. Für die Generation der 20- bis 35-Jährigen sind es keine abstrakten soziologischen oder ökonomischen Theorien – es ist die Welt, in der sie leben und in der ihnen ganz neue Fähigkeiten abverlangt werden, um zurechtzukommen. Ihre Eltern tun sich oft bereits schwer, sich in diese zutiefst unsichere, hochbewegliche und zugleich von enormen Möglichkeiten geprägte Existenz hineinzudenken. In einer Titelgeschichte über die „Krisenkinder" schrieb der Spiegel im Sommer 2009: „Das Lebensgefühl der Unsicherheit nimmt jetzt, in der Krise, noch zu. Dieses Gefühl ist es, was diese Generation in allen Milieus verbindet."

Timm Klotzek, Chefredakteur der Zeitschrift Neon, die als Sprachrohr, Kummerkastentante und Ratgeber der unter 30-Jährigen gilt, meint, es gebe für seine Leser ein zentrales Anliegen: „Die große Frage ist: Was wird aus mir?" Die Krisenkinder machen das Beste aus einer von enormer Unübersichtlichkeit geprägten Situation und sie machen das schon sehr gut. Sie sind weltweit mobil. Im Think Tank 30, der jungen Ideenschmiede des Club of Rome, trifft sich die gut ausgebildete Elite dieser Generation und spricht über die Probleme der Welt. Einer ist gerade aus den USA gelandet, zwei aus London, einer aus Mali. Einer hat neulich eine Weltreise gemacht und in 25 Ländern Videokonferenzen mit Schulen organisiert. „Es mögen nur fünf oder zehn Prozent dieser Generation sein, die ein wirklich globales Leben führen, aber das strahlt auf den Rest der Generation aus und wird zum Modell", so Jugendforscher Klaus Hurrelmann. „Flexibilität, Mobilität, Globalität, das ist ihre Dreieinigkeit", schreibt der Spiegel.

Dazu kommt eine zunehmende Suche nach Sinn im Geldverdienen, der Wille, auszutreten aus den trüben Arbeitsroutinen und Sachzwängen, die den Alltag ihrer Eltern noch so oft geprägt haben. Klar: Jede junge Generation will aufregender leben als die vorhergehende. Aber die aktuelle hat – gesellschaftlich und technologisch – erstmals so viele Mittel, dies auch wirklich umzusetzen, wie vielleicht keine zuvor. Und zurück in die alten Sicherheiten geht es ja eh nicht mehr.

Darum wollen sie mitreden, wenn es darum geht, ihre Jobs zu definieren. Laut einer Studie des Internationalen Instituts für Empirische

Sozialökonomie von 2004 möchten 71 Prozent Prozesse mitgestalten. Zwei von drei Arbeitnehmern wollen ihre Fähigkeiten laufend weiterentwickeln und in ihrer beruflichen Laufbahn gefördert werden. Laut Arbeitsmarktklima-Index von 2009 steigt die Zufriedenheit am Arbeitsplatz mit jenen Aufgaben, die Mitarbeiter erfüllen dürfen.

Doch genau dieses Bedürfnis der Mitarbeiter, sich einzubringen, kreativ zu sein, Vorschläge nicht jedes Mal von Hierarchien und Gremien zerreden zu lassen, erfüllen viele Unternehmen heute noch nicht: Der DGB-Index „Gute Arbeit“ befragte 8 000 Arbeitnehmerinnen und Arbeitnehmern aller Regionen, Einkommensgruppen, Branchen, Betriebsgrößen, Beschäftigungsverhältnisse gemäß ihrem Anteil an den abhängig Beschäftigten. Die meisten stuften sowohl Qualifizierungs- und Entwicklungsmöglichkeiten in ihrem Job als auch das Potenzial für Kreativität sowie die Einfluss- und Gestaltungsmöglichkeiten als nur „mittelmäßig“ ein.

Was der Arbeitsforscher sagt

Werner Eichhorst ist der stellvertretende Direktor Arbeitsmarktpolitik am Bonner Institut für die Zukunft der Arbeit (IZA). Er wird oft von der Bundesregierung nach Berlin eingeladen, wenn die Politiker mal wieder wissen wollen, wie es weitergeht. Auch im Fernsehen ist er oft zu sehen. Ein klassischer Politexperte also. Auch solche Menschen haben heute ein Facebook-Profil, auf dem man erfährt, dass der 40-Jährige Erik Satie, Bill Murray und Gerhard Richter mag, Montaigne liest und den Film „Amelie“ gut findet. Eichhorst ist also ein ziemlich moderner Wissenschaftler und darum wollte ich hören, was er zum Thema Meconomy denkt:

Herr Eichhorst, die Wirtschaftskrise flaut ab, doch der Schrecken sitzt tief, viele alte Gewissheiten und Institutionen sind erschüttert. Müssen wir uns und unsere Jobs nun neu erfinden?

Werner Eichhorst: Zumindest Berufseinsteiger, die sich derzeit überall Einstellungsstopps und prekären Arbeitsverhältnissen gegenübersehen, müssen jetzt besonders kreativ sein. Gegenwärtig kommt eine ganze Welle von hoch qualifizierten und hoch motivierten Leuten in den Arbeitsmarkt, die nicht ohne Weiteres eine Stelle finden werden, die ihren Ansprüchen genügt. Sie werden die eine oder andere Warteschleife durchlaufen müssen und in dieser Zeit sicher auf die Idee kommen, mal etwas Neues auszuprobieren. Wären feste Jobs mit guter Bezahlung bis zur Rente beliebig verfügbar, würden sie auch von den Jüngeren sicher gern angenommen. Nun ist die Situation aber aufgrund struktureller Veränderungen und der aktuellen Krise in der Wirtschaft nicht so. Jeder ist also gehalten, sich mit eigener Anstrengung und eigener Kreativität über Wasser zu halten – das ist die ganz zentrale Herausforderung für den Einzelnen.

Wie sieht das in Zahlen aus?
Eichhorst: Zwar zeigen unsere Studien, dass immer noch 55 Prozent der Erwerbstätigen in Deutschland unbefristet in Vollzeit arbeiten und dass diese Zahl auch in den letzten Jahren gar nicht stark zurückgegangen ist. Auch gibt es insgesamt mehr Arbeitsplätze als noch vor fünf oder zehn Jahren. Wir haben also einen größeren Arbeitsmarkt als früher, auch viele Frauen und frühere Arbeitslose sind neu in diesen Markt eingetreten. Wir sehen – bei einem relativ stabilen Kern – zusätzliche Beschäftigungsmöglichkeiten im Bereich Selbstständigkeit, Zeitarbeit und Teilzeit. Zugleich sind die Übergangsphasen am Berufseinstieg eher länger geworden. Auch Höherqualifizierte machen heute mehr Volontariate, Praktika und zusätzliche Qualifikationsphasen, viele von ihnen haben zunächst eine befristete Beschäftigung. Das ist für die meisten bereits ein normales Einstiegsverhältnis, sozusagen eine verlängerte Probezeit.

Wird bald alles wieder so werden wie vor der Krise?
Eichhorst: Nein. Die Lasten der Anpassung werden nicht nur von den Randbelegschaften, etwa den Zeitarbeitern und den Berufseinsteigern, sondern auch vom Kernarbeitsmarkt getragen. Der klassische Opel-

Arbeiter wird über kurz oder lang mit hoher Wahrscheinlichkeit seinen Arbeitsplatz verlieren, auch die Beschäftigten bei Unternehmen wie Quelle, Schaeffler oder Märklin. Jobs, die lange Zeit für krisensicher gehalten wurden, brechen jetzt weg und werden in der Größenordnung, wie wir sie bislang gewohnt waren, nicht wieder entstehen. Der Strukturwandel wird durch die Krise also eher beschleunigt. Im Versandhandel oder im klassischen verarbeitenden Gewerbe läuft derzeit ein starker Schrumpfungsprozess ab. Die Autoindustrie war ein Sektor, der in Deutschland relativ stark ausgeprägt war und sich jetzt unter großen Schmerzen verkleinern muss. Ähnliches sehen wir im Bereich der Finanzdienstleistungen. Das bedeutet für die Arbeitnehmer eine größere Notwendigkeit, auf neue Tätigkeitsfelder auszuweichen, auch stärker in den Dienstleistungssektor zu wechseln.

Machen sich mehr Deutsche selbstständig als früher?
Eichhorst: Diesen Trend kann man bestätigen. Deutschland liegt da aufgrund der Tradition der sozial abgesicherten und auf Dauer angelegten Beschäftigungsverhältnisse und der weitverbreiteten Sehnsucht nach einer beamtenmäßigen Anstellung zurück gegenüber andern Staaten. Es war auch bislang aufgrund der relativ guten Verfassung des Arbeitsmarktes nicht unbedingt nötig, sich darüber Gedanken zu machen. In letzter Zeit ist das Selbstständigendasein bei uns aber rehabilitiert und auch öffentlich gefördert worden – Stichwort: Ich-AG. Gerade im Bereich Kreativwirtschaft und Medien ist das eines der dominanten Modelle. Und auf jeden Fall sind Großstädte wie Berlin, Köln, Hamburg oder München eine Art Laboratorium, wo solche Trends früher, kumuliert und zugespitzt beobachtet werden können.

Steckt in all dem auch eine Chance? Historisch sind viele große Marken und Produkte in Krisen entstanden ...
Eichhorst: Das sehe ich auch so. Aus der Not heraus, vielleicht auch aus der Gelegenheit, werden gerade jetzt wahrscheinlich Geschäftsideen entwickelt und Unternehmen gegründet, die wir vielleicht erst in zehn

Jahren kennen werden. Ich bezweifele nur ein bisschen, ob Deutschland da immer genug Humus bietet, genügend Anknüpfungspunkte, um so etwas entstehen zu lassen.

Was fehlt dazu?
Eichhorst: Vor allem eine ausreichende Förderung im Bereich der Existenzgründung. Und der Bereich Ausbildung vernachlässigt beispielsweise die Entwicklung tragfähiger Ideen aus den Hochschulen heraus ...

... wie das in den USA üblich ist ...
Eichhorst:... genau. In den Konjunkturpaketen der Politik sehen wir aber eher konservativ angelegte Dinge wie Abwrackprämie, Straßenbau oder Kurzarbeit – alles Dinge, die den Strukturwandel eher verlangsamen sollen.

Was sollte die Politik stattdessen konkret tun?
Eichhorst: Mehr Geld ausgeben, um kleineren Unternehmen auf die Sprünge zu helfen, die jetzt entstehen. Damit sind mehr Multiplikatoreffekte positiver Art verbunden als damit, Unternehmen zu finanzieren, die über kurz oder lang schrumpfen oder untergehen werden.

In welche Bereiche sollte Geld fließen?
Eichhorst: Energieeffizienz, intelligente Gebäude, auch neue Formen der Energiegewinnung. Fortschrittliche Lösungskonzepte im Bereich Verkehr. Bildung, Forschung ... und dann vor allem innovative Formen im Gesundheits- und Pflegebereich – das ist ja auch so ein Feld, das in Deutschland vorsintflutlich verwaltet wird, aber riesige Innovations- und Geschäftspotenziale bietet.

Wie Digital Natives die Arbeitswelt verändern

Überall in Deutschland beobachten Experten den aktuellen grundlegenden Wandel der Berufswelt. Einer von ihnen ist Alexander Greisle, der früher beim Fraunhofer-Institut für Arbeitswirtschaft und Organisation gearbeitet hat und heute mit seinem eigenen Unternehmen Kunden von der EU über die Bayer AG bis zur Allianz bei der Konzeption und Umsetzung von neuen Management- und Bürokonzepten berät. Greisle publiziert regelmäßig, wie er selbst sagt, „über die Trends der Arbeitswelt, gibt Tipps für den Information Worker und beschäftigt sich mit der Informationsgesellschaft“.

Der vielleicht wichtigste Trend, den nicht nur er dabei ausgemacht hat, ist die Art und Weise, wie die sogenannten „Digital Natives“ Arbeit neu definieren. Diese mit Internet und Handy aufgewachsene Generation wird derzeit von Marktforschern, Wissenschaftlern und Personalern umworben wie keine andere. Wie sie arbeiten und kommunizieren, was sie von Chefs und Kollegen erwarten, ob sie überhaupt noch ins Büro gehen, welche Technologien sie dann dort vorfinden wollen und welche Produkte sie interessieren – all das wird derzeit in einer betäubenden Anzahl von Kongressen, Workshops und Camps diskutiert.

Unternehmensberater Greisle hat keine Berührungsängste, hat viele Mitglieder dieser Generation interviewt und dabei herausgefunden, wie der neue Berufstätige tickt. Digital Natives, so die Grundannahme, integrieren technische Möglichkeiten wie selbstverständlich in ihren Lebensalltag: „Sie kämen niemals auf die Idee, das Internet als irgendein mehr oder weniger seltsames ‚Add-on zum realen Leben‘ zu sehen“, so Greisle: „Sie finden immer noch kursierende Umfragen über die Nutzungshäufigkeit des Internets reichlich abstrus.“

Die von ihnen täglich praktizierten vielfältigen Möglichkeiten der Kommunikation und Zusammenarbeit fügen sich auch in ihren privaten Arbeitsalltag wie selbstverständlich ein. „Das nun alleine unter Software- und Technikgesichtspunkten zu sehen, springt viel zu kurz“, so Greisle:

„Es geht hier um eine Veränderung der Arbeitskultur." Er nennt die folgenden zentralen Punkte:

- Hochgradig vernetztes Arbeiten im Tagesgeschäft, sowohl im Haus als auch extern. Räumliche und zeitliche Grenzen verschwimmen
- Kollaborative Werkzeuge gehören zum Alltag, vom Chat bis hin zum Weboffice
- Ausgeprägte soziale Netzwerke, die – obwohl oft ausschließlich virtuell – einen höheren Vertrauensbonus haben als unbekannte Kollegen
- Suchen statt merken. Die Informationsdichte ist viel zu hoch, um sich alles zu merken. Stattdessen wird gesucht und gefunden
- Probieren statt studieren. Hemmungen gegenüber neuen Möglichkeiten sind gering, Grenzen werden infrage gestellt
- Zusammentragen von Lösungskomponenten, statt das Rad neu zu erfinden
- Hinterfragen und Nachrecherchieren von Empfehlungen
- Schnelle, spontane und persönliche Kommunikation statt lang geplanter Meetings
- Always-on kombiniert mit einer flexiblen Zeitauffassung, um das Leben in Balance zu halten
- Multitasking und Kommunikation auf mehreren Kanälen gleichzeitig
- Schnelles Handeln mit hohem Vertrauensvorschuss in das Internet und den Computer

Greisle hat beobachtet, dass sich die derart sozialisierten jungen Menschen in traditionellen Arbeitsumgebungen oft sehr schwer tun: „Man kann ihn fast körperlich spüren, den Kulturschock für junge Menschen, die mit solchen Verhaltensweisen und allerlei technologischem und methodischem Know-how in unsere Unternehmen kommen", sagt der Berater: „Sie werden durch die traditionellen Arbeits- und Führungsmethoden in vielen Unternehmen schlicht ausgebremst."

Vor allem die gut ausgebildeten der jetzt ins Berufsleben eintretenden Arbeitnehmer nehmen sich die Freiheit, den Arbeitgeber nach seiner Kultur zu selektieren. „Bei dieser Gelegenheit werden sie ihn, ganz Internet-Generation, auch noch online bewerten." Die Gefahr für Arbeitgeber, die sich nicht auf die veränderten Bedürfnisse der künftigen Angestellten einlassen, sei, „dass dadurch frisches Blut abgeht, neue Impulse und Ideen erstickt werden im Gewohnten. ‚Das haben wir schon immer so gemacht' als Energiekiller."

Was also tun? Wie können sich Arbeitgeber auf die kommenden Anforderungen einstellen? Auch hier hat der Unternehmensberater eine kompetente Liste zusammengestellt:

- Grundvoraussetzung: Bieten Sie die Werkzeuge an. Widerstehen Sie dabei der Versuchung, mit Einschränkungen zu arbeiten
- Beschäftigen Sie sich mit den Werkzeugen des Social Web. Dann können Sie mitmachen. Die Hürden sind niedriger, als Sie denken

- Schaffen Sie eine vertrauensvolle Führungskultur. Vertrauensvoll in beide Richtungen
- Kommunizieren Sie offen und zeitnah. Die Digital Natives sind ohnehin schneller als Sie
- Legen Sie Wert auf eine gute, wertschätzende Kommunikationskultur untereinander und im Kontakt mit Partnern und Kunden
- Akzeptieren Sie die neue Offenheit und begreifen Sie sie als Chance. Bisher war das Branchentreffen jährlich, heute ist es permanent

- Nachhaltigkeit ist kein Diskussionsthema mehr, es ist Kultur. Handeln Sie so sowohl im Miteinander als auch ökonomisch und ökologisch
- Schaffen Sie ein Arbeitsplatzmenü, das für alle Anforderungen modernen Arbeitens die richtige Auswahl anbietet. Vom offenen kommunikativen Open Space bis hin zu guten Rückzugsräumen, vom Kreativambiente bis hin zur Arbeit im Home Office und im Coworking-Ort

Digital Natives seien flexibel im Denken, so der Arbeitsexperte, Angestelltenverhältnisse nur eine mögliche Option für sie: „Ob Unternehmen sie dafür gewinnen können, das liegt in der Hand der Unternehmen selbst."

Interessanterweise scheint sich die etwas ältere Generation der zwischen 30- und 45-Jährigen diese neuen Arbeitsprinzipien allerdings schneller anzueignen, als Experten dachten. Eine aktuelle Studie von Forrester Research zeigt, dass aktuell eben nicht die sogenannte „Generation Y" zwischen 18 und 28, sondern vielmehr gerade die Mitglieder dieser Generation X kollaborative Technologien in Unternehmen populär machen. Der Grund liegt schlicht darin, dass die unter 29-Jährigen einfach noch nicht die entsprechende Seniorität und Durchsetzungskraft in Firmen haben. Ihre etwas älteren Kollegen hingegen wissen inzwischen sehr wohl um die Bedeutung von Social Media – immerhin stellen sie die am schnellsten wachsende Bevölkerungsgruppe auf Facebook – sowie um die Vorteile des orts- und zeitunabhängigen kollaborativen Arbeitens. Und sie können nicht nur den Chefs erklären, was so toll an solchen Techniken sein soll – nicht selten sind sie selbst Chef. Insofern gilt das oben Beschriebene wohl auch in wachsendem Maß für Menschen über 29 – eine Annahme, die ich persönlich bestätigen kann.

„Sicherheiten gibt's eh keine mehr. Macht doch, wofür Euer Herz schlägt."

Johannes Kleske würde sich wohl nicht so bezeichnet wissen wollen, denn generalisierende Labels und Generationendebatten nerven Menschen seines Alters eher –, aber es nützt nichts: Wenn es die Digital Natives denn gibt, gehört der 31-Jährige eindeutig dazu. Er ist im Hauptberuf ein sogenannter „Social-Media-Experte", das heißt, er berät Unternehmen darin, wie sie mit den neuen Kommunikationsplattformen wie Facebook oder Twitter umgehen können, um eine junge, kritische, extrem fragmentierte und flüchtige Zielgruppe zu erreichen, die kaum noch klassische Medien wie Zeitungen oder Fernsehen nutzt. Johannes ist außerdem – kurz gesagt – eine echte Größe im Netz, weil er klug, freundlich, integer sowie irrsinnig belesen ist. Außerdem hat er mehr als 3 000 Follower auf Twitter. Zum Vergleich: Ich habe gerade mal über 500.

Ich wurde auf Johannes zum ersten Mal Mitte 2008 aufmerksam, als ich kurz vor der Veröffentlichung meines ersten Buches „Morgen komm ich später rein" die erfolgreichsten und besten Blogs rund um Produktivität und neue Arbeitsformen recherchiert habe, weil ich diesen knapp zehn Experten das Buch vorweg zur Rezension schicken wollte. Johannes war mit seinem Blog Tautoko einer von ihnen. Als er dann auch über das Buch twitterte, gingen die Besucherzahlen auf meiner Website dramatisch nach oben. Er hat – in seiner Welt – eindeutig Medienmacht.

Und er kennt sich wie kaum jemand aus in Fragen rund um modernes Nomadentum und Selbstverwirklichung in der digitalen Ökonomie. Seine Thesen zeigen erneut, dass hier eine neue Generation mit neuen Fragen an Arbeit und Leben herangewachsen ist, auf die weder die meisten Arbeitgeber noch staatliche und institutionelle Strukturen eine Antwort haben. Unser Austausch fand über Twitter und E-Mail statt und zog sich über mehrere Wochen. Wir diskutierten unter anderem über das neue Zeitalter der fehlenden Sicherheiten und wie man sich auf die Jobs der Zukunft vorbereitet:

Johannes, was bedeutet für Dich Arbeit?
Johannes Kleske: Für mich ist essenziell, Dinge zu tun, an denen mein Herz hängt. Deswegen versuche ich, meine Arbeit ständig weiterzuentwickeln und näher an das heranzubringen, was mir „Erfüllung" gibt. Bei dieser Herangehensweise ist aber das Festhängen in einem unbefriedigenden Job nur ein Teilproblem. Meine Beobachtung ist, dass viele ihren aktuellen Job nicht kündigen, weil sie gar nicht wissen, was sie lieber machen würden. Für mich ist die Suche nach Arbeit, an der mein Herz hängt, eine lebenslange Reise. Jede neue Erfahrung hilft mir dabei, meine eigenen Interessen, Talente und Bedürfnisse besser kennenzulernen. Jeder neue Job ist dabei für mich der nächste Schritt in Richtung Ideal, ohne dass ich dieses jemals erreichen werde, da es sich jedes Mal ein Stück weit mit verändert. Wer dabei irgendwann glaubt, seinen Traumjob gefunden zu haben, ist allerdings in der Gefahr, stehen zu bleiben. Und das ist schlicht langweilig.

Der Marketingexperte und Buchautor Seth Godin behauptet: Es gibt da draußen unendlich viele „Stämme", die darauf warten, dass man ihr Anführer wird. Tu, was Du liebst, dann wird Dich die weltweite Plattform von Web 2.0, Mobile Web etc. mit Gefolgschaft, Kunden, Geschäft belohnen. Was hältst Du von Godins Argument?
Kleske: Mir gefällt Godins Definition von Leadership, nicht über Macht und Management, sondern über Leidenschaft, außerordentlich gut. Und ich glaube, dass in der aktuellen Weltwirtschaftslage Leidenschaft wieder eine viel größere Rolle spielen wird. Seit Ewigkeiten sind wir in unserer Jobwahl Kompromisse zugunsten der Absicherung eingegangen. Nun stellen wir entgeistert fest, dass uns kein Job der Welt die Sicherheit bieten kann, die wir uns wünschen. Ich hoffe und glaube, dass für viele diese Feststellung dazu führen wird, dass sie sich sagen: „Sicherheiten gibt es eh keine mehr, dann kann ich ja auch gleich das tun, wofür mein Herz schlägt."

Wie kann das konkret aussehen?

Kleske: Ich glaube, dass wir in den nächsten Monaten und Jahren einen neuen Boom von Handwerk, kleinen Läden und allgemein viel mehr Selbstständigkeit sehen werden. Und meine These ist, dass das uns letztendlich aus der Krise führen wird und dabei viel nachhaltiger in seiner Beständigkeit ist als vor der Krise. Slogans wie „Grow slow, grow strong" treten in den Vordergrund, schnelles Geldverdienen in den Hintergrund.

Grundsätzlicher: Ist es in der digitalen Ökonomie einfacher, sich selbst zu verwirklichen? Kann man sein Leben „hacken" und dadurch optimieren?
Kleske: Für Ideen, die sich in der „digitalen Ökonomie" umsetzen lassen, stimmt das absolut. Wer heute zum Beispiel eine Idee für eine Web-Applikation hat, hat praktisch keine Kosten mehr, außer der Zeit, die er investiert. Die Entwickler-Programme von Google, Microsoft und Amazon, die Entwicklungsumgebung und Serversysteme zur Verfügung stellen, haben den Startaufwand noch einmal enorm reduziert. Der Vorteil der Kostenreduzierung ist auch, dass man viel mehr Ideen als früher austesten kann, um dann zu schauen, was davon funktioniert. Die Flexibilität des Systems sorgt dafür, dass ich nicht erst meinen alten Job aufgeben muss, bevor ich mir nicht sicher bin, dass meine Ideen ankommen. Ich kann sie zunächst in meiner Freizeit entwickeln. Erst wenn sie so erfolgreich sind, dass sie meine ganze Aufmerksamkeit benötigen, kündige ich. Auch in allen anderen Bereichen der digitalen Ökonomie gehen die Einstiegskosten gegen null.

Sind diese Überlegungen in der langsam abklingenden Wirtschaftskrise frivole Luxusprobleme?
Kleske: Im Gegenteil. Ich sehe ich hier enorme Chancen. Gerade was das Gründen und Starten von Unternehmungen angeht, sehe ich sogar einen Vorteil. Es ist massiv schwerer geworden, Geld für halb gare Ideen zu bekommen. Gleichzeitig ist es, wie gerade gesagt, deutlich günstiger geworden, Ideen erst mal auszuprobieren. Ich hoffe, dass Unter-

nehmer in den nächsten Monaten und Jahren wesentlich häufiger klein beginnen und langsamer wachsen werden, dafür aber den Fokus auf Qualität und Service legen. Das Beste, was die Krise für uns tun konnte, ist uns von unserer Gier nach schnellem Wachstum zu heilen.

Ich bau mir das Leben, wie es mir gefällt

Die Zukunft des Lebens und Arbeitens wird heute bei Erdnussflips, Paprikaschnitten und Elektromusik erfunden. Auf großen Tafeln mit bunten Zettelchen, mit rührenden selbst gebastelten Modellen und nach Selbsterfahrungsübungen wie dem gemeinsamen Überqueren eines Flusses und dem Erklimmen einer Mauer mittels handgeknüpfter Leitern. Willkommen bei Palomar5, einem Camp, in dem hochbegabte junge Leute, eben Digital Natives, erkunden sollen, was sich ihre Generation unter Job und Identität vorstellt.

Davon, dass die Telekom hier einiges Geld investiert hat, um Angela Merkel auf dem nächsten IT-Gipfel mit den bahnbrechenden Einsichten der jungen Elite zu beeindrucken, ist auf der großen Terrasse an der Berliner Spree erst mal wenig zu sehen. Das Wasser kommt aus billigen Discounter-Plastikflaschen, die Teilnehmer sitzen auf Decken und Kissen herum, schnibbeln, kleben und plaudern. Ein Subwoofer brummelt leise. Irgendwo hängt eine Schaukel. Das Ganze wirkt eher wie ein Jugendlager als wie ein hochmoderner Thinktank. Aber erste Eindrücke können täuschen.

Die Camp-Besucher sind durchgehend zwei- bis dreisprachige Designer, Kommunikationswissenschaftler, IT-Experten und angehende Manager in den Zwanzigern. Sie werden, das ist klar, zur beruflichen Elite von morgen gehören. Hier sind sie aufgefordert, zunächst spielerisch zu definieren, wie sie sich ihre künftige Berufs- und Lebenswelt vorstellen. Und dann sollen sie auch gleich konkrete Produkte entwickeln, mit denen Unternehmen den Anforderungen der Digital Natives gerecht werden können. Fest steht: So wie heute sieht der Arbeitsplatz dann nicht mehr aus.

Für diese jungen Leute ist es selbstverständlich, dass sie überall arbeiten können und nicht mehr jeden Tag ins Büro gehen. Dass sie trotzdem mithilfe kollaborativer Softwarelösungen in ständigem Kontakt mit ihren Kollegen stehen wollen. Dass sie nicht mehr an die eine glücklich machende Festanstellung glauben, sondern dass Projekte künftig in einem losen Netzwerk zwischen Firmen, Subunternehmern, Freiberuflern und Experten umgesetzt werden. Dass es dann egal ist, wer frei arbeitet und wer fest angestellt. Die Teilnehmer haben ganz neue Denkmuster und ganz konkrete Fragen: „Warum kann eine Person nicht drei Arbeitsverträge gleichzeitig haben?", so Stefan Liske, der Palomar5 mitorganisiert. Oder: „Wenn wir künftig Chips unter der Haut eingepflanzt haben, die unsere Biodaten ständig an einen Server schicken – darf dann der Arbeitgeber diese Daten auswerten, um zu sehen, wann ich besonders leistungsfähig bin?"

Klingt wie ein großer Science-Fiction-Spielplatz und ein bisschen soll es das ja auch sein. Gleichzeitig müssen Personaler und Führungskräfte sehr genau hinhören, wie diese neue Generation sich Job und Leben vorstellt. Geht ein Unternehmen nicht auf diese Fragen ein, werden solche High Potentials lieber bei der Konkurrenz anheuern. Gleichzeitig entsteht ein neuer Markt innovativer Produkte und Dienstleistungen, die die Bedürfnisse junger Arbeitnehmer bedienen.

Und so denken die klugen Mittzwanziger an Begriffen herum wie „The Next Generation of Identity", „Knowledge Cultivation" oder „Collaborative Value Creation". Was klingt wie eine Satire über Trendforscher, hat für die Teilnehmer hier ganz lebenspraktische Bedeutung. Die Sache mit der Identität zum Beispiel treibt sie wirklich um: „Unsere Biografie ist fragmentiert", sagt die Chinesin Xiwen in perfektem Englisch: „Wir haben eine Persönlichkeit auf Facebook, eine auf Xing, eine in unserem Blog und eine in der realen Welt. Wir brauchen neue Werkzeuge, um all diese Facetten unseres Lebens zu verwalten." Die anderen Teilnehmer nicken bedeutungsschwanger – derartige Probleme dürfen heute offenbar als kulturübergreifend betrachtet werden. Ich bin heute hier eingeladen, um einen Vortrag über mein letztes Buch zu halten, und schalte dazu eigens live per Skype zu mobilen Wissensarbeitern nach New York, wo mit großem Hallo die virtuellen Besucher aus Berlin begrüßt werden. Was vermutlich Manager mancher Großkonzerne beeindruckt hätte, nehmen die jungen Zuschauer hier interessiert aber lässig als ganz selbstverständlich hin. Was ich mit meinen 39 Jahren für durchaus modern hielt und irgendwie Hightech, ist für diese Mittzwanziger schlicht Alltag. Einwegwasserflaschen und Erdnussflips hin oder her, es sieht aus, als wäre hier wirklich das Potenzial vorhanden, über – so die offizielle Zielsetzung – „Business Ecosystems", „Leadership Models" und „Knowledge Management" nachzudenken und neue Lösungen anzustoßen. René Obermann kann Angela Merkel einiges erzählen.

Bloß nicht im mittleren Management vergammeln

Doch die Lebens- und Arbeitswirklichkeit verändert sich nicht nur für Mittzwanziger und Berufseinsteiger. Auch etablierte Führungskräfte und Unternehmer kommen angesichts des immer schnelleren Wandels ins Grübeln. An einem sonnigen Vormittag im Konferenzraum eines Hamburger Designhotels sitzen 15 erfolgreiche Männer mittleren Alters und machen sich Sorgen. Um ihre Zukunft, ihre Karriere, über den Sinn des Lebens. Sie kommen aus allen möglichen Branchen: Banker sind dabei, Marketingleute, Controller. Ein Wissenschaftler, ein selbstständiger Architekt, ein Werbefilmregisseur. Was sie verbindet, ist diese diffuse Unzufriedenheit. Diese nagende Zukunftsangst. Angst, nicht vor Versagen oder Arbeitslosigkeit, sondern vor einem durchschnittlichen Leben, vor Mittelmäßigkeit und Langeweile. Davor, dass es das jetzt eigentlich schon war, dass da nicht mehr viel kommt. Dass da draußen spannende Sachen passieren, aber eben ohne sie.

Dies ist kein bezahlter Motivationskurs, sondern eine selbst organisierte Runde von Freunden und Bekannten. Manche kennen sich schon von Kindheit an, andere sind jetzt spontan dazugestoßen, weil die Idee sie angesprochen hat. Und was ist diese Idee? Einer der Teilnehmer bringt es auf den Punkt: „Wir sind alle gut in dem, was wir machen, verdienen Geld, haben etwas erreicht. Aber wenn wir jetzt nicht aufpassen, bleiben wir den Rest unseres Lebens genau auf diesem Level hängen. Wir versauern im mittleren Management." Und das darf nicht sein, nicht mitten in der Meconomy, die uns Selbstverwirklichung verspricht, und dass wir für unsere Jobs brennen können. Also haben die 15 sich eine Mischung aus Selbstfindungswochenende, Fortbildungskurs und Gründernachhilfe organisiert und heute geht es los.

In einer schnellen Vorstellungsrunde erzählt jeder, was er macht und was ihn antreibt. Schnell wird klar: Der Job ist allen wichtig, aber die weichen Faktoren zählen mehr. Der eine erzählt von seiner letzten Weltreise, für die er ein Sabbatical genommen hat. Der Nächste zeigt Bilder von sich beim Skifahren und auf einem Segelboot – Botschaft: Ich existiere nicht nur am Schreibtisch. Alle erzählen von Plänen und Träumen, von Dingen, die sie noch erleben und erreichen wollen. Diese 15 sind ein durchaus repräsentativer Querschnitt durch deutsche berufstätige Mitte 30. Und sie sind alle bereit, ja geradezu versessen darauf, sich neu zu erfinden.

Darum wollen sie jetzt herausfinden, wie andere das geschafft haben. Sie suchten sich eine Stadt aus – es wurde Hamburg – und riefen dort einfach mal bei den interessantesten und klügsten Köpfen an. Fragten: „Wie wär's? Wir kommen vorbei. Und Sie plaudern eine Stunde lang hinter verschlossenen Türen aus dem Nähkästchen."

Klingt unrealistisch, hat aber funktioniert. In den nächsten drei Tagen sprechen die 15 mit 20 Geschäftsführern, Chefredakteuren, Gründern und Start-up-Unternehmern – lange, intensiv und vertraulich. Lassen sich erzählen, was in deren Berufsleben und Business auch mal schief gegangen ist. Was sie heute wieder so machen würden und was auf gar keinen Fall. Wie sich der Job auf ihr Privatleben auswirkt und welche Ziele sie noch haben.

Die Liste an Gesprächspartnern ist beeindruckend: Start-ups, Entrepreneure, spannende Persönlichkeiten. Von brand-eins-Chefredakteurin Gabriele Fischer bis zum Vapiano-Gründer Mark Korzillius. Von Thorsten Becker, dem Chef der „Management Angels“ bis zu Parship-CEO Arndt Roller. Auch potenzielle Geldgeber sind dabei, wie Jens Müffelmann, der die Investitionen des Axel-Springer-Verlages in Technologieunternehmen koordiniert oder Christian Nagel, Gründer und Partner des Venturecapital-Gesellschaft Earlybird.

Ich war – als Teilnehmer und Referent – auch dabei und durchaus beeindruckt von der Liste an prominenten Gesprächspartnern, die die eigentlich ja namenlosen Teilnehmer aufgestellt hatten, mehr aber noch vom sympathischen Feuer, mit dem sie die erfahrenen Unternehmer aushorchten. Hier wollte eine Gruppe junger Manager wirklich wissen, wie man sich selbstständig macht, wie man Ideen präsentiert und die Finanzierung aufstellt, was alles schiefgehen kann. Ich habe kräftig mitgeschrieben und würde die wichtigsten Erkenntnisse so zusammenfassen:

1. Meistens geht viel mehr schief, als man von außen mitbekommt. Ohne zu viel zu verraten, denn ich habe – wie alle Teilnehmer – den Referenten Vertraulichkeit zugesagt: Man ahnt gar nicht, wie dramatisch die Fehler, die Pannen und die Irrwege sind, die viele Gründer gemacht und durchgestanden haben. Bloß weil sie heute erfolgreich dastehen, heißt das nicht, dass sie immer alles gewusst und alles richtig gemacht haben. Manchmal hatten sie auch einfach nur Pech. Aber den Journalisten erzählen sie natürlich immer nur die Erfolgsstorys.

2. Manchmal muss man seine eigene Idee loslassen, damit sie funktioniert. Mark Korzillius gehört nur noch ein kleiner Anteil an Vapiano, obwohl er allein die Idee für diese weltweit erfolgreiche Restaurantkette hatte. Er ist zufrieden, sein Konzept wachsen zu sehen, sagt er.

3. Manchmal muss man gegen alle Widerstände an seiner Idee festhalten, damit sie funktioniert. Wer Gabriele Fischer einmal aus den schwierigen Anfangszeiten von brand eins erzählen hört, fragt sich: Warum in aller Welt hat sie sich und dem Team das angetan? Weil am Ende ein großer Triumph steht? Sagt sich in der Rückschau leichter.

4. Vielleicht muss man sein Geschäftsmodell infrage stellen, um es am Leben zu erhalten. Im Madsack Media Lab wurden kürzlich die ersten Zeitungen erfunden, die ausschließlich User-generated-Content drucken, also Artikel von Laien. Journalisten schreiben dort gar nicht mehr. Madsack verdient sein Geld aber eigentlich ganz klassisch mit Zeitungen. Wahnsinn? Oder Mut gegen den Branchentrend? Ein bisschen von beidem wohl ...

5. Im Grunde weiß keiner vorher, was funktionieren wird. Earlybird weiß nicht, welches der von ihnen finanzierten Start-ups es schaffen wird. Madsack weiß nicht, ob sich die Investition in Internetradio unter www.radio.de refinanziert. Parship weiß nicht, ob Menschen in der Finanzkrise noch 30 Euro im Monat für Dating ausgeben werden. Die Planer der Hamburger Hafencity wissen nicht, ob sie einen lebendigen Stadtteil schaffen oder eine tote Betonwüste ohne Charme. Der Trick ist, irgendwann mit dem Rechnen, Abwägen und Prognostizieren aufzuhören und mit dem Machen anzufangen. In die Zukunft schauen kann keiner. Sich was trauen eigentlich jeder.

In der Krise mag das schwerer erscheinen. Aber für viele ist genau dann der richtige Zeitpunkt – denn geht es der Wirtschaft schlecht, sind Ressourcen und Mieten günstig, Personal verfügbar und man kann sich in Ruhe aufstellen, um dann – wenn die Krise vorbei ist – durchzustarten.

Machen Sie jetzt, was Sie lieben

„Es gibt heute keinen Grund mehr, Dinge zu tun, die man hasst", sagt der junge amerikanische Unternehmer Gary Vaynerchuk, der die Leitung eines Weingroßhandels mit Millionenumsätzen aufgab, um seinen Traum zu verwirklichen: Er ist seit Kurzem der erfolgreichste Videoblogger zum Thema Wein, verbreitet seine Sendung täglich übers Internet und lehnt Angebote von TV-Sendern ab. Vaynerchuk wurde damit zu einer der Galionsfiguren der Meconomy: „Sie sollten sich fragen: Was will ich jeden Tag tun, bis ans Ende meines Lebens? Und dann müssen Sie genau das tun. Ich schwöre, dass Sie es monetarisieren können."

Eine Botschaft, die ankommt in der Zielgruppe junger, gut ausgebildeter Arbeitnehmer, die einmal zu oft enttäuscht worden sind. Von Chefs, von Anlageberatern, von Politikern. Der Bankencrash hat uns Geld gekostet, die Wirtschaftskrise manchmal gar den Job. Wir sind flexibel, leistungsbereit, gut ausgebildet – doch das hilft uns in der Baisse wenig. Viele, die noch einen Job haben, erledigen ihn abgeklärt und ohne übertriebene Loyalität. Sie wissen, dass sie vielleicht schon mit dem nächsten Strategiewechsel der Geschäftsführung abgewickelt werden. Weil sie ihren Bossen nicht trauen, werden sie immer öfter lieber gleich ihr eigener Chef – sie machen sich selbstständig.

Die Zahl der Selbstständigen in freien Berufen steigt in Deutschland im Schnitt um fünf Prozent pro Jahr. Im Jahr 1992 gab es 514 000, 2007 waren es bereits 954 000. Allein zwischen 2006 und 2007 arbeiteten 7,6 Prozent mehr Menschen als Ärzte oder Apotheker, gab es 5,3 Prozent mehr Anwälte, Steuerberater und Wirtschaftsprüfer, legten die technischen und naturwissenschaftlichen Berufe (wie Architekten, Ingenieure, Biologen) um 7 Prozent zu und die Kulturberufe (wie Journalisten, Schauspieler, Regisseure, Schriftsteller) um über 6 Prozent.

Vor allem die Kreative Klasse gewinnt immer mehr an Bedeutung: Laut Bundeswirtschaftsministerium wuchs die Kultur- und Kreativwirtschaft im Jahr 2008 gegen den allgemeinen Trend. Hierfür seien vor allem die kleinen Unternehmen verantwortlich gewesen. Sie steuert mit 2,6 Prozent einen größeren Anteil zum Bruttoinlandsprodukt bei als beispielsweise die chemische Industrie mit 2,1 Prozent.

Für diesen in Deutschland eigentlich ganz unüblichen Trend hin zu mehr Unternehmergeist, Mut und Eigenverantwortung, zu Ideen, Experimentierfreude – letztlich: zur Meconomy – gibt es strukturelle, technologische, psychologische und historische Gründe. Die wichtigsten wollen wir uns nun anhand der Kernthesen zweier prominenter Beobachter dieser Entwicklung kurz anschauen. Zunächst kommt der Kommunikationsexperte und Journalistikprofessor Jeff Jarvis zu Wort, danach ist der Unternehmer, Buchautor und Marketing-Guru Seth Godin dran.

Von Google lernen

Es spricht viel dafür, dass die Welt, wie wir sie kennen, sich gerade grundlegend wandelt. Dass bislang bewährte Geschäftsmodelle bröckeln. Dass hierarchische Strukturen von kollaborativen, netzwerkartigen ersetzt werden. Dass Kommunikation in Unternehmen und in der Gesellschaft nicht mehr nur von oben nach unten funktioniert, dass aber der eine oder andere kosmetische Rückkanal auch nicht mehr ausreicht, sondern dass ein unordentliches Gewirr aus Sendern und Empfängern die alten Medien ersetzt. Dass Menschen sich nicht mehr als dumpf konsumierende Endverbraucher und Marketingziele sehen mögen, sondern dass sie Einfluss nehmen wollen auf Produkte, Innovationen, Gestalt und Funktion der uns umgebenden Dinge und Werkzeuge.

Ein besonders gnadenloser und hellsichtiger Analyst dieses Umbruchs ist Jeff Jarvis. Der 55-Jährige hat früher als Medienmanager gearbeitet und die bekannte US-Zeitschrift Entertainment Weekly erfunden. Dann entwickelte er eine Wissenswebsite und wurde Professor an einer Uni. Jarvis hält Vorträge über den Medienwandel, auf denen er den baldigen Tod der Tageszeitung verkündet, bloggt sehr erfolgreich und schreibt Bücher wie den Bestseller „Was würde Google tun?“.

In diesem beschreibt er, was passieren würde, wenn andere Branchen nach den Regeln des Suchmaschinen-Riesen operieren würden. Für Jarvis sind die oben beschriebenen Umbrüche auf einen knackigen Nenner zu bringen, den er – wenig bescheiden – „Jarvis’ erstes Gesetz“ nennt: „Gib den Menschen Kontrolle und wir werden sie nutzen. Tue es nicht und Du wirst uns verlieren.“ Was bedeutet dies im Kontext der Meconomy?

Zunächst brauchen wir, was Jarvis „Googlejuice“ nennt: Wir müssen per Google (oder anderen Suchmaschinen) **auffindbar** sein. Mindestens unser Lebenslauf muss online sein, das Portfolio unserer bisherigen Arbeiten sowie unser Netzwerk aus Freunden und Kollegen. Und wir sollten nicht der fünfte oder zehnte Treffer sein, wenn man unseren Namen sucht. Der erste „Markus Albers“, den Sie googeln, bin ich – dafür habe ich gekämpft. Wie wir das erreichen? Indem wir uns **verlinken**, online aber auch in der realen Welt: Je mehr Dinge/Produkte/Inhalte wir selbst produzieren und auf je mehr andere Produzenten wir hinweisen, desto mehr Links zeigen auf uns zurück. Desto leichter sind wir zu finden, desto mehr Aufträge/Kontakte/Wissen werden zu uns kommen.

Zudem müssen wir **aufrichtig und authentisch** sein. Google selbst nennt das in seinem Unternehmensmotto „Don't be evil“. Je mehr die Interaktion zwischen Marktteilnehmern über das Internet explosionsartig zunimmt, desto weniger lohnt es sich, unmoralisch, unkollegial oder ausbeuterisch zu handeln, denn die Kosten überwiegen zunehmend die Vorteile. Jarvis: „Wenn Menschen offen mit Ihnen, über Sie und um Sie herum sprechen können, ist es keine zulässige Geschäftsstrategie mehr, sie übers Ohr zu hauen.“

Wir müssen uns **unterscheiden und positionieren** wollen. „Unser Online-Schatten wird zu unserer Identität“, sagt Jarvis, „Um aus der Masse herauszuragen, brauchen wir unterscheidbare Identitäten.“ Wir müssen eine Marke werden, ein Experte, müssen für etwas stehen. Dazu müssen wir nicht Quantenphysiker werden oder Opernstar. Man kann auch für kleine Dinge bekannt sein oder ein Experte innerhalb einer kleinen Gruppe. Denken Sie an den Nachbarn, der für alle anderen die Heizung reparierte. Den VHS-Lehrer, der allen beibrachte, Briefe am Computer zu schreiben. Den Töpfer- und den Trommelkurs, die Baby-Krabbelgruppe und die Freundin, die immer die besten Partys organisierte – alles Experten. Wir sollten uns aber sehr wohl überlegen, ob wir lieber für unsere berufliche Qualifikation oder eine private Leidenschaft bekannt sein wollen. Möglicherweise können wir das online trennen – seriöses Banker-Profil bei Xing, Rock-Gitarrist auf MySpace. Glückliche Menschen schaffen es, beides zu verbinden. Was uns zum letzten Punkt bringt.

Wir müssen Dinge **machen**. Als Sachbearbeiter Vorgänge sauber abzuschließen macht uns weder für etwas bekannt, noch schärft es unser Profil als Experte, noch erweitern wir dadurch ein Portfolio, das uns von anderen unterscheidet. Wir wissen nicht, welche Akten Franz Kafka als Versicherungsangestellter bearbeitet hat. Wir kennen seine Romane, Erzählungen und Briefe. Standard-Arbeiten werden zum Glück heute automatisiert oder outgesourct. Deswegen muss nicht plötzlich jeder Romane schreiben. Aber die Frage, was Sie am Ende Ihres Lebens geschaffen haben wollen, was Ihr – wie es im Englischen so schön heißt – „body of work" sein soll, muss erlaubt sein. „Das Internet macht uns nicht kreativer", schreibt Jarvis, „aber es erlaubt unseren Kreationen, gesehen, gehört und benutzt zu werden. Es ermöglicht jedem Kreativen, ein Publikum zu finden, das er oder sie verdient." Bevor wir uns mit diesem letzten Punkt näher befassen, soll klargestellt sein: Kreieren kann man nicht nur Bilder, Musik oder Tanz. Auch eine Unternehmensgründung, eine Ingenieursleistung oder eine Wissensvermittlung können immens kreative Akte sein. Es kommt zunächst einmal nicht darauf an, wie „wertvoll" ein Produkt oder eine Idee ist. Es kommt darauf an, dass wir sie schaffen.

Werden Sie der Anführer Ihres eigenen Stammes

Seth Godin ist ein Advokat des neuen Denkens. Wie wenige bringt der amerikanische Marketing-Experte, Unternehmer und Buchautor knakkig auf den Punkt, was genau so anders ist an der neuen Wirtschaftsordnung, die wir Meconomy nennen wollen. Godin prägte im Jahr 2009 den Begriff der „Tribes", zu Deutsch „Stämme", um die neuen Beziehungsgeflechte zwischen Menschen zu beschreiben. Stämme gab es schon immer: Die Einwohner einer Kleinstadt waren ein Stamm, alle Leichtathleten in Thüringen bildeten einen Stamm oder die Hamburger SPD-Mitglieder. Bei diesen alten Stämmen spielte die Geografie eine zentrale Rolle.

Das Internet hat diesen Geografiebezug eliminiert. Heute existieren unendlich viele Stämme nebeneinander, große und kleine, horizontale und vertikale. Wir alle sind Mitglied in viel mehr Stämmen als früher: Stämme, mit denen wir gemeinsam arbeiten, reisen, einkaufen. Stämme, mit denen wir über Politik diskutieren, denen wir unsere Fotos zeigen, die dieselbe Musik mögen wie wir oder die uns ihre Kochrezepte verraten. Wir haben immer mehr Werkzeuge zur Verfügung, um die Mitgliedschaft in diesen Stämmen zu organisieren und um uns mit den anderen Mitgliedern zu verbinden: Facebook und Xing, Twitter und Basecamp, E-Mail und Websites.

Alle diese Stämme, so Godins Theorie, suchen Anführer. Und der Anführer, das können Sie sein. Am besten, Sie gründen selbst einen Stamm. Was der Gegenstand sein könnte, das Thema, das Produkt? Da horchen Sie am besten tief in sich hinein und fragen sich, wozu Sie am allermeisten Lust hätten. Was ist Ihre Leidenschaft? Wofür brennen Sie? Genau das sollte Thema Ihres Stammes werden.

–> Sie interessieren sich so sehr für Schokolade, dass Sie alles darüber wissen und das Wissen weitergeben wollen? Holger In'tVeld ging es genauso, also gründete er in Berlin den „Schokoladen“, in dem er hochpreisige Kakaoprodukte verkauft. Ein Café hat er ebenfalls eröffnet, eine eigene Schokolade produziert er bereits und an einem Buch zum Thema schreibt er gerade. Früher war In'tVeld Musikjournalist – heute hat er einen Stamm von Schoko-Connaisseuren um sich geschart. Ein Beispiel dafür, dass dieses Denken keineswegs nur mit Online-Geschäftsmodellen funktioniert – allerdings per Definition besser, wie der nächste Fall zeigt.

–> Ihre Oma häkelt toll und Sie hätten eine paar schräge Designideen, die die alte Dame umsetzen könnte? Damit verdient Manfred Schmidt jetzt sein Geld, auf dessen Website „Oma Schmidt's Masche“ es Topflappen mit Totenkopfmotiv, ungewöhnliche Häkelmützen, T-Shirts und Eierwärmer zu kaufen gibt. Vorher war Schmidt Architekt. Heute hat er online einen bundes- oder sogar weltweiten Stamm für seine Produkte gegründet, was ihm angesichts der spitzen Zielgruppe mit einem Laden an der Ecke wohl nicht gelungen wäre.

–> Andreas Stammnitz' große Leidenschaft war immer schon, Menschen etwas beizubringen. Als Marketingchef eines großen deutschen Buchverlages war er zwar erfolgreich – aber in ihm brannte immer der Gedanke: Am liebsten wäre ich selbstständig und würde irgendwas mit Erwachsenenbildung machen. Jetzt hat Stammnitz seinen festen Job auf halbtags reduziert und baut nebenbei eine Onlinecommunity für Coaching und berufliche Fortbildung auf.

Nur drei Beispiele für Seth Godins Kernthese, dass die neue Wirtschaftsordnung Leidenschaft belohnt. „Bei Stämmen geht es um Glauben", so der Amerikaner: „Glauben an eine Idee, an eine Gemeinschaft. Glauben Sie an das, was Sie tun? Jeden Tag? Es stellt sich heraus, dass Glauben eine brillante Strategie ist. Immer mehr Menschen merken gerade, dass sie sehr viel arbeiten und dass es sehr viel befriedigender ist, an etwas zu arbeiten, an das sie glauben, und Dinge zu bewegen, als einfach nur jeden Monat sein Gehalt zu bekommen und darauf zu warten, gefeuert zu werden (oder zu sterben)."

Geht es nach Godin, ist das Leben zu kurz, um zu hassen, was man den Tag über tut. Zu kurz, um Mittelmäßiges zu produzieren. Und fast alles, was heutzutage Standard, gängig oder durchschnittlich sei, gelte den Menschen als mittelmäßig, also langweilig. „Das Resultat ist, dass viele sehr gute Leute den Tag damit zubringen, zu verteidigen, was sie tun", so der Autor, „damit, das zu verkaufen, was sie immer verkauft haben, und zu verhindern versuchen, dass ihr Unternehmen von den Mächten des Neuen aufgefressen wird. Es muss sie sehr anstrengen. Mittelmäßiges zu verteidigen ist aufreibend." Wer bei Opel arbeitet, bei Karstadt oder bei einer Tageszeitung, weiß, was gemeint ist.

Aber was, wenn man befürchtet, dass die eigene Leidenschaft, das Hobby, das Interessengebiet zu exotisch ist? Oder zu gängig? Kurz: was, wenn man Angst hat, die Sicherheit des Mittelmäßigen einzutauschen gegen das Abenteuer des Unberechenbaren? Dann sollte man es erstens machen wie Andreas Stammnitz und die neue Geschäftsidee, die Website, den Laden, seinen Stamm ganz langsam nebenbei aufbauen. Man merkt dann schon, wann es Zeit ist, das Alte aufzugeben und sich ganz ins Neue zu stürzen. Aber man muss auch bereit sein, konstruktiv zu scheitern und daraus zu lernen: „Nutzen Sie die Kraft, die darin liegt, nicht recht haben zu müssen", so John Naisbitt, renommierter Zukunftsforscher, Autor des Weltbestsellers „Megatrends" und Berater mehrerer US-Präsidenten in seinem letzten Buch „Mindset": „Wer nicht wagt, der nicht gewinnt. Wenn Sie Angst davor haben, nicht recht zu behalten, werden die Gelegenheiten, die diese evolutionäre Ära zu bieten hat, an Ihnen vorbeiziehen."

Zweitens sollte man an die „1 000-Fans"-Regel von Kevin Kelly, Internet-Legende und Mitgründer des Magazins Wired denken. Sie besagt, dass in der Regel 1 000 wahre Fans reichen, um einen Künstler oder ein kleines Geschäft zu ernähren. Ein wahrer Fan laut dieser Definition bringt drei Freunde mit zum Konzert. Kauft die teure Hardcover-Ausgabe eines Buches, statt nur auf der Website des Autors herumzuklicken. Fährt quer durch die Stadt, um in genau diesem Laden jene Schokolade zu kaufen. Und vor allem verstärkt er die Wirkung des Stammes, erzählt weiter, wie großartig es ist, Fan zu sein von: genau – von Ihnen.

Heißt das nun also, dass wir alle selbstständige Kleinunternehmer werden sollen, Blogger, Künstler und Schokoladenverkäufer? Eben nicht. Organisationen sind nach wie vor wichtig. Sie produzieren Effizienzgewinne, erlauben es, Prozesse zu skalieren und reduzieren Komplexität. Wir brauchen Organisationen. Sie „geben uns die Möglichkeit, komplexe Produkte herzustellen", so Godin, „sie haben die Kraft und das Durchhaltevermögen, Dinge auf den Markt zu bringen. Sie können große Stämme bedienen." Aber sie müssen keine Fabriken, so nennt Godin Organisationen, in denen der Chef einem sagt, was man zu tun hat, mehr sein. Routineaufgaben, standardisierte Prozesse und die Herstellung von Massenprodukten halten das moderne Unternehmen nur auf und sind leicht outzusourcen. „Die Organisationen der Zukunft bestehen aus smarten, schnellen, flexiblen Menschen, die auf einer Mission sind", so Godin.

Stämme können auch innerhalb von Organisationen entstehen. Rund um denjenigen, der die innovative Idee hatte. Um diejenige, die Kollegen mit ihrem Enthusiasmus begeistert. Um den, der nicht nur Dienst nach Vorschrift macht. Oder um die, die nicht nur überlegt, was die Chefs von ihr verlangen, sondern welche Ziele sie damit verfolgen und wie sie diese erreichen kann. Herausfinden, wofür man brennt, das dann publik machen und so Fans um sich sammeln, um gemeinsam daran zu arbeiten – all das kann man auch im Unternehmen tun, am Arbeitsplatz. Man muss es sogar tun, um nicht entweder an Langeweile einzugehen oder wegen Farblosigkeit gekündigt zu werden.

Dieses Leben können wir heute nicht nur dramatisch leichter einrichten als früher – es wird uns auch mit sehr viel höherer Wahrscheinlichkeit erfolgreich machen und zufrieden.

Oder? Um das genau zu wissen, wäre es gut, etwas mehr darüber zu erfahren, was eigentlich die Dinge sind, die uns glücklich werden lassen. Denn Experten stellen immer wieder fest, dass wir erstaunlich unklare und unrealistische Vorstellungen davon haben, was Glück eigentlich ist und wie wir es erreichen. Diese Frage unter den Voraussetzungen der Meconomy zu klären wollen wir uns darum im nächsten Kapitel vornehmen.

WAS MACHT MICH GLÜCKLICH?

„Twenty years from now you will be more disappointed by the things that you didn't do than by the ones you did do. So throw off the bowlines. Sail away from the safe harbor. Catch the trade winds in your sails. Explore. Dream. Discover."

Mark Twain

Die wichtigsten Glückstheorien im Schnelldurchlauf

Im Sommer 2009, das Buch „Glück kommt selten allein" von Eckart von Hirschhausen ist seit drei Monaten auf Platz eins der Bestsellerliste und hat schon mehr als 500 000 Exemplare verkauft, kommt endlich auch der Spiegel nicht mehr an dem Phänomen vorbei: „Der Glücksladen brummt", raunzt das Nachrichtenmagazin eher mäßig gut gelaunt in einer großen Titelgeschichte. „Je mehr zu dem Thema publiziert wird, desto dringlicher wird der Wunsch des Publikums, einen Überblick zu gewinnen. Also wird noch mehr aufgelistet, Rat gegeben und Weg gewiesen."

Und es stimmt ja: Auf Amazon finden sich 1500 deutschsprachige Bücher mit „Glück" im Titel. Neben Stefan Kleins rund recherchiertem modernem Klassiker „Die Glücksformel" von 2002 wollen uns allein an prominenten Autoren Wolf Schneider und Anselm Grün und Lothar J. Seiwert, Wilhelm Schmid und Hape Kerkeling zu einem besseren Leben verhelfen.

Die Zeitschrift Psychologie Heute beklagt die aktuelle „Fülle von seriösen bis seichten Glücksratgebern" und bringt gleichzeitig selbst das Sonderheft „Glücksmomente" heraus. Ein Heidelberger Wirtschaftsgymnasium lehrt gar „Glück" als Fach. 17- bis 19-jährige Schüler üben sich da in Philosophie, gemeinsamem Kochen und gegenseitigem Loben.

Woher kommt die neue Faszination für dieses doch eigentlich uralte Thema? „Die Wiederkehr der Frage nach dem Glück hängt auch mit dem Überdruss an der täglichen Steigerung von Stress, Flexibilität, Image-Arbeit, Tempo, Marktführerschaft und Effizienz unter dem Druck einer globalisierten Ökonomie zusammen", mutmaßt der Spiegel leicht kulturkritisch, aber wohl nicht ganz zu Unrecht. Das Streben nach privatem Glück in der allgemein zunehmenden Unübersichtlichkeit sei „die typische Reaktion auf die Krise einer Werteordnung, die lange gesichert schien".

Man kann die vom Spiegel beschriebene Entwicklung natürlich auch positiv sehen: Wenn wir das Gefühl haben, dass die äußeren Bedingungen unser Glück nicht mehr zuverlässig garantieren können, wenn Jobangst, bröckelnde Sozialsysteme und folglich wacklige Lebensplanung drohen, uns zu einem Spielball der Zufälligkeiten werden zu lassen, nehmen wir die Sache eben selbst in die Hand.

Praktischerweise zeigt der aktuelle Forschungsstand, dass genau dies das beste Rezept für den Weg zum Glück ist.

Die Datenbank der Glücksforscher

Ruut Veenhoven, Soziologieprofessor an der Erasmus-Universität in Rotterdam, sammelt in seiner World Database of Happiness seit Jahrzehnten Untersuchungen und Studien über Glück und Lebenszufriedenheit der Menschen. Die Datenbank umfasst über 3 000 Umfragen und mehr als 10 000 Studien. „Ging man noch vor ein paar Jahrzehnten davon aus, dass Glück nicht messbar sei, so weiß man heute, dass sich das subjektive Glücksempfinden sehr gut messen lässt“, so Wolff Horbach, der die nach eigenen Angaben größte deutsche Webseite zum Thema betreibt und Veenhovens Datensammlung ausgewertet hat. Dabei kam unter anderem heraus, dass Berufe, die ein gewisses Maß an Freiheit gewähren, glücklicher machen als Berufe, deren Tagesablauf streng reglementiert ist. So sind beispielsweise Lastwagenfahrer glücklicher als Angestellte und Journalisten im Schnitt glücklicher als Lehrer. Auch sind Menschen glücklicher, wenn sie in guter physischer Verfassung sind und sich gesund und voller Energie fühlen. Die Höhe des Einkommens beeinflusst entgegen landläufiger Meinung das Glück kaum. Der Hauptschlüssel zum Glück sei Aktivität, so Horbach: „Wenn Sie die Hände in den Schoß legen, passiert nichts.“

Auch der Münchner Hirnforscher Ernst Pöppel bestätigt: „Glück ohne Anstrengung gibt es nicht. Wir müssen uns Ziele setzen, denn erst deren Erfüllung führt zur Befriedigung.“ 40 Prozent unseres Frontalhirns seien für die Selbstüberwachung zuständig. Erst wenn wir uns anstrengen und Herausforderungen bestehen, wird in dieser Region das Belohnungszentrum aktiv.

Es sieht also so aus, als wären wir bei der Suche nach dem guten Leben tatsächlich gar nicht so sehr auf äußere Bedingungen angewiesen. „Nichts verschafft so viel Sicherheit wie das Gefühl, den Lauf der Dinge selbst beeinflussen zu können“, schreibt das Wissensmagazin der Süddeutschen Zeitung in seiner Titelstory über „Das gute Leben“. Gute Voraussetzungen, beim Neuerfinden auch gleich zufriedener und ausgeglichener zu werden. Die Meconomy als Glücksmaschine.

Neugier, Komfortzone, Arbeit und Flow

Erst seit einigen Jahren haben Wissenschaftler verstärkt damit begonnen, systematisch zu erforschen, was Menschen glücklich macht. Neue bildgebende Verfahren erlauben uns, das Gehirn dabei zu beobachten, wenn sich der Mensch glücklich oder unglücklich fühlt. Wir wissen heute, was Glück im Körper auslöst. „Eine zentrale Botschaft der Wissenschaft ist: Glück ist erlernbar“, so Glücksforscher Horbach. Wir können Verhaltensweisen trainieren und Gewohnheiten annehmen, die unser Glück steigern.

Die deutsche Sprache ist erstaunlich unscharf, wenn es darum geht, unterschiedliche Glücksphänomene zu definieren. Jemand hat Glück gehabt, wenn er im Lotto gewinnt, trotz schlechten Spiels beim Fußball kein Tor kassiert oder zufällig in der Bar den Traummann trifft. Jemand ist aber auch glücklich, dass er in fortgeschrittenem Alter noch so gesund ist, dass er in seinem Beruf so gut vorankommt oder ein süßes Baby bekommen hat.

Das Englische ist da genauer: „Luck“ heißt es, wenn jemandem zufällig und unerwartet etwas Positives widerfährt. „Happiness“ ist der Zustand des Glücklichseins, des Sich-gut-Fühlens, die Abwesenheit von Schmerz und Leid. Wichtiger Unterschied: „Luck“ kommt von außen und wir haben keinen Einfluss darauf. „Wenn wir das Glück vor allem von außen erwarten (also das sogenannte ‚Luck‘), dann wird die Wartezeit eventuell sehr lang“, so Horbach: „Die allermeisten Menschen tun aber genau das: Sie erwarten Glück durch den Traumpartner, den tollen Job, den großen Lottogewinn…“ Erfüllen sich diese Erwartungen nicht gleich, sind sie enttäuscht, frustriert, manchmal sogar deprimiert. Schuld sind immer die anderen.

Das innere Glück („happiness“) herbeizuführen, ist hingegen möglich und eigentlich auch gar nicht so schwer. Die einschlägigen Glücksratgeber sind ja gerade voll von Tipps, die sich erstaunlicherweise kaum unterscheiden. Der Spiegel fasst die gängigsten von ihnen so zusammen: „Tu was, nimm Dich selbst in die Hand, bewege Dich, interessiere Dich, konzentriere Dich, arbeite Listen ab, lerne zu lieben und zu helfen, bleibe bescheiden, entdecke und mäßige Dein Ego."

Vier Punkte, die für unser Thema relevant sind, wollen wir uns etwas detaillierter anschauen: die Suche nach Neuem, das Heraustreten aus der Komfortzone, die Arbeit und das Erreichen des sogenannten Flow-Zustands.

–> **Das Neue:** Neurowissenschaftler könne heute zeigen, dass unser Gehirn besonders aktiv ist, wenn wir uns auf die Suche nach Neuem befinden. Neues zu lernen oder zu erkunden kurbelt unsere Neurotransmitter-Produktion an. Die funktionale Magnetresonanztomografie (fMRT) zeigt, dass ähnliche Gehirnregionen aktiv sind, wenn ein Mensch Neues in sich aufnimmt wie bei anderen das Glücksgefühl fördernden Aktionen wie Essen und Bewegung. Was der amerikanische Autor Eric Weiner über den Zusammenhang von Glück und Ort herausgefunden hat und weshalb er uns empfiehlt, die Suche nach dem Glück durchaus weltweit anzugehen, sehen wir im Buchkapitel „Wo will ich leben?". Horbach empfiehlt zunächst ganz allgemein, Neues mutig anzugehen und nicht zu viel zu zaudern: „Ich würde mich gerne selbstständig machen, aber was ist, wenn es schiefgeht? Ich würde so gerne einmal nach China, fürchte aber, dort nicht zurechtzukommen. Ich würde meinem Chef zu gerne mal sagen, dass ich meinen Job viel lieber ganz anders ausführen möchte, traue mich aber nicht, weil ich eventuell rausgeschmissen werde." Um in solchen Situationen zu handeln, muss man allerdings auch den nächsten Punkt beherrschen:

–> **Die Komfortzone:** Wer glücklich sein will, muss diese immer wieder verlassen. Also raus aus dem Bereich, in dem wir uns normalerweise wohlfühlen – unsere Wohnung, unseren Arbeitsplatz, das Lieblingsrestaurant, die gewohnte Tageszeitung, die Art von Büchern, die wir gerne lesen – alles Sichere, Gewohnte. „Leider findet innerhalb dieser Komfortzone kein Wachstum statt", so Horbach: „Wenn ich mich immer wieder mit den gleichen Menschen unterhalte, deren Meinung und Haltung ich schon seit Jahren kenne, bin ich zwar relativ sicher vor unliebsamen Überraschungen, lerne aber auch nichts dazu."

–> Die Arbeit: Für 42 Prozent der Deutschen ist Arbeit der wichtigste Begriff im Zusammenhang mit Glück, so das Ergebnis einer Eurobarometer-Umfrage von 2008. Besonders glücklich sind Selbstständige, wie eine Studie der Kreditanstalt für Wiederaufbau belegt: Von jenen Gründern, die die kritische Anfangsphase gemeistert haben, stuft sich nur jeder zehnte als „unzufrieden" ein, knapp zwei Drittel sind „zufrieden" oder „sehr zufrieden". Aber auch in der Gruppe der erfolgreichen Gründer gibt es Unterschiede: Zufriedener sind jene, die nicht aus der Not heraus gründen, sondern weil sie eine gute Gelegenheit wittern – sieben von zehn dieser Chancen-Gründer sind „zufrieden" oder „sehr zufrieden". Und wer dann auch noch Mitarbeiter einstellen kann, ist meist richtig happy, belegt die Studie. Allgemein gilt: „Menschen empfinden ihre Arbeit als sinnvoll, wenn sie dabei mit anderen kommunizieren und das Gefühl haben, ihren Überzeugungen gemäß etwas zu bewirken", sagt Florian Straus, der das München Institut für Praxisforschung und Projektberatung leitet. Das einfachste Beispiel sei der Handwerker: Er tue etwas Nützliches und sehe jeden Tag das Ergebnis seiner Arbeit. Damit eng zusammen hängt der nächste Punkt, der uns zeigt, dass Glück nicht im Herumliegen auf dem Sofa oder am Strand erreichbar ist, sondern nur, wenn wir aktiv tätig werden.

–> Der Flow: Dieser Begriff, den der Psychologe und Glücksforscher Mihaly Csikszentmihalyi für das Gefühl des völligen Aufgehens in einer Tätigkeit geprägt hat, würde auf Deutsch in etwa als Schaffens- oder Tätigkeitsrausch übersetzt. Flow kann entstehen bei der Steuerung eines komplexen, schnell ablaufenden Geschehens, im Bereich zwischen Angst durch Überforderung und Langeweile durch Unterforderung. Flow ist eine Form von Glück, auf die man Einfluss hat. Wir erreichen diesen Zustand besonders oft bei der Arbeit, am besten, wenn wir eine schwierige

Aufgabe gern erledigen, die wir uns selbst stellen. Wichtig ist, dass die Motivation aus uns selbst kommt. „Wenn wir die Aufgabe nur angehen, weil wir glauben, andere fänden es toll, dann werden wir schnell die Lust verlieren“, warnt Horbach. „Wir werden aufgeben und uns am Ende vielleicht als Verlierer oder Versager fühlen.“ Wesentlich auf dem Weg zum Flow sei, ob wir uns selbstbestimmt oder fremdbestimmt fühlen: „Entspringt die Aufgabe unseren Wünschen, Träumen und Sehnsüchten, dann sind wir selbstbestimmt. Dann erleben wir bei unserem Tun Spaß, Freude und Glück.“

Menschen sind also dann glücklich, wenn sie Neues ausprobieren oder das tun, was sie besonders gut können. Was den Job angeht, gibt es zunächst keinen Unterschied zwischen angestellter und freiberuflicher Tätigkeit. Leider aber, so erzählte mir Horbach im Interview, versäumten es viele Unternehmen heute, die Talente der Mitarbeiter zu ergründen. Vielfach würden diese nur mit einer Stellenbeschreibung gesucht, es werde also nur die Erfüllung einer bestimmten Aufgabe gewünscht. „Menschen haben aber vielfache Talente, die zum Nutzen des Mitarbeiters und des Unternehmens eingesetzt werden können. Ungenutzte Talente frustrieren die Menschen“, so der Glücksforscher.

Viele Unternehmen machen noch einen Fehler: Sie versuchen aus Gründen der Effizienz und der Qualitätssicherung, Abläufe aufs Kleinste vorzugeben. „Das widerspricht dem sehr wichtigen Bedürfnis des Menschen nach Autonomie und nach Ausprobieren von anderen Wegen“, kritisiert Horbach: „Kluge Unternehmen lassen Ihren Mitarbeitern viel Spielraum für eigene Ideen und Projekte. 3M und Google sind damit äußerst erfolgreich. Wer diese Freiheiten an seinem Arbeitsplatz nicht vorfindet, tut gut daran, sich ein anderes Umfeld zu suchen. Die Lebenszeit ist viel zu kostbar, als jahrein, jahraus mit freudloser Arbeit zu verbringen, die den eigenen Bedürfnissen nicht oder nur zum Teil entspricht.“

Horbach macht das an einem Beispiel deutlich: Wer vor hundert Jahren als ältester Sohn eines Landwirtes geboren wurde, hatte einen vorgezeichneten Lebensweg: Er würde einmal den Hof übernehmen. Die gute Nachricht war: Wenn er nicht große Fehler machte, war für seinen

Lebensunterhalt bis zum Ende seiner Tage gesorgt. Die schlechte Nachricht: Er würde dieses Kaff wahrscheinlich nie verlassen. Heute ist es gerade umgekehrt: „Nichts ist sicher, aber wir haben eine unglaubliche Fülle von Lebensgestaltungsmöglichkeiten. Leider bereiten unserer Schulen und Universitäten die Menschen nicht darauf vor. Viel zu viele verlassen sich auf alte Strukturen. Kaum ein Student möchte sich selbstständig machen, sondern versucht bei einem Global Player unterzuschlüpfen und dort Karriere zu machen. Wir haben nur eine sehr schwach ausgeprägte Kultur zur Selbstständigkeit."

Diese Passivität ist ein großes Hindernis auf dem Weg zum Glück, denn viele Menschen kämen mit Verantwortung für das eigene Leben nicht klar. „Unser Wohlstand scheint viele Menschen unbeweglich zu machen. Lieber verharren sie ein halbes Leben in unzufriedenen Umständen, anstatt eine Existenz zu gestalten, welche den eigenen Bedürfnissen besser entspricht." Hier ist wohl noch viel Aufklärungsarbeit notwendig. Das „Schulfach Glück", meint Horbach, wäre ein erster Anfang.

Es gebe ein wunderbares Buch von Alan W. Watts, einem der führenden Religionsphilosophen des letzten Jahrhunderts, erzählt er, es heißt: „Weisheit des ungesicherten Lebens." Watts, der intensiv die östlichen Lehren wie Taoismus und Buddhismus studiert hat, beschreibt darin, wie sich der moderne Mensch mit seinem Bestreben, das Leben in all seinen Aspekten kontrollierbar und vorhersehbar zu machen, immer mehr in seinem eigenen Netz verfängt und von den Erfahrungen des Lebens abschneidet. Horbach: „Das Streben nach Sicherheit ist verständlich, aber es macht starr. Sicherheitsmenschen versuchen einen alten Status aufrechtzuerhalten und machen sich viel zu viele Sorgen über die Zukunft. Das Leben mit all seinen Facetten ist aber bunt und kann nur durch unmittelbare Erfahrungen gefühlt werden. Glück findet immer im Hier und Jetzt statt." Die derzeitige Wirtschaftskrise könne also durchaus ein willkommener Anlass sein, über die wirklich wichtigen Dinge des Lebens nachzudenken.

Wir sehen also, dass uns die Meconomy helfen kann, ein glückliches Leben zu führen. Denn wenn wir uns immer wieder selbst neu erfinden, sind wir ja geradezu gezwungen, Neues auszuprobieren und zu erlernen, unsere sichere Komfortzone zu verlassen und schwierige, selbst gestellte Aufgaben zu meistern. Alles drei Dinge, die die Glücksforscher als Schritte auf dem Weg zu einem besseren Leben identifiziert haben.

Aber kann es nicht auch irrsinnig anstrengend sein, sich immer wieder neues Wissen anzueignen, neue Jobs zu erlernen, ja, ein neuer Mensch zu werden? Lehrt uns die Populärpsychologie nicht vielmehr, dass wir unser „wahres Ich" entdecken müssen, um dann unsere Lebensplanung daran auszurichten? Anders gesagt: Ist nicht vielmehr Stabilität die Voraussetzung von Glück? Und was ist mit der Authentizität, die gerade im Kontext von Social Media und Personal Branding immer wieder – und ja nicht zu Unrecht – eingefordert wird? Mit diesen durchaus plausibel klingenden Einwänden wollen wir uns nun befassen.

Ein Leben im Einklang mit meiner Natur?

Englische Philosophen waren von jeher mehr an den praktischen Dingen des Lebens interessiert als ihre vergeistigten deutschen Kollegen. So gehörte dort das Nachdenken über den Zusammenhang von Geld, Wohlstand und Glück durchaus zum Stammthema seriöser Denker. Schon 1689 stellte John Locke fest: „Die höchste Vollkommenheit einer vernunftbegabten Natur besteht in dem unermüdlichen Streben nach wahrem und dauerndem Glück."

Welches Glücksziel aber „wahr" und „dauernd" sei, fragt Spiegel-Autor Mathias Schreiber angesichts dieser plausibel klingenden Regel. Er schlägt dazu die Glücksbestimmung des römischen Dichters und Politikers Seneca vor, der von 4 vor bis 65 nach Christus lebte und in seiner Abhandlung „Vom glückseligen Leben" postulierte: „Glückselig" sei „ein Leben, welches mit seiner Natur in Einklang steht". Das könnte auch ein heutiger Zeitgenosse spontan unterschreiben. Mit seiner Natur im Einklang möchte doch eigentlich jeder leben. Aber was genau heißt das eigentlich? Auch Schreiber gibt zu bedenken, dass diese großen Worte „beginnen diffus zu flimmern, sobald die Wegweisung, die sie beanspruchen, der konkreten Lebenssituation bestimmter Individuen zugeordnet wird".

„Das wahre Ich gibt es nicht", sagt die Berliner Sozialphilosophin Rahel Jaeggi. „Die Bedürfnisse des Menschen sind dynamisch und veränderbar." Glaubt man der jungen Professorin, kann man heute sogar wieder über den eigentlich altmodischen Begriff der Entfremdung sprechen. Aber bitte schön, ohne dass man „sagen muss, was die Natur des Menschen oder das richtige Leben ist".

Noch konkreter fasst es die moderne Hirnwissenschaft: Die Idee einer angeborenen „Natur" des Menschen, eines unabänderlichen Persönlichkeitskerns, den man nur entdecken und an dem man dann sein Leben ausrichten müsse, um glücklich zu werden – diese Idee gilt als widerlegt. Es ist wohl vielmehr so, dass wir uns fast unser gesamtes Leben über ständig weiterentwickeln und erheblichen Einfluss darauf haben, welche Art Mensch wir am Ende sind. Wir haben gar keine Wahl – wir sind zur Tätigkeit verdammt. Wir erfinden uns permanent neu. Die Frage ist, ob wir uns dessen bewusst sind. Denn nur dann können wir diesen Prozess steuern und uns nicht nur verändern, sondern auch verbessern und glücklicher werden.

Woher kommt mein Selbstbild?

Neue Studien und Untersuchungen der Neurowissenschaftler widersprechen der Vorstellung, dass der Kern der Persönlichkeit angeboren sei und stabil bleibe. Aktuelle Erkenntnisse legen stattdessen nahe, dass sich die Nervenzellen des Hirns fast ein Leben lang neu organisieren, was auch den Charakter verändert. „Das heißt umgekehrt, dass es relativ sinnlos ist, wenn Menschen ihr vermeintlich angelegtes Selbst finden oder verwirklichen wollen", schreiben Werner Siefer und Christian Weber in ihrem Buch „Ich: Wie wir uns selbst erfinden". Es gehe nicht um die Suche nach einer Bestimmung, vielmehr müsse der Mensch frei wählen, was aus ihm werden soll: „Die Frage lautet nicht mehr: ‚Wer bin ich?‘, sondern ‚Wer könnte ich werden?‘“ Das Leben sei eine Baustelle, so fassen die beiden Autoren ihre umfassenden Recherchen bei Hirnforschern, Psychologen, Philosophen und Anthropologen auf der vergeblichen Suche nach dem Kern unserer Persönlichkeit zusammen. Jeder könne selbst bestimmen, ob er an seinem Ich beständig aktiv weiterarbeite, gar einen radikalen Umbau wage oder es mit den Jahren ein bisschen verkommen lasse. Im Sinne unserer These von der Meconomy muss natürlich eindeutig gefordert werden: Bitte weiterbauen! Anders als alle populärwissenschaftlichen Vorurteile von der genetischen Festlegung der menschlichen Persönlichkeit vermuten lassen und trotz des angeblichen Streits um den Einfluss von „Nature“ und „Nurture“, also Veranlagung und sozialem Umfeld, steht heute ganz klar fest: Erst im Alter von 50 verfestigen sich die Charakterzüge des Menschen allmählich. Bis dahin können und werden wir uns ständig neu erfinden.

Ein anderer Mensch werde man in der Regel allerdings nicht „durch einen vernünftigen Entschluss und heftiges Wollen“, geben Siefer und Weber zu bedenken. Ähnlich wie beim Streben nach dem Glück die Aktion gefordert ist, verändert sich auch die Persönlichkeit zumeist durch neue Erfahrungen oder einen konkreten Anlass. „Umzüge und Berufswechsel“ zum Beispiel seien – entgegen dem alltagspsychologischen Rat, vor Problemen nicht davonzulaufen – durchaus sehr gute Chancen zur Persönlichkeitsentwicklung, weiß die Entwicklungspsychologin Ursula Staudinger, die an der International University Bremen das Jacobs Center for Lifelong Learning and Institutional Development leitet: „Wenn man sich ändern will, geht das einfacher im neuen Kontext.“ Wie sich die neue globale Mobilität auf die Neuerfindung unseres Selbst auswirken kann, sehen wir im fünften Kapitel „Wo will ich leben?“.

„Wir müssen uns entwickeln lernen, wie wir schreiben und lesen lernen“, so Staudinger: „Dabei geht es um die Frage: Unter welchen Bedingungen ist persönliches Wachstum möglich?“ Die Psychologin findet, dass Wissenschaftler dem modernen Menschen bei diesem Prozess der Selbstentwicklung deutlich mehr helfen sollten. Statt immer nur Kranken zu helfen, sollten ihre Kollegen in Zukunft prophylaktisch tätig sein und vom Therapeuten zum Trainer werden: „Lebensmanagement gehört in den Grundlehrplan."

Authentizität und Fremdwahrnehmung

Wenn wir schon unsere Persönlichkeit selbst formen, was ist dann mit den scheinbaren Äußerlichkeiten, die uns ja in den Augen der anderen vor allem definieren? Welche Musik man hört, wie man sich frisiert und kleidet, welchen Beruf man ergreift, wo man seinen Wohnort wählt und ganz allgemein, wie man seine Rolle im Leben definiert – all das macht unsere soziale Identität aus und die wird zunehmend zum volatilen Konstrukt. Gerade in Mitteleuropa, so Siefer und Weber, finde seit einigen Jahren ein dramatischer Wandel bei der Identitätsbildung statt. Wo früher Familie, Tradition, Nation und Religion das Dasein bestimmten, setzt sich heute jeder sein eigenes Leben aus nahezu unendlichen Möglichkeiten zusammen – wie aus einem Baukasten. Ist das eigentlich gut oder schlecht? Je nachdem. Während Modernisierungstheoretiker anfingen, „über neue Freiheiten zu frohlocken", wehklagten andere über neue Ansprüche.

Der Münchner Sozialpsychologe Heiner Keupp gehört zu den Bedenkenträgern: „Es klingt natürlich für Subjekte verheißungsvoll, wenn ihnen vermittelt wird, dass sie ihre Drehbücher selbst schreiben dürfen", sagt er. Aber die erforderlichen materiellen, sozialen und psychischen Ressourcen seien oft nicht vorhanden „und dann wird die gesellschaftliche Notwendigkeit und Norm der Selbstgestaltung zu einer schwer erträglichen Aufgabe".

In dieselbe Kerbe schlägt auch der französische Soziologe Alain Ehrenberg in seinem Buch „Das erschöpfte Selbst": „Das Individuum heute fragt eher, was zu tun möglich ist, als was zu tun erlaubt ist." Das Perfide daran sei, dass theoretisch immer noch ein Schritt mehr möglich wäre, und doch jeder wisse, dass er niemals alle Alternativen wird ausschöpfen können. „Der Mensch ist den Freiheiten, die er sich über Jahrhunderte mühsam erkämpft hat, nicht mehr gewachsen“, schlussfolgert die Süddeutsche Zeitung, „und dieses Gefühl der Unzulänglichkeit lässt manche Forscher inzwischen von einer depressiven Gesellschaft sprechen.“

Dabei setzt sich hier nur ein Prozess fort, der in der Renaissance seinen Anfang nahm, in der Aufklärung zur Blüte kam, in der Moderne kritisiert wurde und heute als Fakt akzeptiert ist: die zunehmende Individualisierung der Gesellschaft.

Kurze Kulturgeschichte der Individualisierung

Vermutlich begann das Ich erstmals ernsthaft in der Renaissance sich vom Wir zu emanzipieren. Künstler und Wissenschaftler entdeckten das eigene Schicksal als Sujet. „Der Selbstbezug wird zu einem ausdrücklichen Charakterzug vor allem der aufsteigenden Humanisten und Gelehrten“, so der Mentalitätshistoriker Richard van Dülmen. Nachdem die Beziehung zu Gott im Protestantismus personalisiert wurde und mit dem Buchdruck Bildung für jedermann verfügbar war, erreichte im 18. Jahrhundert die Selbstreflexion in Form von publizierten Autobiografien, Tagebüchern und Briefwechseln einen Höhepunkt.

Romane erzählten erstmals die Geschichte einfacher Leute – innerhalb einer immer noch ständisch organisierten Gesellschaft eine Unerhörtheit. Goethe ließ seinen Werther leiden und Tausende von Lesern erkannten sich in dessen Liebesverstrickungen derart intensiv wieder, dass manche von ihnen aus reiner Identifikation – ebenso wie die Romanfigur – den Freitod wählten. Das Konzept der romantischen Liebe entwickelt sich. In Daniel Defoes „Robinson Crusoe“ schafft das Individuum jenseits von Religion, Staat und Familie gar eine neue Welt – und bewährt sich dabei.

Ein Massenphänomen wird der Prozess der Individualisierung mit der Herausbildung einer modernen Gesellschaft zu Zeiten der Industrialisierung – auch wenn die philosophisch-kulturgeschichtliche Grundlage hierfür schon in der Aufklärung lag. Die zunehmende Arbeitsteilung in den großen Fabriken ging einher mit einer Schwächung sozialer Bande, wie Georg Simmel und Emile Durkheim beschrieben haben.

Soziologen wie Anthony Giddens und Ulrich Beck sehen dann einen zweiten Individualisierungsprozess seit Ende der 1950er-Jahre. Sie konstatieren in der gegenwärtigen postmodernen Gesellschaft eine qualitativ neue Radikalisierung und Universalisierung dieses Prozesses: Alte gesellschaftliche Zuordnungen werden hinfällig, der zunehmende Zwang zur reflexiven Lebensführung geht mit einer Steigerung der Bildung einher, die Pluralisierung von Lebensstilen nimmt weiter zu, Identitäts- und Sinnfindung wird zur individuellen Leistung.

Erkenntnistheoretiker gehen heute sowieso davon aus, dass wir uns unsere Realität selbst zusammenbauen. Anders als bei Plato, der noch an eine von uns unabhängige „ideale" Wirklichkeit glaubte, von der wir zumindest verzerrte Abbilder erkennen können, gilt seit Kant als Konsens, „dass die Dinge, die wir anschauen, nicht das an sich selbst sind, wofür wir sie anschauen (...) und als Erscheinungen an sich selbst, sondern nur in uns selbst existieren können". Mit anderen Worten: Wir wissen von den „Dingen" nur das, was wir von ihnen wahrnehmen, nicht, wie sie „an sich" sind.

Der einflussreiche Soziologe Niklas Luhmann und die von ihm inspirierte Denkschule des radikalen Konstruktivismus gingen in den 90er-Jahren noch einen Schritt weiter: Wahrnehmen und Erkennen „liefern keine getreuen Abbildungen der Umwelt; sie sind Konstruktionen, die – bei Benutzung anderer Unterscheidungen – auch anders ausfallen können," so der radikale Konstruktivist Siegfried J. Schmidt – anders als bei Kant ist es aber nicht das individuelle Subjekt, das sich seine Welt konstruiert, sondern es sind Systeme. Diese – es kann sich hierbei um Institutionen, Unternehmen, Prinzipien wie das Rechtssystem, aber auch um kognitive Systeme, also denkende Menschen handeln – konstruieren laut Luhmann ihre Wirklichkeit, indem sie nach je eigenen Unterscheidungskriterien filtern. Folglich gibt es keine systemunabhängige, objektivierbare Realität, sondern so viele Wirklichkeiten, wie es beobachtende Systeme gibt.

Neurologen ergänzen, dass es für das menschliche Gehirn sowohl unmöglich als auch unzweckmäßig ist, die Welt so abzubilden, „wie sie wirklich ist“. Vielmehr sei es das Ziel des kognitiven Systems, Kenntnis über die Welt zu gewinnen, die für ein überlebensförderndes oder zumindest einem aktuellen Interesse dienendes Handeln ausreicht.

Das Gehirn wird dabei nicht mit einer fertigen kognitiven Welt geboren. „Vielmehr differenzieren sich die Erregungszustände des Gehirns erst allmählich in selbstorganisierender und selbstreferenzieller Weise zu der kognitiven Vielfalt aus, die später bewusst erfahren wird“, so Schmidt, und zwar „bei verschiedenen Individuen in unterschiedlicher Weise.“ Darum gibt es für jedes Individuum nur eine erfahrbare Welt, nämlich eine Erlebniswelt. Die verschiedenen Welten der Menschen stimmen dabei nur zum Teil miteinander überein. Dass wir im Alltag trotzdem den Eindruck haben, mehr oder weniger in ein und derselben Wirklichkeit zu leben, liegt an gesellschaftlichen Lernprozessen: Wir überprüfen ständig per Versuch und Irrtum, ob unsere Annahmen über die Welt sich soweit mit denen anderer decken, dass sie nützlich sind. Wir bauen uns zwar unsere eigene Welt. Aber diese funktioniert nur in permanenter Interaktion mit anderen Menschen.

Patchwork-Identität

Was bedeutet das bisher Gesagte in einer Welt, in der es keine Krankheit ist, ein fragmentiertes Leben zu führen, sondern Alltag? Wir sind Arbeitnehmer und Verwandte, Bandmitglieder und Freizeitsportler, Liebhaber, Hobbymaler und Privatgelehrte. Mal abwechselnd, mal gleichzeitig. Der Soziologe Ulrich Beck hat in seinem Buch „Die Risikogesellschaft“ schon 1986 das selbstreflexive Individuum als neuen gesellschaftlichen Akteur identifiziert: „Das durch Mobilität etc. entstandene soziale ‚Beziehungsvakuum‘ setzt zu seiner Auffüllung das Subjekt als entscheidenden und aktiven Initiator und Gestalter seiner eigenen Kontakt-, Bekanntschafts- und Freundschafts- und Nachbarschaftsbeziehungen voraus.“

Der Banker, der nach Feierabend in der Punkrockband spielt, ist heute nichts Besonderes mehr. Für diesen Zustand des modernen Lebens hat der Münchner Sozialpsychologe Heiner Keupp den Begriff der Patchwork-Identität geprägt: „Identitätsarbeit [... und ich habe ihre Eigenart mit der Metapher vom ‚Patchwork' auszudrücken versucht ...] hat als Bedingung und als Ziel die Schaffung von Lebenskohärenz." Dies sei eine kreative Aufgabe, vor der wir stehen. Meine Identität bildet sich aus Teilidentitäten, die ich jeweils als Ausschnitt der Gesamtidentität im Zusammensein mit anderen zeige. Die Menschen „basteln sich aus vorhandenen Lebensstilen und Sinnelementen ihre eigenen kleinen lebbaren Konstruktionen".

Diese Entwicklung verstärkt sich nun durch die Interessen-Communitys im Internet, durch jene Stämme, die sich rund um Themen und Thesen, Produkte und Persönlichkeiten bilden, vermittelt durch neue Kommunikationstechnologie. „Wir nehmen wahr, dass wir, vor allem auch durch das Internet, immer mehr Möglichkeiten haben, uns unsere Lebensnische zu suchen", sagt Timo Off, der nach einigen Jahren als Lehrer heute das Schleswig-Holsteinische Institut für Qualitätsentwicklung an Schulen berät und nebenher eine Agentur für Kommunikationstraining betreibt, in der er Lehrer und Manager fortbildet: „Lebenswege sind dabei weniger vorgezeichnet, als sie das noch vor ein paar Jahrzehnten waren. Denn das in die Wiege Gelegte der Eltern verliert an Prägekraft und wir sind vor die Wahl gestellt, welche Wege wir wirklich gehen wollen." Welche Konsequenzen er daraus allgemein, aber auch speziell für sein Fachgebiet, die Lehrerausbildung, ableitet, wollte ich genauer wissen.

Du argumentierst, dass wir alle eine Patchwork-Identität haben. Was bedeutet das für Dich genau und inwiefern trifft es auf Dich selbst zu?
Timo Off: Ja, wir haben das in uns, der eine mehr, der andere weniger. Es gibt erfüllte Menschen, die in nur einem Aspekt voll aufgehen, deren Patchwork aus nur einem Flicken besteht. Potenziell ist das Leben allerdings bunter als nur eine Spur. In meiner Twitter-one-line-Bio steht:

„7 Themen, 7 Leben, alles meins: Ideen finden, Ideen präsentieren, Bücher schreiben, Schulentwicklung, Bücher lesen, Familie, Handball." Das ergibt dann eine fröhliche Terminkollision allerorten und mir ein gutes Gefühl, derzeit genau das zu tun, was ich will.

Bist Du ein Einzelfall oder siehst Du hier einen Trend?
Off: Das moderne Leben und die „neuen" Arbeitsformen verstärken diesen Trend. Während unsere Eltern es früher für erstrebenswert und normal hielten, an nur einem Arbeitsplatz 40 Jahre zu arbeiten, ist dies heute für viele undenkbar. Es ist meiner Großmutter unerklärlich, dass sogar ein Arbeitsplatz in einer Bank unsicher sein kann. Die Welt rückt dabei enger zusammen, wir können unglaublich einfach weltweit Kontakte knüpfen, Dinge oder Ideen kaufen oder verkaufen. Wir können, wenn wir wollen, in anderen Ländern leben und arbeiten oder zu Hause sitzen bleiben und dennoch weltweit agieren. In diesem Strudel an Wandel kann jeder Einzelne für sich entscheiden, wie er diese Veränderungen leben will: aktiv oder passiv. Dass sie passieren, dass wir unseren Arbeitsplatz immer öfter wechseln, kann man erleiden, kann man als Geschubster, als Spielball erdulden.

Wir nehmen das Leben selbst in die Hand?
Off: Aus meiner Sicht haben wir immer mehr Möglichkeiten, nicht das Schicksal bemühen zu müssen, wenn wir unser Leben erklären. Nicht mehr Eltern oder das Umfeld entscheiden fast schicksalhaft über den Sprössling, sondern die freie Entscheidung rückt immer weiter nach vorne. Wie will ich leben – das ist unsere Aufgabe. Sloterdijks letztes Buch, „Du sollst dein Leben ändern", zitiert übrigens diesen Aspekt, dass wir immer unfertig sind und uns in Dinge einüben, stetig trainieren und lernen.

Welche Rolle spielt das Internet mit seinen Communitys und Interessengemeinschaften?
Off: Das Internet ist die Chance, dieses Patchwork zu leben, auszuföl-

len. Aus meiner Sicht ist das ein Ausdruck von Freiheit des Menschen. Bleibe ich bei mir: Mit Internet potenziere ich meinen Wirkungskreis. Ich bin nicht sicher, ob ich vor 30 Jahren so leicht „meine Nische" hätte bearbeiten können, so leicht eine riesige Menge an Artikeln zur Kreativität hätte finden können, ein Netzwerk von Gleichgesinnten hätte aufbauen können. Was hätte ich tun können, wenn ich „alles" zur Ideenfindung lesen wollte: Bücher suchen? Wie hätte ich von Neuerscheinungen zum Spezialgebiet zeitnah erfahren? Gab es Zeitschriften? Hätte ich Briefe mit anderen Experten geschrieben? Und dann? Ein Buch schreiben? Einen Fachartikel lesen oder einen Fachkongress besuchen? Heute ist es schneller und ich liebe das: Ich schreibe selbst ein Blog und dadurch erhalte ich Rückmeldungen, trete in ein Gespräch, präzisiere meine Sicht, schreibe wieder neu und Neues entsteht. Nur durch das Internet habe ich so leicht und schnell inspirierende Menschen mit ähnlichen Interessen finden können.

Wie integriert der moderne Mensch die verschiedenen Aspekte seiner Patchwork-Identität?
Off: Das ist eine große Aufgabe und die Balance müssen wir Patchworker uns immer wieder auf allen Seiten erarbeiten oder zuweilen erstreiten. Denn als Patchworker sind wir immer nur zu einem Teil anwesend. Ein anderer Teil ist bald schon wieder an anderer Stelle. Dieses Patchwork weben wir, indem wir uns und anderen unsere Lebensgeschichte erzählen. „So bin ich, das kann ich, diese Dinge tue ich gern und gut, mit diesen Gleichgesinnten umgebe ich mich." Wenn sich dann im Erzählten zwischen innen (so denke ich, das bin ich, so will ich sein) und außen (so werde ich wahrgenommen) eine gute Passung ergibt, fühlen wir uns kohärent, stimmig, authentisch. Manche Spannung muss man dann auch aushalten können. Vielleicht lässt sich nicht alles auflösen und vielleicht liegt ja darin auch eine Menge Energie und Reiz.

Können wir uns heute ständig neu erfinden?
Off: Wohin ich auch gehe, wohin ich mich auch verändere, ich nehme

mich und einen Großteil meiner mich prägenden Eigenschaften mit. Insofern nenne ich es nicht „neu erfinden“, sondern weitere Facetten hinzufügen, lernen und etwas anderes machen.

Die Amerikaner sind, wie immer, auch in dieser Angelegenheit pragmatischer und darum manchmal einen Schritt weiter. Sie haben schon einen Begriff geprägt für eine neue Art, mit diesem Leben umzugehen, das nicht mehr nur aus Arbeit besteht, sondern in dem man sich aus vielen Bereichen wie in einem Baukasten zusammensetzt, wie man sich seine ideale Existenz vorstellt: Lifestyledesign. Man muss derartige Schlagworte nicht mögen. Aber die dahinterstehende Idee ist es wert, genauer untersucht zu werden. Erfindet sie doch den Renaissance-Menschen wieder, traut uns allen zu, unser Leben lang ständig neue Fähigkeiten zu erlernen und dieses Wissen im weltweiten Austausch mit anderen Menschen zu teilen und zu verfeinern. Es geht um nichts weniger als eine Neudefinition von Bildung in der Meconomy.

WAS KANN ICH KÖNNEN?

„There's a lot I want to experience,
but not a lot I want to actually do."

Cartoon im New Yorker

Besser werden

Es spricht viel dafür, dass sich der Bildungsbegriff heute schnell verändert. Als ich zur Schule ging, danach meine Ausbildung zum Journalisten absolvierte und selbst noch während des Studiums lernte ich aus Büchern, die in der Regel mehrere Jahre alt waren. Es gab Lehrer, Ausbilder und Professoren, die Frontalunterricht betrieben und selten mit einem sprachen. Wollte ich ein Thema recherchieren, ging ich in die Bibliothek, schaute im Karteikasten nach Schlagworten und wartete tagelang auf ein Buch, das sich dann womöglich als doch nicht so relevant oder aktuell entpuppte. Nach der Ausbildung hatte man gelernt, was für den Job wichtig war. Wer sich danach noch fortbilden wollte, war entweder Umschüler, enorm ehrgeizig oder verfolgte ein Hobby.

Heute, nur wenige Jahre später, sieht Bildung so aus: Veraltete Schulbücher werden immer mehr durch aktuelles, vernetztes und interaktives Lernen am Rechner ersetzt. Recherchen finden online statt, zunehmend kann man im Internet Fachbücher im Volltext lesen. Gleichzeitig entstehen im Web internationale Interessengruppen rund um hoch spezialisierte Themen, deren Teilnehmer sich gegenseitig Dinge beibringen, über Neuerungen auf dem Laufenden halten, motivieren. Wir hören nicht mehr auf zu lernen, denn uns ist bewusst, wie schnell Wissen veraltet. Und wir eignen uns selbst – mithilfe von Stämmen und Communitys – Wissen an, das für unseren Alltag, für unsere Karriere oder einfach nur unser Wohlbefinden relevant ist.

Wir können viel mehr können als die Generationen vor uns. Um das Lernen der anderen, also die Communitys rund um Lifehacking, soll es in diesem Kapitel gehen, bevor wir uns anschauen, wie diese Revolution den gesamten Bildungssektor neu definiert und wie Schule und Uni auf diese Veränderungen reagieren müssen.

Jetzt helfe ich mir selbst

Im Jahr 1859 schrieb Samuel Smiles, ein fortschrittsgläubiger Sozialreformer aus Schottland, ein Buch, dessen Titel ein Genre begründen sollte: Es ging in dem Werk darum, dass wir uns auf unsere eigenen Kräfte verlassen sollten, dass wir niemals aufgeben sollten, wenn wir uns ein Ziel gesetzt haben, dass wir uns dabei nicht auf die Hilfe des Staates und anderer Menschen verlassen sollten. Er nannte das Buch „Self Help", zu Deutsch „Selbsthilfe".

Diese Idee war nicht neu, aber erst im 20. Jahrhundert wurde daraus ein Massenphänomen. Bücher wie Dale Carnegies „Wie man Freunde gewinnt" von 1936 oder Norman Vincent-Peales „Die Kraft des positiven Denkens" aus dem Jahr 1952 „wurden von ganz normalen Menschen gekauft, die aus ihrem Leben etwas machen wollten und es nicht befremdlich fanden, dass die Geheimnisse des Erfolgs zwischen zwei Taschenbuchdeckeln ruhen sollten", schreibt Tom Butler-Bodown in seiner Übersicht „50 Lebenshilfe-Klassiker". Derartige Selbsthilfebücher füllen heute ganze Abteilungen in Buchhandlungen nicht mehr nur in den USA und sind eine der größten Erfolgsgeschichten der Verlagsbranche – die

Gesamtzahl ihrer weltweit verkauften Exemplare wird auf eine halbe Milliarde geschätzt. All diesen teils konkurrierenden, sich teils ergänzenden und größtenteils durchaus lesenswerten Lebenshilfe-Ratgebern sind zwei Grundannahmen gemein: erstens ein tief sitzendes Misstrauen gegenüber der Vorstellung, dass Institutionen wie Staat, Kirche oder Firma uns letztlich Sicherheit und ein Gefühl der Zugehörigkeit bieten können. „Die Geschichte zeigt, dass alle Institutionen einmal in sich zusammenstürzen", so Butler-Bodown. Die zweite Gemeinsamkeit vieler Ratgeber ist eine auch aktuell häufig geäußerte Klage: die Qual der Wahl. Wir lasen von ihr zuletzt in den sogenannten Generationen-Büchern, wie „Generation Golf" oder „Das Wissen der 35-Jährigen", in denen sich werteverwirrte, nicht mehr ganz junge Menschen über die zunehmende Anzahl gleichwertiger Entscheidungsoptionen beklagen, vor denen so noch keine Alterskohorte stand. „So seltsam es auch klingen mag: Die Wahlfreiheit, die wir heute besitzen, macht das Leben schwieriger", schreibt auch Butler-Bodown: „Im 20. Jahrhundert ging es hauptsächlich um die Anpassung an immer größere Organisationsstrukturen. Erfolg hieß ‚hineinpassen'. Und doch hat Richard Koch in seinem Buch ‚Das 80-20-Prinzip' nachgewiesen, dass wahrer Erfolg erst dann kommt, wenn man ganz man selbst sein kann." Wie wandelbar dieses Selbst auch immer sei, würden wir aus heutiger Sicht hinzufügen. Dieses Prinzip habe auch auf wirtschaftlicher oder wissenschaftlicher Ebene einen Sinn: „Zu evolutionären Veränderungen kommt es nur durch Differenzierung und nicht durch die Erfüllung eines vorgegebenen Standards. Daher wird das Leben immer jene belohnen, die nicht einfach nur gut, sondern außergewöhnlich sind."

Diese Kerneinsicht ist das Surrogat aus 150 Jahren Selbsthilfeliteratur. Immer nur zu funktionieren macht uns weder glücklich noch erfolgreich. Wir müssen wagen, Regeln zu brechen, uns selbst neu zu erfinden. Wir müssen herausfinden, was wir können sollten, um dieses neue Leben zu führen und diese Fähigkeiten dann trainieren. Klingt immer noch etwas abstrakt und esoterisch? Vielleicht doch eins der genannten Selbsthilfebücher konsultieren? Nur welches?

Zum Glück muss man sich heute nicht mehr für nur ein Buch und für die Lehre eines Wissenschaftlers oder Gurus entscheiden, wenn man seine Fähigkeiten und sein Leben optimieren will. Denn das Internet bietet uns alle Werkzeuge, aus denen wir uns wie in einem Baukasten nur bedienen müssen. Gleichzeitig vernetzt es uns mit anderen Menschen, die vielleicht gerade an derselben Stelle stehen wie wir, sich dieselben Fragen stellen oder schon Lösungen gefunden haben. Die unendlichen Wahlmöglichkeiten, die den modernen Menschen so unglücklich machen, werden in der Meconomy nochmals potenziert – gleichzeitig aber auch erstmals technologisch und sozial lösbar.

Lifehacking

Der Begriff des Lifehacking stammt aus der amerikanischen Computerszene. Gemeint waren ursprünglich Produktivitätstricks, die Programmierer erfanden und anwandten, um der täglichen Informationsflut Herr zu werden. Angesichts der immer größer werdenden Menge an Daten, die diese Technikexperten organisieren mussten, programmierten sie sich selbst kleine Hilfssoftware, die Dokumente über verschiedene Rechner und Arbeitsplätze synchronisierten, Aufgabenlisten verwalteten, den Nutzer an wichtige Termine erinnerten oder E-Mails filterten. Sollte Ihnen das bekannt vorkommen – viele dieser Funktionen gehören heute zur Grundausstattung jedes mobil und flexibel agierenden Wissensarbeiters. Und viele entdecken erst nach und nach, wie notwendig es ist, die zunehmende Anzahl von Blogs, Nachrichten, RSS-Feeds und E-Mails, die sie täglich durcharbeiten müssen, mit elektronischer Unterstützung in Schach zu halten.

Das Schlagwort des Lifehacking wurde immer erfolgreicher und dabei erweiterte sich die Bedeutung vom rein computertechnischen hin zu „eigentlich allem, das ein alltägliches Probleme auf clevere, nicht-offensichtliche Art löst“, wie es auf Wikipedia heißt. Lifehacking ist ein durchaus ernst zu nehmendes Phänomen. Manche Autoren, die zur

Lifehacking-Bewegung gezählt werden, wie Timothy Ferriss oder David Allen, verkaufen ihre Bücher bereits millionenfach. Die Protagonisten verfolgen unterschiedliche Ansätze, manche respektieren sich gegenseitig, andere mögen sich nicht besonders. Allen gemein ist, dass sie ein für die Meconomy zentrales Feld bespielen: Sie erkunden und erläutern die technischen Trends und persönlichen Fähigkeiten, die es uns heute wie nie zuvor ermöglichen, uns selbst zu verbessern und neu zu erfinden.

Sie dürfen als Pioniere der Meconomy gelten, und auch wenn man nicht alle ihrer Lehren unkritisch wird übernehmen wollen, handelt es sich hier doch fraglos um eine technologische und gesellschaftliche Avantgarde, die einen Vorgeschmack gibt auf jene Fragen, die sich viele Menschen in entwickelten Nationen schon sehr bald stellen werden, und auf mögliche Antworten. Auf Probleme und Lösungen in einer sich immer schneller ändernden Welt. Auf die Art, wie die meisten von uns leben und arbeiten werden.

Den Begriff geprägt hat der britische Technologie-Journalist Danny O'Brien, nachdem er eine Umfrage unter extrem produktiven Computerspezialisten durchgeführt hatte und dabei herausfand, dass diese alle „peinliche" kleine Tricks und Abkürzungen benutzten, um ihre Arbeit erledigt zu bekommen. Auf einer Konferenz in San Diego präsentierte O'Brien seine Ergebnisse unter dem Titel „Life Hacks" erstmals der Öffentlichkeit. Unter Bloggern und in der Technologie-Community verbreitete sich die Bezeichnung blitzartig.

Im September 2004 startete Merlin Mann sein Blog 43folders, das sich ausschließlich mit Produktivitätstipps und Lifehacks befasste und in kürzester Zeit eine begeisterte Fangemeinde aus aller Welt anzog – mehr zu Mann später. Im Januar 2005 folgte die Website Lifehacker.com und im Mai dann Lifehack.org. Kurz: Rund um den neuen Begriff entstand eine Begeisterung für diese clevere Art, sein alltägliches Leben sowie seine berufliche Produktivität selbst in die Hand zu nehmen, zu optimieren, dabei möglichst Tricks und Routinen selbst zu erfinden. Die American Dialect Society wählte „lifehack" nach „podcast" zum zweitnützlichsten neuen Wort von 2005.

Die Programmiererin und Journalistin Gina Trapani, Gründungsredakteurin der populärsten Website zum Thema, Lifehacker.com, veröffentlichte 2008 ein Buch, das die Bewegung einer breiteren Öffentlichkeit bekannt machte: „Upgrade Your Life“ war laut Untertitel „der Lifehacker-Führer zum klügeren, schnelleren und besseren Arbeiten“. Trapani begrenzte den eigentlich auf viele Lebensbereiche ausgeweiteten Begriff also wiederum auf berufliche Produktivität, aber mit einem dezidiert aufs Private gerichteten Fokus: Die Arbeit so schnell und effizient wie möglich erledigen, um danach Zeit für die angenehmen Dinge des Lebens zu haben. In einem Interview beschreibt Trapani einige ihrer wichtigsten Erkenntnisse:

„Eine simple aber mächtige Angewohnheit ist es, Dinge sofort zu erledigen, wenn sie auftauchen. Habe ich zum Beispiel im Gemüseladen eine Idee, denke ich nicht ‚Oh, das schreibe ich mir auf, sobald ich wieder zu Hause bin‘, sondern ich zwinge mich dazu, das Handy herauszunehmen und mir selbst eine E-Mail zu schreiben oder den Gedanken auf ein Stück Papier in meiner Tasche zu notieren. Wenn ich eine Mail bekomme, die eine schnelle Antwort erfordert, lese ich nicht erst die nächste, sondern feuere schnell die Antwort raus und archiviere die Nachricht. Wenn ich eine Website sehe, die ich später irgendwann für meine Arbeit gebrauchen könnte, bookmarke ich sie nicht nur, sondern lege eine Notiz in meinem System an. Diese Praxis erfordert einige Disziplin, vor allem, wenn man gerade mal faul ist oder abgelenkt, aber sie kann eine Menge ausmachen. In erster Linie geht es darum, Dinge so schnell wie möglich an der richtigen Stelle abzulegen, um zu verhindern, dass beliebiges Zeug in meinem Kopf oder meiner Wohnung herumliegt.“

Gina Trapani arbeitet von zu Hause, darum kämpft sie permanent mit den verwischenden Grenzen von Arbeit und Privatleben. Mindestens einen Tag pro Wochenende, manchmal auch beide, hält sie computerfrei: Keine E-Mail, kein Schreiben, höchstens mal eine Wegbeschreibung nachschauen oder wann ein Kinofilm anläuft. Sie arbeitet viel unterwegs, auf Dienstreisen, ist aber ein großer Freund von Urlauben, in denen man sich keine Arbeit mitnimmt: „Ein Hoch auf den Abwesenheitsassistenten des E-Mail-Programms!"

Grundsätzlich hat sie zwei verschiedene Arbeits-Modi: „offen/ansprechbar" und „geschlossen/konzentriert". Im „offenen" Modus ist ihr Instant-Messenger-Status auf „verfügbar", sie surft im Internet, schreibt, liest E-Mails, hört Musik mit Gesang. Sie agiert per Multitasking, offen für Unterbrechungen und Zufälliges. Im „geschlossenen" Modus schaltet sie den Instant Messenger aus, liest keine E-Mails, schließt alle Computerfenster, an denen sie nicht arbeitet, hört ruhige Instrumentalmusik, stellt einen Wecker und ackert durch die anliegende Aufgabe. „Den ‚geschlossenen' Modus aktiviere ich meist vor einer Deadline oder wenn ich das Gefühl habe, dass zu viel Zeit vergangen ist, seit ich etwas wirklich Wichtiges von meiner Liste gestrichen habe."

Inzwischen arbeitet Gina Trapani nicht mehr für Lifehacker.com, sondern schreibt auf ihrer eigenen Website Smarterware.org sowie wöchentlich für die Harvard Business Review. Nachdem sie so lange über Produktivität und Effizienz nachgedacht hat, sagt sie, hat sie selbst ein weiteres Ziel: „Ich möchte mich mehr entspannen und mich daran erinnern, dass der Grund, weshalb jemand mehr Dinge in kürzerer Zeit und mit weniger Mühe erledigen will, jener ist: Um mehr Zeit zu haben, das Leben zu genießen." Ihr nächster Lifehack: Mehr reisen. Mehr Zeit mit der Familie und Freunden verbringen. Sich weniger Sorgen machen.

Wie schaffe ich es, Dinge zu schaffen?

Eine Frage, die auch Trapani immer wieder umtreibt, ist das richtige Verhältnis von Ablenkung und Konzentration. Wie viel Zeit brauchen wir, um produktiv und kreativ zu sein? Um jene Dinge zu verfolgen, die uns wirklich wichtig sind? Und was müssen wir aufgeben, einschränken oder abschaffen, um die Ressourcen zu haben, etwas Neues zu schaffen?

Das sind Themen, über die ich immer wieder nachdenke. Zwei Wochen nahezu ohne Internet-Zugang in der einsamen italienischen Maremma haben zum Beispiel meinen Ideen-Akku letztes Jahr eindeutig gut aufgeladen.

Aber die Frage ist ja: Brauchen wir eher viel Kommunikation und Input, um auf neue Gedanken zu kommen? Oder brauchen wir vor allem: Ruhe, vielleicht sogar Einsamkeit? So wie Anfang des Jahres, als ich auf Island war. Sehr einsam und sehr schön. Kein Wunder, dass dort tolle Bands, Künstler und Designer herkommen. Über den Zusammenhang von Kreativität, Austausch und Kontemplation habe ich in meinem letzten Buch einige spannende Studien zitiert, aber die Sache ist für mich immer noch nicht ganz geklärt.

Nehmen wir den Micro-Blogging-Dienst Twitter. Anfangs war ich, so wie viele, skeptisch: Geplapper? Zeitverschwendung? Noch ein Input-Kanal, den ich verarbeiten muss? Inzwischen vergeht kaum ein Tag, an dem ich nicht mindestens einen „Tweet“ absetze. Jeder Morgen beginnt bei mir an der Espressomaschine mit dem Check, was jene Menschen, denen ich „folge“, über Nacht getwittert haben. Natürlich habe ich längst auch eine Facebook-Seite und zumindest für eine Weile habe ich meine Twitter-Nachrichten dort ebenfalls als Statusmeldung veröffentlicht.

Klingt schrecklich unkonzentriert und zeitaufwendig? Ja und nein. Einerseits hat so ein Tweet ja maximal 140 Zeichen, ist also schnell formuliert. Und ich habe inzwischen mehr als 500 „Follower“, die offenbar wirklich interessiert, was ich da absondere. Und der „soziale Filter“ jener Menschen, von denen ich mir gern neue Themen empfehlen lasse, reduziert in der Tat auch Komplexität: Wenn eine Nachricht für mich wichtig ist, wird sie mich finden, wie Wired-Chefredakteur Chris Anderson zu Recht sagt. Andererseits ist all diese ungezielte Onlinekommunikation im Grunde das Gegenteil effizienter Produktivitätsoptimierung. Wer Dinge schaffen will, egal ob ein Buch, einen Song oder einen Businessplan, muss – es hilft alles nichts – die permanente Erreichbarkeit und die ständige Ablenkung eindämmen. Und zwar nicht nur diejenige durch Job, Kollegen und Chefs. Sondern auch durch Freunde, „Friends“, Kontakte, andere Twitterer und eigene „Follower“.

Die Position vertritt vehement Merlin Mann. Er kämpft gegen die allgegenwärtige Versuchung, sich ablenken zu lassen, beschäftigt zu tun, aber nichts Produktives oder Kreatives zu schaffen. Gegen den Irrsinn, effizienter werden zu wollen, indem man Websites über Effizienz liest und ständig neue „Effizienztools" auf seinem Rechner installiert: „Einer Facebook-Gruppe über kreative Produktivität beizutreten ist so, als würde man einen Stuhl kaufen, um zu joggen."

Der moderne Mensch, so sagt er gern, ist wie der Mitarbeiter eines Sandwich-Ladens, der lauter Bestellungen entgegennimmt, diese auf Zettel schreibt und die Zettel dann in immer neuen Reihenfolgen sortiert, immer wieder überlegt, wie man all diese Aufträge am effektivsten abarbeiten könnte – aber vor lauter Sortieren und Planen nie dazu kommt, die Brote zu belegen. „Don't just take orders, make sandwiches", lautet Manns Ratschlag, der natürlich in übertragendem Sinn zu verstehen ist.

Die aktuelle Herausforderung für jeden von uns – ob Künstler, Arbeiter, Anführer oder Laie – ist es nach seiner Ansicht, herauszufinden, wo die Grenze verläuft, ab der Kommunikation und Ablenkung uns daran hindern, unsere wirklich wichtigen Projekte zu verfolgen. Und dann diese Grenze auf effektive, pragmatische, deutliche und zivilisierte Weise zu kommunizieren. Wir müssen unsere Zeit mit „Brandschutzmauern umgeben, um Dinge machen zu können", so Mann: „Hier ist mein einziger Profitipp für Sie: Sobald Sie es geschafft haben, Ihre Zeit zurückzustehlen und Ihre Aufmerksamkeit in den Griff bekommen haben, nutzen Sie beides, indem Sie fantastische Dinge machen, an denen jeder, den Sie begeistern wollen, Gefallen findet. Schmeißen Sie eine große Party für die Welt und geben Sie damit an, was Sie alles schaffen können, sobald Sie aufhören, zwanghaft für ein Publikum zu schreiben, das aus je nur einer Person besteht. Lassen Sie Ihre großartige Seite raus, damit wir alle sie sehen können."

Dinge geregelt kriegen – oder auch nicht

Als Vater aller Produktivitätsexperten darf der Amerikaner David Allen gelten, dessen schon 2001 erschienenes Buch „Getting Things Done" – zu Deutsch etwas holperiger: „Wie ich die Dinge geregelt kriege" – bis heute ein weltweiter Bestseller ist. 2009 persiflierten die deutschen Autoren Kathrin Passig und Sascha Lobo sein von vielen als etwas spießig und bürokratisch empfundenes Regelwerk mit ihrem eigenen Buch „Dinge geregelt kriegen – ohne einen Funken Selbstdisziplin", in dem die beiden zum hemmungslosen Prokrastinieren aufrufen, also zum Aufschieben, Ignorieren und genussvollen Nichtstun.

Die Persiflage war lustig, funktionierte aber eben nur in Abgrenzung zur übermächtigen Deutungshoheit des Originals. „Getting Things Done" wird mit GTD abgekürzt und ist vom Schlagwort für Produktivitätstipps geradezu zum Mantra des modernen Wissensarbeiters geworden. Die Sache ist zweischneidig: Folgt man Allen sklavisch, endet man in der Tat in einem wenig attraktiven Ablagesystem aus Ordnern und Listen. Einen kleinen Etikettendrucker braucht man auch noch. Sagen wir so: Als ich zum ersten Mal probiert habe, GTD auf meinen Schreibtisch anzuwenden, war zwar alles nach zwei Stunden wunderbar sortiert und „wasserdicht" abgelegt, wie David Allen das nennen würde. Meine Freundin aber war kurz davor, mich zu verlassen, weil ich mich über Nacht in einen biederen Beamten verwandelt hatte.

Man muss also vorsichtig sein mit Allens Methode. Ich empfehle eine Art GTD-Light: Nichts liegt mehr auf Stapeln oder wilden Haufen auf dem Schreib- oder Küchentisch. Vielmehr kommen alle Papiere, Briefe, Notizen gleich in eine „Inbox" genannte Ablage, die regelmäßig ausgemistet wird. Dann gibt es für jedes Teil nur fünf Möglichkeiten: 1) Unwichtig = wegwerfen. 2) Ich muss etwas damit tun = ab in die „Next actions"-Ablage, die wiederum regelmäßig durchgearbeitet und geleert wird. 3) Ich muss warten, dass jemand anderes etwas in dieser Angelegenheit tut = in die „Waiting for"-Ablage. Auch die schaue ich einmal pro Woche durch und hake, wo nötig, nach. 4) Es ist ein Dokument, das ich lesen möchte, zum Beispiel ein Zeitschriftenartikel = geht in die Ablage „lesen". 5) Ich muss nichts mit der Unterlage anstellen, will sie aber ablegen, weil ich sie vielleicht in Zukunft noch mal brauche = sie geht in den alphabetisch sortierten Hängeordner, der „Ablage" heißt, „Archiv", oder – bei Allen – „Reference".

Dasselbe Sortiersystem wende ich für E-Mails an und für elektronische Dokumente wie PDFs oder Word-Dateien. Ist eigentlich ganz einfach und tatsächlich: Es liegt nichts mehr auf meinem Schreibtisch rum, weil ich „irgendwann" damit „irgendwas" machen will. Ich habe ein Erinnerungssystem, das mir sagt, welche offenen Aufgaben ich noch angehen muss und wo ich auf andere warte. Auf dem iPhone habe ich ein kleines Programm namens „Things" installiert, in dem ich unterwegs in ebenjene Listen Dinge eintragen kann, die mir gerade in den Kopf kommen: Next Actions, Waiting for ... Diese Listen synchronisiere ich drahtlos mit meinem Rechner, sodass ich immer auf allen Geräten den aktuellen Stand habe. Man kann all das auch papierbasiert tun, aber das Internet und die neuen klugen Geräte machen die Sache schon sehr viel einfacher.

Das Ergebnis, so betont David Allen immer wieder und ich kann es aus der Praxis bestätigen: Haben wir ein wasserdichtes Ablage- und Erinnerungssystem, in dem wirklich alle Aufgaben und Vorhaben enthalten sind – Milch kaufen, Bücherregale erweitern, eine Beratungsagentur gründen – dann ist zum ersten Mal das Gehirn davon entlastet, uns ständig an diese Dinge zu erinnern. „Mind like water" nennt das Allen in Anlehnung an eine asiatische Entspannungstechnik. Frei übersetzt: „Der Geist wie eine stille Wasseroberfläche." Das wollen Sie auch. Was Sie nicht wollen, ist total in Allens weiteren hochdetaillierten Ablagetricks zu versinken. Aber schon gar nicht: völlig unorganisiert, ohne System und Tricks, die Dinge einfach mal auf sich zukommen lassen. Es gibt Tage, da ist es schön, zu prokrastinieren, und tatsächlich kann es sehr kreativ sein. Aber nur, wenn man weiß, dass man derweil nichts Wichtiges vergisst und die Dinge eigentlich im Griff hat. Sonst ist Entspannung neurologisch ausgeschlossen und die Lässigkeit nur gespielt.

Produktivitäts-Gurus wie Allen befriedigen ein historisch neues Bedürfnis: Früher gingen wir täglich ins Büro, da sagte uns der Chef, was genau wir wann tun sollten, die Sekretärin organisierte Termine, Konferenzen, Kalender, Post und die Kollegen erinnerten uns an Aufgaben. Heute wird Arbeit immer mobiler und flexibler, wir sind viel unterwegs, organisieren unsere Projekte eigenverantwortlich und sind wir mal im Büro, sitzen wir im Großraum, oft ohne Sekretärin, und die Kollegen sind auch nicht immer da. Arbeiten wir freiberuflich, sind wir erst recht auf uns allein gestellt. Viele klassische Bürofunktionen sind also auf das Individuum verlagert worden, was uns selbstständiger macht, aber auch oft anstrengend ist. Wer keinen klaren Feierabend mehr hat und keine Infrastruktur, die ihn durch den Tag leitet, muss lernen, sich selbst zu organisieren. Da sind die Tipps und Tricks von Experten wie Allen existenziell nötig und so werden sie online auf zahllosen Webseiten fortgeschrieben, diskutiert, ergänzt. Auch in Deutschland.

Getting Things Done in Deutschland

Florian Steglich ist Redakteur von Imgriff.com, dem wichtigsten deutschsprachigen Produktivitätsblog – also einer ebensolchen Website, die sich ausschließlich mit Ordnung, Motivation, Kreativität beschäftigt und mit der Frage, wie man Dinge ganz allgemein geregelt bekommt. Ich wollte von ihm wissen, weshalb das Thema so viele Menschen interessiert, was er von Lifehacking und Lifestyledesign hält und ob so viel Wille zur Selbstoptimierung eigentlich, böse gesagt, neoliberal und unsolidarisch ist.

Florian, kurz erklärt: Wozu gibt es imgriff?
Florian Steglich: Imgriff.com ist ein Produktivitätsblog, eines der ganz wenigen im deutschsprachigen Raum, die sich wie ihre amerikanischen

Vorbilder stark mit Methoden der Selbstorganisation und den digitalen und analogen Tools dafür beschäftigen. Es bietet also „Anschauungsmaterial“ für alle, die das, was sie (beruflich wie privat) nun mal erledigen müssen, entspannter und effizienter erledigen möchten. Es hat sich übrigens bewährt, auch dazuzusagen, was Imgriff.com NICHT sein soll: Nämlich belehrend („Du musst früh aufstehen, um produktiv zu sein!“), esoterisch („Du kannst alles schaffen, wenn Du nur genügend Kraft durch den Glauben an Dich und Deine Talente schöpfst“) und technologiegläubig („Du musst nur eine möglichst schicke und geschmeidige Software finden, dann läuft alles wie von selbst“).

Was macht das Arbeiten an Techniken zur persönlichen Produktivität für viele Menschen so spannend? Wer ist die Zielgruppe?
Steglich: An sich ist die Zielgruppe sehr, sehr weit gefasst: Ob jemand mithilfe unserer Tipps eine Seminararbeit schreibt, seine Anwaltspraxis auf organisiertere Füße stellt, ein Social Network programmiert oder seinen Keller aufräumt, macht keinen großen Unterschied. Einer unserer regelmäßigen Leser stellt zum Beispiel Pfeile (für Bogen) her, das ist sein Beruf. Allerdings gibt es so etwas wie eine Kernleserschaft von Kreativen, Wissensarbeitern, Webworkern, Bloggern und Studenten.

Was sind die Kerneinsichten, die Du selbst aus imgriff mitnimmst? Welche Tipps muss man heute wirklich jedem geben?
Steglich: Eine Einsicht ist, wie bereits erwähnt, die, dass es nie nur irgendein schickes Tool braucht, um produktiv zu sein, sondern zum Beispiel immer auch Routinen dahinter. Das bedeutet übrigens auch, dass viele mit einem Notizbuch oder gar einem Zettelblock hinreichend organisiert sind; mindestens die Hälfte meines eigenen „Systems“ findet auf Papier statt. Tipps, die darüber hinaus wohl wirklich bei jedem funktionieren: 1. Sag regelmäßig „Nein“ zu Aufgaben und Wünschen, die an Dich herangetragen werden (die eigenen eingeschlossen), notfalls auch im Nachhinein. 2. Eine möglichst ruhige (genauer gesagt: ablenkungsfreie) Umgebung ist für viele Aufgaben immer noch die beste Vor-

aussetzung. Das fängt mit dem Abschalten des „Pling“ bei neu eintreffenden Mails an und hört mit der einsamen Woche zum Nachdenken in der Berghütte auf. Kaum etwas ist wirklich so dringend, dass es nicht ein paar Stunden warten könnte.

Ist das Arbeiten an persönlicher Produktivität nur Teil einer größeren Emanzipationsbewegung?

Steglich: Einen gemeinsamen Kontext gibt es sicher bei persönlicher Produktivität und dem Willen, sich sein Leben so einzurichten, wie man es sich wünscht; verwandt ist da auch der Trend, Arbeit nicht mehr als Gegensatz zum Leben zu sehen. Das alles ist vielleicht die positive Seite der Entdeckung, dass der Dreisprung Ausbildung – lebenslange Sicherheit beim örtlichen Mittelständler – Ruhestand nicht mehr der Normalfall ist. Die Verlässlichkeiten der Elterngeneration sind weg, das allerdings unabhängig von der aktuellen Krise – dass wir nicht mehr Lehre oder Studium abschließen und danach Jahrzehnte auf derselben Stelle sitzen, ist uns ja schon lange klar. Das alles bewirkt Unsicherheiten, birgt aber auch Chancen und Vorteile, denn der sichere 9-to-5-Job war ja auch nicht bloß sicher, sondern oft genug nervtötend und stumpf, schlecht bezahlt und aussichtslos.

Kritiker würden eine solche Sicht womöglich als „amerikanisch“, „unsolidarisch“, „neoliberal“ brandmarken. Warum soll man sich immer nur selbst optimieren müssen? Wo bleibt die Gemeinschaft?

Steglich: Tatsächlich kamen solche Vorwürfe auch schon mal in den Kommentaren bei Imgriff.com vor. Ich tue mich recht schwer, das nachzuvollziehen. Muss sich jemand selbst helfen, weil er außerhalb der Gemeinschaft auf sich allein gestellt ist, oder will sich jemand selbst „optimieren“, weil „das doch nicht schon alles gewesen sein kann“? Das eine ist eine eher passive, das andere eine aktive Betrachtungsweise. Sicherlich schlägt das Pendel mal mehr zum einen und mal mehr zum anderen Extrem aus, und ich bin auch nicht so lebensfremd oder zynisch, nicht anzuerkennen, dass es Menschen gibt, die tatsächlich einfach nicht mehr „ihres Glückes Schmied“ sind; aber gerade deshalb kann ich mit so einfachen Gegensätzen in aller Regel nichts anfangen. Kann man sich nur um andere sorgen, indem man sich selbst vergisst? Nein, zwischen „Sich-selbst-Optimieren / -Helfen“ und dem Leben in einer Gemeinschaft sehe ich überhaupt keinen Widerspruch.

Dekonstruiertes Wissen und Universalgenies

Es ist nur logisch, dass der nächste Schritt in der individuellen Selbstverbesserung und im Aneignen neuer Fähigkeiten kommen musste. Er geht über persönliche Produktivität und Tipps rund um Arbeit und Organisation weit hinaus und umfasst nahezu alle Lebensbereiche. Seine Protagonisten sind einerseits näher an der klassischen Selbsthilfeliteratur, agieren jedoch andererseits auf einem strikt pragmatischen und alltäglichen Level von Selbstversuch und Lebenspraxis. Verbreiten und vermitteln ihre teils durchaus verblüffenden Erkenntnisse andererseits in weltweiten Online-Netzwerken – Seth Godin würde sagen: Stämmen –, die sich um diese Persönlichkeiten bilden, ihre Ideen diskutieren und weiterentwickeln.

In wenigen Wochen Japanisch lernen? Innerhalb eines Monats vom Spargeltarzan zum Muskelmann werden? Als Anfänger Tango tanzen und Preise gewinnen? Tim Ferriss, Buchautor des Bestsellers „Die 4-Stunden-Woche“ praktiziert seit geraumer Zeit eine Technik, die er als „Effortless Skill Acquisition“ bezeichnet – als mühelosen Erwerb neuer Fähigkeiten. Er nimmt sich Bereiche vor, in denen er sehr schlecht ist oder die er aus anderen Gründen beherrschen möchte. Er dekonstruiert die gängigen Lehrmethoden, sucht nach impliziten Regeln, die in der expliziten Anleitung nicht vorkommen, und schafft es so tatsächlich, innerhalb kürzester Zeit Dinge zu lernen oder zu erreichen, für die andere Jahre brauchen würden.

Ist der Mann ein Betrüger, ein Aufschneider oder ein Verrückter? Nehmen wir einmal an, dass er die Wahrheit sagt – wofür spricht, dass er es sich als Bestsellerautor weder leisten kann, offensiv zu lügen, noch es nötig hat – dann bleiben die letzten beiden Möglichkeiten. Sicher mag Ferriss es, gehörig anzugeben. Aber seine Aktionen haben einen zutiefst rationalen, pragmatischen und analytischen Kern. Er will Dinge können, und zwar viele und schwierige Dinge. Also findet er unkonventionelle Wege, wie er diese Ziele erreicht. Und auch er teilt die praktischen Tipps und systematischen Erkenntnisse, auf die er dabei stößt, per Blog, Internetvideos und Twitter mit aller Welt. Seine Leser ergänzen die Techniken um eigene Hinweise und Kommentare. So entsteht ein weltweites Netz der Tipps und Tricks, das von vielen Nutzern gemeinsam ständig weiterentwickelt, verändert, optimiert wird. So gab der Trainer der amerikanischen Schwimmnationalmannschaft zum Beitrag über Freestyle-Schwimmen Hinweise. Normalerweise würde man so einen Experten nie kennenlernen: Dank dieser speziellen Form des E-Learning profitiert jeder Leser der Website von seinem Wissen. Was es genau mit dem Lifestyle auf sich hat, wollte ich von Ferriss wissen:

Herr Ferriss, Sie behaupten, man könne sich ein traumhaftes Leben „designen", mit langen Weltreisen, neuen Fähigkeiten und ohne Bürostress. Wie geht das?

Timothy Ferriss: Legen Sie das monatliche Zieleinkommen für Ihren Traum-Lebensstil fest. Rechnen Sie aus, welches stündliche Einkommen Sie dafür brauchen. Und dann fangen Sie an, strategisch Dinge zu eliminieren, die Sie davon ablenken. Ziehen Sie Aktivitäten ab, bevor sie neue dazuaddieren.

Sind wir Deutschen nicht doch zu pflichtbewusst für derart leichtfüßige Experimente? Immerhin sind wir das Land der Sekundärtugenden Fleiß, Disziplin, Gehorsam und Pünktlichkeit …

Ferriss: Ehrlich gesagt denke ich, dass die Deutschen perfekt für das sind, was ich Lifestyle-Design nenne. Sie haben eine exzellente mentale Hardware, sind geübt darin, in Systemen zu denken und Prozessen zu folgen. Es ist nur so, dass manche Deutsche an den alten, überkommenen Regeln hängen. Alte Software, sozusagen. Bei meinem Konzept geht es darum, Input zu reduzieren und Output zu maximieren. Es geht darum, Regeln infrage zu stellen, mit denen man sich selbst schadet. Klassische deutsche Tugenden wie Pflicht, Fleiß, Pünktlichkeit und Disziplin sind da durchaus nützlich, aber Gehorsam kann gefährlich sein.

Ihr Buch hat Sie zum Millionär gemacht und nun arbeiten Sie daran, neue Fähigkeiten zu erwerben und Ihren Körper zu optimieren. Denken Sie eigentlich immer nur an sich?
Ferriss: Keineswegs. Ich möchte den Analphabetismus in den Entwicklungsländern bekämpfen. Und ich würde gerne eine Revolution in Sachen mathematischer und wissenschaftlicher Erziehung starten, vor allem in den USA. Zusammen mit einer Gruppe bekannter Blogger habe ich bereits Projekte für mehr als 15 000 amerikanische Schüler mit ins Leben gerufen – mehr dazu kann man auf der Website www.litliberation.org lesen. Außerdem errichten wir Schulen in Nepal, Vietnam oder Indien. Ich möchte auch alternative Bildungseinrichtungen in Ländern wie Afghanistan aufbauen, wo die Kinder sonst in Madrassen, den Koranschulen, zu Terroristen erzogen werden.

Ist Ferriss eitel, leidet er an Selbstüberschätzung? Natürlich. Aber diese Hybris entspringt aus einer Annahme, die in der Meconomy eine zentrale Rolle spielt: Spezialisten werden es in einer Welt, in der Wissen immer schneller veraltet, zunehmend schwer haben. Es lohnt, sich als Generalist zu sehen, von möglichst vielen Dingen zumindest soviel zu verstehen, dass man sie beherrscht – Perfektion ist dabei nicht nötig, das Streben danach manchmal eher hinderlich.

Generalisten wie er lernen konzentriert bis zu jenem Punkt, an dem die Fortschritte schnell kleiner werden. Manche Dinge erfordern ein Leben, um sie zu beherrschen? Unsinn, mein Ferriss: „Nach meiner Erfahrung und Recherche kann man in fast jeder Disziplin innerhalb eines Jahres Weltklasse werden.“ Warum ist das heute wichtiger denn je? In einer Welt voller dogmatischer Spezialisten sind es die Generalisten, die den Ton angeben. Ist der Geschäftsführer ein besserer Buchhalter als der Finanzchef? Ist Apple-Chef Steve Jobs ein besserer Programmierer als der Entwicklungschef des Unternehmens? Nein, aber beide haben viele verschiedene Fähigkeiten und sehen die verborgenen Verbindungen zwischen den Fachbereichen. Die Generalisten, die das große Ganze sehen, sorgen für Innovationen und treffen die Entscheidungen. Ferriss: „Es gibt einen Grund, warum ‚Generäle' im Militär so genannt werden."

Dazu kommt: Begabung ist nicht in erster Linie angeboren, sondern entsteht durch Übung. Der amerikanische Wissenschaftsjournalist Malcolm Gladwell hat in seinem neuen Buch „Überflieger" die Bedeutung von Förderung und Routine für die Entwicklung selbst spektakulärer Talente wie den Beatles oder Bill Gates betont. Auch der deutsche Autor Werner Siefer schreibt in seinem aktuellen Werk „Das Genie in mir": „Talent ist erlernbar." Dies sei der am besten begründete Schluss, der sich aus den wissenschaftlichen Befunden ziehen lasse: „Ob Individuum oder Gesellschaft: Wer die Rolle der Begabung oder der Gene betont, vermittelt dadurch, dass Talente unveränderlich sind." Wer hingegen annehme, alles lasse sich lernen, werde sich anstrengen. Siefer: „Wer eine Lern-Haltung pflegt – als Individuum wie als Gesellschaft – der wird Lernen ernten."

Auch aus psychologischen Gründen sollten wir versuchen, möglichst viele Dinge auszuprobieren und uns immer wieder neue Fähigkeiten anzueignen. In einer Welt, in der zumindest in den entwickelten Ländern die menschlichen Grundbedürfnisse mit einem niedrigen Einkommen befriedigt werden können, ist es ein Mangel an intellektueller Stimulation, nicht an übermäßigem materiellen Reichtum, der uns in Versagensgefühle und Depression treibt. Wer sich als Generalist sieht und mit seinem Leben experimentiert, verhindert die Sinnkrise, wer sich übermäßig spezialisiert, befördert sie vermutlich. Langeweile bedeutet heute Misserfolg.

Zudem befördert Abwechslung intellektueller Spielplätze eine innere Sicherheit anstelle der Angst vor dem Unbekannten. Nur wer selbst viele Dinge ausprobiert, kann sich empathisch in unterschiedliche menschliche Eigenheiten hineindenken. „Die Alternative ist jene defensive Fremdenfeindlichkeit und Selbstgerechtigkeit, die typisch ist für Menschen, deren Identität von ihrer Position definiert wird oder von jener einen Fähigkeit, der sie aus Pflichtgefühl nachgehen anstatt aus Spaß“, so Ferriss.

Schließlich macht das Experimentieren mit unterschiedlichen Fähigkeiten und verschiedenen Lebensstilen „mehr Spaß, im ernsthaftesten existenziellen Sinn“ des Wortes. Der Generalist maximiert die Anzahl von herausragenden Erlebnissen in seinem Leben und genießt es, Dinge zu lernen, ohne dabei stets an den materiellen Gewinn zu denken. Dabei wird er automatisch jene wenigen Fähigkeiten entdecken, die perfekt zu beherrschen im tatsächlich liegt. Der Spezialist, der sich selbst auf Eindimensionalität beschränkt, auf das Eifern nach einer unmöglich zu erreichenden Perfektion, verbringt Jahrzehnte in Stagnation oder mit minimalen Fortschritten, „während der neugierige Generalist seine Fortschritte in Quantensprüngen misst. Nur der Letztere wird den Prozess genießen, nach Exzellenz zu streben.“

Ferriss selbst ist naturgemäß das beste Beispiel für diese Einstellung. Mit seinem ersten Buch hat er sich als Experte neuartiger Arbeitsmethoden präsentiert. Mit dem Geld aus den enormen Verkaufszahlen hat er sich als Investor in Technologie-Start-ups einen Namen gemacht. Zwischendurch hat er eine Leidenschaft für teure Teesorten entdeckt. Sein nächstes Buch aber beschäftigt sich konsequenterweise mit keinem dieser Themen: Es wird vielmehr davon handeln, wie man mit innovativen Trainingsmethoden und unkonventionellen Ernährungstipps seinen Körper in neue Leistungshöhen katapultiert.

Die besten Jobs sind noch gar nicht erfunden

Ferriss ist nicht nur ein gutes, wenn auch zugegeben extremes Beispiel dafür, was wir erreichen können, wenn wir bereit sind, ständig dazuzulernen. Er zeigt auch, dass permanente Veränderung zu beruflichem

Erfolg führen kann. Manche – vor allem Jüngere – haben das schon verstanden und freuen sich hierüber. Johannes Kleske, den wir ja schon kennen, ist einer von ihnen:

Johannes, Du bist Experte für Social Media, Gary Vaynerchuk – eine Galionsfigur der Selbstverwirklichung in der digitalen Ökonomie – ist Wein-Videoblogger. Beides Berufe, die es vor fünf Jahren noch gar nicht gab. Was bedeutet das für Berufswahl und Ausbildung – was sollen junge Menschen lernen, wie sich ältere weiterbilden? Versteht Deine Familie, was Du tust?

Johannes Kleske: Im Detail verstehen Teile meiner Familie sicher nicht, was ich mache. Das kommt vor allem auch daher, dass immer dann, wenn sie es verstanden haben, ich schon wieder etwas leicht anderes mache. Das liegt daran, dass ich nicht mehr an „Berufe" glaube. Die Dinger, die man lernt und dann ein Leben lang ausübt. Meine „Berufswahl" ist ein ständiger und nie endender Prozess. Meine Tätigkeiten entwickeln sich stetig weiter, weil meine Interessen und mein Umfeld sich ständig verändern.

Du bloggst und twitterst täglich, reist zu Technologietreffen durch die Welt, machst „nebenher" noch einen regulären Job …

Kleske: Dieser komplexe Lebensstil ist Ausdruck meiner grundsätzlichen Herangehensweise an mein Leben. Ich hinterfrage ständig den Status quo und suche nach neuen Ideen, Dinge anders anzugehen. Mein Problem dabei: Ich kann mich nicht nur auf einen Bereich beschränken, weil mich viel zu viel interessiert. Wäre ich zum Beispiel einfach nur ein Social-Media-Stratege, wie es auf meiner Visitenkarte der Agentur steht, hätte ich genug Fokus, um mein Leben recht einfach und gerade zu halten. Aber da sind auch noch Themen wie zum Beispiel Stadtplanung, Retail, Kreativität, Kirche im 21. Jahrhundert, die Fashionindustrie oder die Zukunft der Arbeit, die mich faszinieren. Ich kann mich schlicht nicht für eine Auswahl entscheiden, weil das mein Wesen nicht zulässt. Und ja, diese Art zu leben führt auch manchmal dazu, dass ich mir vorstelle, wie ein Leben mit einem einfachen 9-to-5-Job, einem Abend vor dem Fernseher und dem Jahresurlaub auf Malle wohl wäre. Ich würde es wahrscheinlich geschätzte zwei Tage aushalten.

Florian Steglich, der Redakteur des deutschen Produktivitätsblogs Imgriff.com, stimmt ihm zu. Für ihn ist der Umstand, dass sich die alten Gewissheiten der Arbeitswelt auflösen, ein Grund dafür, dass das Interesse am Thema Produktivität in den letzten Jahren so zugenommen hat.

Florian Steglich: Die Frage, wie man sein Leben organisiert, ist natürlich nicht erst seit fünf oder fünfzehn Jahren relevant. Auch das Bestellen eines Weinbergs ist nichts, was man ohne Planung hinbekommt. Allerdings hat das, was immer etwas hilflos „Infoflut" genannt wird, das Thema sicherlich dringlicher gemacht. Mit überfüllten E-Mail-Postfächern kämpft mittlerweile fast jeder, mit Web-2.0-Tools arbeiten nicht mehr nur die „Early Adopters", örtlich und zeitlich verteilte Teams sind in vielen Jobs normal. Es gibt dieses schöne Video „Did you know 3.0" mit der Information, dass die zehn gefragtesten Jobs im Jahre 2010 sechs Jahre zuvor, 2004, noch gar nicht existierten. Selbstorganisation wird wichtiger, wenn das Drumherum sich auflöst, und kann eine Konstante sein, wenn man sich in so vielen anderen Lebensbereichen ständig anpassen muss. Da stehen wir vielleicht nicht mehr am Anfang, aber wahrscheinlich auch noch nicht im Zenit.

Bildung mit YouTube und iTunes

Im März 2009 startete die Video-Website YouTube einen neuen Service, der es noch einfacher macht, sich neue Fähigkeiten anzueignen, sein Leben zu verbessern, sich neu zu erfinden. Unter dem Titel EDU kann man hier Lehrfilme verschiedener amerikanischer Universitäten anschauen, thematisch sortiert in unterschiedlichen Kanälen. Auf der Startseite sind die meistgesehenen Videos aufgelistet, dazu gibt es ein alphabetisches Verzeichnis der Institute. Kurz zuvor war Academic Earth gestartet, eine Seite mit ganz ähnlichem Anspruch, auf der Vorlesungen aus Berkeley, Harvard, Princeton, Stanford, Yale und dem MIT weltweit und kostenlos abrufbar sind. Anders als iTunes, das unter dem Begriff iTunesU ebenfalls Lehrvideos verbreitet, sind die Inhalte bei Academic Earth aber frei verfügbar, also nicht nur mit Software von Apple abspielbar – man kann sie vielmehr herunterladen und anschauen, wann und wo man möchte, und darf sie sogar auf seiner eigenen Website oder in seinem Blog einbinden. Nie zuvor war es einfacher, den weltbesten Wissenschaftlern zuzuhören und zuzusehen – und das umsonst. Deutsche Universitäten sind leider nicht vertreten. Ebenso wenig wie bei der Website Expert Village, auf der Spezialisten ihr Fachwissen veröffentlichen und eine Redaktion die Inhalte vor Veröffentlichung prüft, die meisten Videos jedoch auf Englisch sind.

Doch auch hierzulande gibt es einen großen Trend, das Internet zu nutzen, um etwas zu lernen, um besser zu werden. Etwa jeder Fünfte in Deutschland bildet sich am Computer weiter. Zwei Vorteile sind dabei fürs Medium einzigartig und historisch einmalig: Die Produktion von Inhalten und der Vertriebsweg sind extrem einfach zu handhaben, günstig bis kostenlos, nahezu flächendeckend und vor allem zeitversetzt nutzbar. Niemand muss mehr zu einer bestimmten Zeit an einen bestimmten Ort fahren, um das einmalige Expertenwissen einer Person anzuzapfen. Theoretisch muss auch der Lehrende selbst nicht mehr sein Büro oder seine Wohnung verlassen, um Wissen zu teilen. Der zweite Vorteil: Online können auch jene Experten ihr Wissen teilen, die nicht an Unis unterrichten, und es kann sich ein Netzwerk aus Schülern und Lehrern, aus Wissenden und Betroffenen bilden, die sich gegenseitig Tipps geben, weiterhelfen und motivieren. Ein paar Beispiele: In der Videocommunity Lingorilla treffen sich Menschen virtuell, um gemeinsam Sprachen zu lernen. Dabei vermitteln nicht nur Lehrvideos Sprachkenntnisse: Durch das gemeinsame Lernen in Gruppen oder mit einem Sprachpartner wird das Erlernte praktisch angewendet und überprüft. Das Ratgeberportal Hausgemacht.tv zeigt Videos mit selbst gefilmten Tipps zu zahlreichen

Problemen. Hier verrät die 81-jährige Johanna Hausmittel gegen Krankheiten, Kosmetikerinnen zeigen Schminktechniken und Familienväter erklären dem Nachwuchs, wie man sein Fahrrad repariert. Zur Illustration der Bandbreite der jetzt schon online verfügbaren Seminare: Die MIT-Vorlesungen bei YouTube beschäftigen sich auch schon mal mit Quantenmechanik.

Die Marginalkosten einer qualifizierten Ausbildung gehen zunehmend Richtung null. Bildung wird erschwinglich, das ist für Menschen in unterentwickelten Ländern ebenso relevant wie für sozial Schwache in Industrienationen. Diese neue und bemerkenswerte Entwicklung wird möglich dank Initiativen wie der „OpenCourseWare“ des MIT und dem Projekt „Flat World Knowledge“, das von Experten verfasste digitale Lehrbücher umsonst anbietet, nur für die Papierversion Geld verlangt und bereits an diversen amerikanischen Universitäten verwendet werden. Oder der „University of the People“, einem gemeinnützigen UN-Projekt, das per Internet und Social Media Online-Kurse und die Weitergabe von Wissen unter Studierenden fördert, die sich diese Ausbildung normalerweise nie leisten könnten. Bildung kann also nahezu kostenlos sein, denn es liegt in der Natur von Wissen und Informationen, dass sie – einmal in Form gebracht – kostenlos digital verbreitet und immer wieder konsumiert werden können.

Man darf davon ausgehen, dass wir hier die ersten zarten Gewächse einer dramatischen Umwertung dessen sehen, was wir unter Bildung verstehen und wie wir diese erfahren. Der amerikanische Medientheoretiker und Uni-Dozent Jeff Jarvis, dessen Thesen aus „Was würde Google tun?“ wir früher im Buch schon begegnet sind, hat sich darüber Gedanken gemacht. Analog zur Bewegung des „Lifehacking“ spricht er in seinem Blog von „Hacking Education“, also dem Auseinandernehmen und neu erfinden des Bildungswesens:

„Wer braucht eine Universität, wenn es Google gibt? Das digitale Wissen der ganzen Welt ist mit einer Suche verfügbar. Wir können jene, die etwas wissen wollen, mit jenen verbinden, die etwas wissen. Wir können

Studenten mit den jeweils für sie besten Lehrern zusammenbringen (die vielleicht andere Stundenten sind). Wir können Experten zu jedem beliebigen Thema finden. Lehrbücher sind nicht länger auf Seiten beschränkt, sondern können zu Informationen und Diskussionen verlinken, können das Produkt von Kollaboration sein, aktualisiert und korrigiert werden, Fragen beantworten und Tests stellen, sogar singen und tanzen. Es gibt keinen Grund, warum meine Kinder sich auf die Klassen einer Schule beschränken sollten; schon heute können sie online Kurse von Institutionen wie MIT oder Stanford belegen. Und es gibt keinen Grund, warum ich, der ich lange aus dem College raus bin, diese Kurse nicht auch belegen sollte."

Wie Schule, Lehre und Uni jetzt reagieren müssen

Jeff Jarvis ist selbst Professor, also unverdächtig, der ehrenwerten akademischen Tradition den Todesstoß versetzen zu wollen. Aber wie viele Institutionen heute steht auch das Bildungswesen vor fundamentalen Veränderungen – er ist davon überzeugt, dass es sogar jene Institution mit dem dringendsten Veränderungsbedarf ist. Und dass sie die besten Gelegenheiten bietet, neu erfunden zu werden, um uns dabei zu helfen, wiederum uns neu zu erfinden. Für Jarvis liegt die Zukunft des Lernens in einem Bildungswesen, in dem Schüler und Studenten ihre Kurse von überall aus belegen können. In dem Seminare kollaborativ und öffentlich sind. In dem man Fehler machen kann, statt immer nur auf Nummer sicher zu gehen. In dem Erziehung weit über das Alter von Mitte 20 hinaus stattfindet. In dem das Portfolio der eigenen Arbeiten wichtiger ist als Klausuren und Noten. In dem jeder, der etwas weiß, zum Lehrer werden kann und Universitäten Wissen an möglichst viele Menschen verteilen wollen, statt eine begrenzte Anzahl von Plätzen in einem Seminarraum zu verwalten.

Will Richardson, Lehrer und Verfasser des edublog, in dem er über die Verwendung neuer Kommunikationstechnologien an Schulen schreibt, wird von der New York Times als ein „Trendsetter des Bildungswesens" gewürdigt. Er schrieb auf seinem Blog einen offenen Brief an seine Kinder: Ihre Erziehung werde auf mehr basieren als auf Klassenräumen und Abschlüssen, nämlich auch auf Spielen, Communitys und Netzwerken, die sie um ihre Interessen herum aufbauen. „Statt eines Stücks Papier, auf dem steht, dass Ihr Experten seid, werdet ihr eine Ansammlung von Produkten, Erfahrungen, Reflexionen und Konversationen vorweisen können, die Euer Expertentum belegen, die transparent machen, was Ihr wisst. Dies wird aus Eurem Portfolio bestehen und einem Netzwerk anderer Lernender, an das Ihr Euch im Lauf der Zeit immer wieder wendet, das sich gemeinsam mit Euch entwickelt und das Eure wichtigsten Erkenntnisse widerspiegelt."

In der nahen Zukunft werden praktische Erfahrungen und kommunikative Netzwerke also genauso wichtig werden wie die Vermittlung theoretischen Wissens, das schnell veraltet sein kann. Das wirft die Frage auf, warum Lernen eigentlich unbedingt in der Jugend stattfinden muss. Denn in jungen Jahren sind wir abenteuer- und unternehmungslustig, voller Energie und Tatendrang. „Wenn jemand die Zeit und Ressourcen hat, die Welt zu bereisen, bevor er sich unter die Knute von Job und Hypothek begibt, ist das großartig", findet Jeff Jarvis. Aber auch ökonomische Abenteuer gelten: Wenn es stimmt, dass wir in jungen Jahren am kreativsten und produktivsten sind, warum machen wir es für Mittzwanziger nicht einfacher, ein Unternehmen zu starten? Bill Gates, Mark Zuckerberg von Facebook und die Google-Gründer haben alle an irgendeinem Punkt das Studium abgebrochen, um ihre Ideen zu verwirklichen. Was nicht heißt, dass es empfehlenswert sei, mitten im Studium aufzugeben. Aber es wirft eine Frage auf: „Sollen wir unsere Jugend zwingen, 18, 16 oder auch nur 12 Lehrjahre zu absolvieren – in denen sie lernen, alle auf dieselbe Weise zu denken – bevor sie Dinge schaffen", so Jarvis provokant. „Sollten wir ihnen nicht vielmehr helfen, ihre Muse zu finden?" Seine Antwort: Wir könnten Jugend von Bildung trennen. Bildung dauert das ganze Leben über an. Jugend ist die Zeit für Erforschung, Reifung, Sozialisation. Man könnte jungen Menschen erlauben, wie Google das mit seinen Ingenieuren tut, einen Tag pro Woche oder ein Seminar pro Semester etwas Eigenes zu schaffen: ein Unternehmen, ein Buch, einen Song, ein Kunstwerk, eine Erfindung. Jarvis: „Was käme dabei heraus? Großartige Dinge und mittelmäßige. Aber es würde die Studenten zwingen, größere Verantwortung für das zu übernehmen, was sie tun, und aus der Zwangsjacke der Uniformität auszubrechen. Sie würden Fragen stellen, bevor man ihnen die Antworten gibt. Es kann ihnen ihre Talente und Bedürfnisse offenbaren." Sie würden sich selbst erfinden, würden sich nicht zu sehr auf überkommene Institutionen verlassen, würden sich angewöhnen, lebenslang selbst zu lernen. Alles Fähigkeiten, die sie in der Meconomy brauchen werden.

Was in der deutschen Bildung falsch läuft

Lebenslanges Lernen, neue Arten des Lernens, Jobs, die noch gar nicht erfunden sind, aber in zehn Jahren zu den begehrtesten zählen werden. Die Frage stellt sich, wie das deutsche Bildungswesen hierauf reagieren muss. Werner Eichhorst, der Arbeitsexperte mit dem Facebook-Account, den wir vorne im Buch schon kennengelernt haben, ist hierfür natürlich Fachmann. Und er hat einige Verbesserungsvorschläge, die sich interessanterweise durchaus mit manchen Ansichten der amerikanischen Lifestyle-Designer decken:

Man sagt, die in 10 Jahren wichtigsten Berufe gibt es heute noch gar nicht. Können Schulen und Universitäten also aufhören auszubilden?
Werner Eichhorst: Im Gegenteil, wir müssen mehr tun, allerdings vermehrt in der Breite. Wir müssen durch eine sehr solide, generalistische Ausbildung jeden befähigen, im Berufsleben erfolgreich Fuß zu fassen. Mathematik ist wichtig, auch Fremdsprachen ... Wichtig dabei: Bildung muss ganz generell verstanden werden. Spezialisierung verliert eher an Wert. Eine frühe Spezialisierung ist eher tragisch, wenn man – wie wir es heute sehen – von einem beschleunigten Strukturwandel ausgeht.

Wir müssen uns also auf lebenslanges Lernen einstellen, uns ständig neu erfinden?

Eichhorst: Ja. Das Problem des deutschen Ausbildungswesens ist dass es eine sehr starke Festlegung auf Berufe und Branchen erzeugt, die man kaum noch korrigieren kann. Es muss künftig dahin gehen, dass wir in der Ausbildung eine generalistische Basis bilden und später – eben nicht nur in den Anfangsjahren – Fachwissen durch Learning on the Job ständig erneuern, um sich ausreichend auf dem Arbeitsmarkt behaupten zu können, sei es in der gleichen Firma, aber mit neuen Tätigkeiten und Technologien, sei es durch einen Wechsel von Arbeitgeber oder Wirtschaftszweig.

Was kann der Staat tun, was der Einzelne?

Eichhorst: Man kann Zweifel daran haben, ob die Politik allein diese Anforderungen abdecken kann. Sie vernachlässigt das Thema strukturell und es ist auch von den Akteuren, die in dem Feld tätig sind, schwer zu steuern. Das bedeutet letztlich eine Aufforderung an den Einzelnen, sich zu behelfen und eigene Initiativen zu starten, anstatt auf den Staat, den Arbeitgeber oder die Sozialpartner zu warten. Es besteht natürlich die Gefahr, dass Menschen, die das nicht wollen oder können und sich der Problematik nicht bewusst sind, unter die Räder kommen. Die gesellschaftliche Spaltung wird damit verschärft.

Lernen deutsche Schüler im internationalen Vergleich zu viel Goethe und zu wenig Rechnen?

Eichhorst: Die Deutschen kennen oft ja weder ihren Goethe noch sind sie gut in Mathe. Das ist aber weniger eine Frage von technischen Lösungen, sondern eher der pädagogischen Eignung von Lehrkräften. Es geht vor allem um eine verbesserte didaktische Vermittlung der Inhalte und ein Abspecken der superspezialisierten Dinge, vor allem in den Naturwissenschaften.

Auch der deutsche Lehrertrainer Timo Off hat einige konkrete Verbesserungsvorschläge fürs hiesige Bildungswesen:

Was bedeuten fragmentierte Identität und lebenslanges Sich-neu-Erfinden für die Bildung? Nutzen Schule, Uni, Ausbildung noch oder müssen wir das selbst in die Hand nehmen?

Timo Off: Das Bild einer fragmentierten Identität ist ja noch recht neu und als solches sicher nicht in der Bildung angekommen. Schule und Uni bilden immer noch aus, als ob es mono-beruflich durchs Leben ginge. Lernen als Grundhaltung, Schule oder Uni als Ort, an dem man als Schüler gerne ist, weil Lernen eine erfüllende, Sinn gebende Tätigkeit ist, ist noch zu selten. Die Haltung, „wir lernen das, weil es im Lehrplan oder im Lehrbuch steht", gibt es leider immer noch. Weiterhin wird es für die speziellen Interessen des Einzelnen nach Schule, neben Uni und Ausbildung einen weiteren Markt geben. Denn Schule wird nicht alles anbieten können.

Du arbeitest auch im Bereich der Schulentwicklung. Was müssen Politik und Bildungsinstitutionen jetzt tun? Was muss sich ändern?

Off: Seit der empirischen Wende in der Schul- und Unterrichtsentwicklung ist die Qualitätsdiskussion voll im Gange. Endlich unterhalten wir uns darüber, was wir von unseren Schülern erwarten, wenn sie nach neun oder zehn Jahren einen Abschluss erhalten. Es geht bei diesen Abschlüssen um Eintrittskarten in die Zukunft, die wir da vergeben. Auf allen Ebenen gibt es dann etwas zu verbessern: individuelleres Fordern der Schüler, bessere Differenzierung im Unterricht und noch mehr wirkliche Fragestellungen in der Schule. Damit meine ich: weniger Lehrbuch abarbeiten und mehr echte Projekte aus dem Leben erarbeiten. Und die sogenannten „Neuen" Medien haben bereits einige Jahrzehnte auf dem Buckel – da kann man in der Schule sicher noch zulegen, damit zuerst die Lehrer fit sind. Dass gerade viele junge Lehrer kompetent mit Tools aus dem Web 2.0 oder dem Computer allgemein umgehen, zeigt, dass sich hier einiges tut.

Aber auch wenn sich vieles verändern wird und verändern muss, bedarf es natürlich auch in der Zukunft kompetenter Lehrer – mehr denn je sogar. Natürlich kann keine Fachqualifikation allein aus dem Anschauen von Internetvideos entstehen. Mit derartigen Hilfsmitteln wird man vielleicht seine Fremdsprachenkenntnisse verbessern – ein Chirurg oder Pilot sollte intensiver ausgebildet sein. Oft wissen wir nicht, was wir nicht wissen, und gerade eine gesunde Allgemeinbildung wird in Zukunft von Schulen und Universitäten vermittelt werden müssen. Dafür wäre reines E-Learning ein schlechter Ersatz. Auch die zwischenmenschlichen Fähigkeiten erlernen Kinder nur in Interaktion mit anderen unter Aufsicht eines Erwachsenen, der die Regeln vorgibt. Dies infrage zu stellen, wäre technooptimistischer Irrsinn.

Doch in Fällen, wo wir klar umrissene neue Fähigkeiten erwerben wollen – wie schneidet man ein Video mit Final Cut Pro, wie spricht man die ersten Worte Französisch – können wir sehr wohl Bücher, Videos und Websites nutzen, um uns selbst etwas beizubringen. Übers Internet können wir uns theoretisch auch die besten Lehrer aussuchen – egal, wo diese sind. Ein neuer Marktplatz der Ausbildung würde entstehen. Websites wie Spickmich.de, auf denen Schüler Lehrer benoten können, sind da erst der Anfang. Es können neue Bildungsmodelle entstehen, Jarvis nennt zum Beispiel die Lehre im Abo: „Ich abonniere einen Lehrenden oder eine Institution und erwarte, dass sie mich im Lauf der Jahre mit neuen Informationen, Herausforderungen, Fragen und Antworten füttern." Universitäten könnten ihren Absolventen Auffrischungen und Updates anbieten. Bildung könnte eher einem Club ähneln als einer Klasse.

Einiges muss sich ändern im Bildungswesen der Meconomy: Schulen sollten weniger Fakten auswendig lernen lassen, denn auf Fakten kann ich jederzeit per Onlinesuche zugreifen. Viel wichtiger wird die Fähigkeit, Quellen zu finden, Authentizität und Glaubwürdigkeit zu bewerten. Universitäten müssen sich fragen, ob es immer nötig ist, Studenten und Professoren im selben Raum zu versammeln. Viele MBA-Programme, an denen meist Berufstätige teilnehmen, schaffen es ja auch, die begrenzte Zeit, die diese Studenten haben, möglichst intensiv zu nutzen und ansonsten viel aus der Entfernung und mit selbstständigem Lernen zu regeln. Die Berlin School of Creative Leadership beispielsweise treibt das auf die Spitze, indem sie ihren Studenten ermöglicht, sich in verschiedenen Städten rund um die Welt zu treffen – wenn sie sich den schon mal treffen – sodass sie sich mit lokalen Experten austauschen können. Eine derartige Jet-Set-Bildung ist natürlich weder für jedermann finanzierbar noch ökologisch wünschenswert, aber sie zeigt, dass das alte Modell – um acht Uhr sitzen alle im Seminarraum – nicht ohne Alternativen ist.

WIE WERDE ICH ARBEITEN?

„Ask yourself: What do I want to do every day until the rest of my life? Do that! I promise, you can monetize that shit."

Gary Vaynerchuk, Wein-Videoblogger

Arbeit als Quelle des Glücks

Fragt man Kinder, was sie später einmal werden wollen, sagen sie selten: Sachbearbeiter in einem Versicherungsunternehmen. Oder Optimierer von Google-Rankings oder Senior Account Manager. Kinder haben konkrete, handfeste Vorstellungen von Arbeit. Der sprichwörtliche Feuerwehrmann oder Lokomotivführer mag heute nicht mehr an erster Stelle infantiler Jobwünsche stehen, vielleicht aber doch noch Arzt, Ladenbesitzer oder Geheimagent. Dafür zu plädieren, solche Träume als Erwachsener in jedem Fall umzusetzen, wäre naiv, sogar fahrlässig. Diese Vorstellungen als irrelevant abzutun, hieße aber, einen wichtigen Aspekt dessen auszublenden, was uns menschlich macht: die Fähigkeit, uns selbst in fiktive, idealisierte Kontexte hineinzublenden. Uns vorzustellen, was wäre, wenn. Nur so entstehen Pläne, Visionen, nur so entsteht Neues.

Die Frage, warum wir nicht alle Lokomotivführer oder Geheimagenten werden können, lehrt uns zugleich eine wichtige Lektion über das Berufsleben und damit über unsere Gesellschaft: Wir sind zwar, „zumindest in der industrialisierten Welt, die einzigen Tiere, die sich nach jahrtausendelanger Anstrengung von der aufgeregten Suche nach der nächsten Nahrungsquelle befreit haben und uns dadurch neue Zeitspannen eröffnet haben – in denen wir Schwedisch lernen können, Differenzialrechnung pauken oder uns über die Authentizität unserer Beziehungen sorgen", so der britische Philosoph und Bestsellerautor Alain de Botton in seinem jüngsten Werk „The Pleasure and Sorrows of Work" – „Über die Freuden und Mühen der Arbeit".

Dennoch, so de Botton, ist unsere moderne Welt keineswegs jenes Paradies des Überflusses, das sich unsere Vorfahren im Mittelalter erträumt haben. „Die klügsten Köpfe verbringen ihr Arbeitsleben, indem sie Funktionen von unfassbarer Banalität vereinfachen oder beschleunigen." Ingenieure schreiben Abhandlungen über die Geschwindigkeiten von Scanner-Maschinen, so der Feingeist erschüttert, und Berater widmen ihre gesamte Karriere der Implementierung kleiner Einsparungen in den Arbeitsabläufen von Regalpackern und Gabelstaplerfahrern. Kein Wunder, dass wir Zorn empfänden über unser Eingesperrtsein. Dass unter unserer gesetzestreuen and folgsamen Oberfläche eine Wut koche, angesichts des Preises, den wir für unsere tägliche Unterwerfung am Altar der Besonnenheit und Ordnung zahlten. Denn in Wahrheit strebten wir doch – kurz gesagt – tief im Innern alle nach einem sinnvollen Job.

Gleichzeitig ist es vielleicht eine der Tragödien unseres modernen Lebens, dass wir von uns selbst erwarten, Erfüllung ausgerechnet in unserer Arbeit zu finden, persönliches Glück ausgerechnet aus jenem Lebensbereich zu ziehen, den frühere Generationen als diesem so diametral entgegengesetzt empfanden. Im vierten Jahrhundert vor Christus definierte der griechische Philosoph Aristoteles das Verhältnis zur Arbeit auf eine Weise, die fast zweitausend Jahre bestand haben sollte: Wer bezahlte Arbeit ausführen musste – und zwar sowohl handwerkliche als auch kaufmännische – war auf einer Stufe mit Sklaven und Tieren anzusiedeln. Arbeit führte zu psychologischen Deformationen. Nur wer vermögend genug war, ein Leben in Freizeit und ohne Mühsal zu führen, galt als Bürger, der die Freuden von Musik und Philosophie genießen konnte.

Das frühe Christentum hatte dem wenig Erbauliches hinzuzufügen. Arbeit galt hier als angemessene und unveränderliche Art, Sühne für den Sündenfall zu leisten. Erstmals fand sich in der Renaissance der Gedanke, dass praktische Aktivitäten etwas Nobles, Erfüllendes haben könnten. Leonardo da Vinci und Michelangelo waren Genies, aber eben auch Handwerker. Die Mitte des 18. Jahrhunderts erschienene 27-bändige Enzyklopädie von Diderot und D'Alembert pries dann erstmals in vielfältigen detaillierten Einträgen solch vormals als niedrig empfundene Tätigkeiten wie Brot backen, Buchdruck, Spargel pflanzen, eine Windmühle betreiben oder einen Anker schmieden. Diderot plädierte offen dafür, nicht nur die „liberalen" Künste – also Aristoteles' Musik und Philosophie –, sondern auch die „mechanischen" wertzuschätzen. Die bourgeoisen Denker stellten Aristoteles auf den Kopf: „Es schien nun so unmöglich, dass jemand glücklich und unproduktiv sein kann, wie es zuvor unwahrscheinlich schien, man könne zugleich arbeiten und menschlich sein", fasst de Botton zusammen.

Damit begann für ihn jener Anspruch, der uns heute mehr denn je umtreibt: Arbeit soll immer auch Selbstverwirklichung sein. Um herauszufinden, wie diese historisch also relativ neue Idee unser heutiges Denken prägt, besucht Alain de Botton einen Karriereberater, der ja genau für jene Übereinstimmung sorgen soll. Dieser Herr sagt etwas sehr Interessantes: Die am meisten verbreitete und am wenigsten hilfreiche Illusion, die seine Kunden plage, sei jene, dass sie irgendwie im Verlauf der Ereignisse intuitiv hätten wissen müssen, was sie mit ihrem Leben anfangen sollten – „lange bevor sie ihre Abschlüsse gemacht hatten, ihre Familien gegründet, Häuser gekauft oder an die Spitze von Anwaltskanzleien aufgestiegen sind. Sie quälten sich mit der Vorstellung, dass sie wie durch einen Fehler oder selbstverschuldete Dummheit ihre wahre ‚Berufung' verpasst hatten."

Genau das ist aber Unsinn. Der Psychologe Abraham Maslow war es, der gesagt hat: „Es ist nicht normal, zu wissen, was wir wollen. Es ist eine seltene und komplizierte psychologische Leistung." Die Frage ist also nicht, ob wir schon als Kinder wussten, dass wir Arzt werden wollten, und wieso es uns nicht gelungen ist, diese tief in uns angelegte Bestimmung umzusetzen. Die Frage ist vielmehr, warum wir nicht öfter bereit sind, uns selbstkritisch und vorbehaltlos zu befragen, um herauszufinden, was wir jetzt wollen. Wie wir uns unser Leben in fünf oder zehn Jahren vorstellen. Und was wir sofort konkret unternehmen müssen, um die ersten Schritte auf dem Weg dorthin zu machen.

Es ist nicht unser fünfjähriges Ich, das uns unser heutiges Leben mit einem schlechten Gewissen verderben sollte – es sind vielmehr jene Weichen, die wir als Pubertierende stellten, die heute womöglich nicht mehr die richtigen sind. Die meisten Menschen „beschränken sich darauf, ihr gesamtes Erwachsenenleben in Jobs zu arbeiten, die ihre 16-jähriges Selbst ohne nachzudenken ausgewählt hat", so de Botton.

Es geht nicht darum, dass in jedem von uns ein Genie schlummert, das nur gefunden werden will. Mit 30 wird man kein Geigenvirtuose mehr und wer mit 40 beschließt, in die Politik zu gehen, um Bundeskanzlerin zu werden, ist wohl auch etwas spät dran. Es geht aber darum, dass nicht alle Entscheidungen mit 20 gefällt sind und wir uns von da an auf vorgegebenen Bahnen durchs Leben bewegen müssen. Unsere Welt wird immer unberechenbarer, volatiler. Wenn keiner genau weiß, welche Unternehmen in zehn Jahren erfolgreich sein werden, welche neuen Jobprofile in fünf Jahren die begehrtesten sind, dann bedeutet das auch eine Chance, sich nicht abzufinden.

Wir gehen nicht durchs Leben, um eine angeborene Bestimmung umzusetzen und unglücklich zu sein, wenn uns dies nicht gelingt. Wir sollten vielmehr immer wieder bereit sein, uns selbst zu fragen: Was will ich eigentlich heute? Wir müssen nach dieser Wahrheit suchen, und auch wenn die Antwort selten klar und eindeutig ausfallen wird, sollten wir doch bereit sein, auf das hinzuarbeiten, was uns wirklich Spaß machen könnte. Das wird in verschiedenen Lebensphasen unterschiedlich sein. Unser Leben ist nicht statisch, warum sollte es also unser Job sein? Es wird Zeit, dass wir anfangen, uns immer mal wieder zu erfinden. Das Ziel kann dabei ein durchaus schlichtes sein: dass unsere Arbeit Spaß macht und unsere Leidenschaften zumindest teilweise dazu beitragen, unseren Lebensunterhalt zu sichern. Wie wir gesehen haben, wird das keine einfache Mission. Wir sollten zumindest eine Annäherung versuchen.

Leidenschaft und Geduld

Eine internationale Galionsfigur dieser neuen Selbstverwirklichungskultur in der Meconomy ist ein 36-jähriger gebürtiger Russe namens Gary Vaynerchuk, über den wir schon im ersten Kapitel kurz gelesen haben. Vaynerchuk, der 1978 in die USA kam und heute in Springfield, New Jersey, lebt, hat einen Berufszweig erfunden, den es bis dahin gar nicht gab: Er ist der weltweit wohl erfolgreichste Wein-Videoblogger. Nun ja, erst ist auch der erste und womöglich noch immer der einzige, aber er ist erfolgreich nicht nur in relativem, sondern auch in absolutem Maßstab.

„Gary Vaynerchuk betreibt Wine Library TV und er hat einen Stamm", sagt Seth Godin – Sie erinnern sich: der Marketingexperte, der behauptet, heute könne jeder zum Anführer seines eigenen Stammes werden, wenn er nur ein Geschäftsmodell rund um seine Leidenschaft aufbaut. „Millionen von Menschen auf der ganzen Welt schauen ihm zu, um ihre Leidenschaft für Wein in eine Erzählung zu fassen. Er hilft ihnen, neue Weine zu entdecken und jene, die sie lieben, besser zu verstehen."

Aber der Reihe nach. Im Jahr 2005 war Vaynerchuk noch nur der Sohn eines Weingroßhändlers in New Jersey. Er arbeitete im Familienunternehmen mit – kein kleines Unternehmen, es machte einige Millionen Dollar Umsatz pro Jahr. Doch dem Sohn reichte es nicht, Geschäftsführer eines Weinversandes zu sein und eines Tages der Besitzer. Er galt als mitreißender, charismatischer Typ, als geborener Verkäufer, als Alleinunterhalter. Und er sah die Chancen, die das Internet mit seinen nahezu nicht existierenden Produktions- und Vertriebskosten für Medienprodukte bot. Also nahm er eine seiner Leidenschaften – den Wein – und verband sie mit seiner anderen – Menschen zu unterhalten und im Mittelpunkt zu stehen – und startete im Februar 2006 eine Website, auf der er täglich kurze Videos veröffentlicht. In diesen 10 bis 30 Minuten langen Filmchen sitzt er vor der Kamera, testet Wein und macht Witze. Manchmal hat er einen Gast, der mit ihm die Weine bespricht. Das war's. Mehr passiert nicht auf Wine Library TV. Das Ganze ist aber in einer Weise unterhaltsam und lehrreich, dass man sich wundert, warum man jemals einen Weinführer gekauft hat. Oder – wenn man sich bisher für Wein gar nicht interessiert hat, ob man nicht mal schnell damit anfangen sollte. Natürlich finanziert sich das Ganze auch damit, dass die Zuschauer den angepriesenen Wein gleich im benachbarten Webshop kaufen können, ist also eine clevere Art des Marketings für den guten alten Weinladen des Vaters. Aber vor allem ist es Vaynerchuks Selbstverwirklichung, seine Vorstellung des idealen Jobs. Der Mann ist ein Entertainer, aber keine klassische Fernsehpersönlichkeit. Mit seiner quäkigen Stimme, den Sportanekdoten, dem leicht prolligen Humor und der respektlosen Art, selbst teure Weine kritisch zu bewerten, hätte er nie einen Vertrag in einer klassisch distinguierten Genießersendung bekommen.

Online fand er sein Publikum, weil er hier weltweit „sendet", weil eben nur die zu ihm kommen, die auf genau diese Art von Weinkritik gewartet haben und weil sie es weiter erzählen. Vaynerchuk ist sehr gut darin, die viralen Möglichkeiten des Internets zu nutzen. Anfangs forderte er die Zuschauer ständig auf, auf ihn zu verlinken, also von ihren eigenen Websites auf seine zu verweisen. Der Erfolg ist mittlerweile so gigantisch, dass er inzwischen Angebote diverser TV-Sender hatte, die ihn ins richtige Fernsehen holen wollten. Vaynerchuk hat sie alle abgelehnt: „Warum sollte ich meine Inhalte weggeben?", fragt er selbstbewusst. „Die Zeitungen und Sender haben nicht länger die Kontrolle. Man muss seinen eigenen Markenwert aufbauen." Einen spektakulären Vertrag über 10 Bücher, der ihm mehr als eine Million einbrachte, hat er aber im März 2009 unterschrieben und mit seinen Vorträgen und Keynote-Reden dürfte er inzwischen weit mehr verdienen als mit dem Weinhandel.

Er hat – ebenso wie viele andere jüngere Menschen – damit die Grundregel der Meconomy verstanden, die angesichts der neuen digitalen Kommunikationsformen nicht nur das Wirtschaftsleben und die Karriereplanung auf den Kopf stellt, sondern auch unsere Möglichkeiten, an der eigenen Legende mitzuschreiben – und sei es auch im kleinsten privaten Rahmen: „Das Vermächtnis ist wichtiger als das Geld. Hat jeder schon völlig verstanden, dass Eure Groß-Groß-Großenkel alles sehen werden, was Ihr jemals getan habt?“, fragt er bei den mitreißenden Vorträgen, die er seit seinem Erfolg auf großen Konferenzen hält: „Ich denke jeden einzelnen Tag daran. Ich will, dass meine Enkel stolz auf mich sind.“

Seine Botschaft, das Leben selbst in die Hand zu nehmen, seine Geschichte selbst zu schreiben und die neuen technischen Möglichkeiten dazu zu nutzen, die eigene Leidenschaft zu monetarisieren, trifft einen Nerv. Zu einer Zeit, in der nicht erst die Wirtschaftskrise gezeigt hat, dass wir uns auf das scheinbare Sicherheitsnetz aus Rente, Aktiendepot und öder Festanstellung sowieso nicht mehr verlassen können, sind es Erfolgsgeschichten wie die von Vaynerchuk, die zeigen, wie wir glücklicher und erfolgreicher sein können, wenn wir an unsere Leidenschaften glauben und uns überlegen, wie wir sie zu Geld machen können. Gary Vaynerchuk zeigt, wie die Investition in die eigene Marke heute eine durchaus langfristige sein kann.

BrandMe – warum Selbstmarketing so wichtig ist

Klaus Eck hat einen dieser Berufe, die es vor fünf Jahren noch gar nicht gab: Der 44-Jährige nennt sich Kommunikationsberater und „Reputation Manager“, das heißt, er hilft Unternehmen beim Aufbau einer eindeutigen Online-Reputation und bei der Entwicklung von Online-Relations. Mit anderen Worten: Er erklärt ihnen, wie und ob sie sich auf Twitter, Xing, in Blogs und anderen elektronischen Foren darstellen sollen. Mindestens genauso wichtig ist seiner Meinung nach aber, wie wir uns als Einzelpersonen nach außen darstellen – und das heißt für die meisten Menschen, die es nicht ins Fernsehen oder die Zeitung schaffen: online. Er hat dazu ein Buch geschrieben, das den etwas knalligen Titel trägt „Karrierefalle Internet". Der Untertitel beruhigt auch nicht gerade: „Managen Sie Ihre Online-Reputation, bevor andere es tun!" Eck gilt als Deutschlands führender Experte in Sachen „Personal Branding". Was das genau ist, erklärt er im Interview selbst:

Klaus Eck: Jeder Mensch ist letztlich eine Marke, mit der er/sie pfleglich umgehen sollte. Gerade in Krisenzeiten kommt es darauf an, sich positiv von anderen zu unterscheiden und aufzufallen. Das Personal Branding erlaubt es, die eigenen Stärken zu betonen und in der (digitalen) Öffentlichkeit sichtbar zu machen. Erstmals hat Tom Peters das Konzept im Jahre 1997 in der Zeitschrift Fast Company vorgestellt und später daraus sogar ein Buch gemacht. Die Zeitschrift hatte sich, zumindest in der Anfangszeit ihres Erscheinens, ganz dem Personal Marketing und der Gestaltung des Arbeitslebens gewidmet. Peters Konzept hat in den Anfangszeiten der New Economy viele Menschen dazu ermutigt, ihr Schicksal selbst in die Hand zu nehmen und sich als Unternehmer selbstständig zu machen. Denn das ist die letzte Konsequenz des Personal Brandings: selbstverantwortlich zu agieren und sich nicht mehr als Spielball anderer zu betrachten.

Warum muss heute jeder eine Marke sein? Und warum wird das in Zukunft noch wichtiger werden?
Eck: Deutschland muss sich langsam davon verabschieden, sich als Industriestandort zu definieren und dieses um jeden Preis mithilfe von zweifelhaften Abwrackprämien zu erhalten. Stattdessen sollten wir uns zu einer Wissensökonomie entwickeln, in der die Kreativität zum wichtigsten Standortfaktor wird. Nur in diesem Bereich sehe ich noch hoffnungsvoll in die Zukunft. Doch in den Creative Industries sind die besten Wissensarbeiter gefragt, die selbstständig agieren und ihren Beitrag zu einem Unternehmen leisten. Je mehr wir es erleben, dass Unternehmen lieber mit flexiblen Freien oder Zeitarbeitern zusammenarbeiten als mit Festangestellten, desto mehr kommt es auf das Personal Branding an. Schließlich sind externe Mitarbeiter schnell austauschbar

und müssen einen klaren USP [Unique Selling Proposition], also ein Alleinstellungsmerkmal haben, damit sie in der Zusammenarbeit attraktiv bleiben. Hierbei geht es gar nicht um schlechter bezahlte Arbeitskräfte, sondern um High Potentials, Facharbeiter und Kreative, die vielleicht sogar weltweit ihren Personal Brand anbieten und damit aufgrund ihrer hohen Qualifikation sehr erfolgreich sind.

Was muss der Arbeitnehmer von heute wissen und tun, um sich zu vermarkten?
Eck:. Inzwischen ist das Internet das entscheidende Medium für das Personal Branding, weil jeder hierbei sehr schnell erfolgreich sein kann, wenn er es versteht, seine Leistungen adäquat darzustellen und andere darüber sprechen. Je verlässlicher der Einzelne in seiner Onlinekommunikation ist, je klarer das Onlineprofil, desto leichter wird er sich mit dem Personal Branding tun. Deshalb sollten Sie immer als Erstes eine eigene Webadresse unter Ihrem Namen anmelden, darunter ein Personal Blog anlegen oder eine Weiterleitung zu einem Online-Profil (Facebook oder Xing) einrichten. Das Social Networking – die Pflege Ihrer sozialen und beruflichen Beziehungen – spielt eine entscheidende Rolle für den Erfolg Ihres Online-Reputation-Managements.

Gilt all das nur für Selbstständige oder auch für Festangestellte?
Eck: Gerade für Selbstständige ist die Selbstvermarktung essenziell. Doch im Prinzip sollte sich auch jeder Angestellte als Personal Brand verstehen, weil er aufgrund der ihm zugeschriebenen Fähigkeiten eine Laufbahn in seinem Unternehmen einschlägt – oder auch nicht. Zudem muss heute jedermann mit einem Jobwechsel rechnen. Die Verbleibdauer in einem Unternehmen wird immer kürzer. Daher gibt es eigentlich kaum noch Festangestellte im eigentlichen Sinne des Wortes. Wer keine Angst vor einem Wechsel haben will, sollte sich darauf gut vorbereiten, indem er seinen Personal Brand mit all seinen Qualitäten entsprechend online sichtbar macht.

Müssen wir angesichts der Krise unser Leben neu erfinden? Was bedeutet das fürs Selbstmarketing?
Eck: Die beste finanzielle Absicherung besteht nicht mehr in einer Versicherung oder vergleichbaren Geldanlage, sondern in dem Aufrechterhalten der eigenen künftigen Chancen. Wenn Sie heute mit 45 Ihren Job verlieren, kann dies das gesellschaftliche Aus bedeuten oder ist zumindest mit enormen finanziellen Einschränkungen verbunden. Wer nicht mehr an eine rentenbasierte Absicherung glauben kann und aufgrund kommender nicht absehbarer gesellschaftlicher Entwicklungen eher pessimistisch ist, sollte vor allem in sein Vermögen – dem Personal Brand - investieren. Das heißt: gesund leben und sich ständig fortbilden, neugierig bleiben. Es reicht längst nicht aus, nur sein heutiges ICH zu vermarkten. Ein erfolgreiches Selbstmarketing basiert darauf, sich immer auch künftige Chancen zu eröffnen und flexibel auf Veränderungen zu reagieren.

Gerade jetzt sei die perfekte Zeit, eine eigene Marke zu entwickeln, findet auch Blaise James, Markenstratege beim weltweit tätigen Marktforschungsunternehmen Gallup, das regelmäßig neue Trends rund um das Thema Arbeit statistisch begleitet. Wenn Millionen nach Arbeit suchen und jene, die noch eine feste Stelle haben, ihren Wert für die Firma demonstrieren müssen, ist die Bedeutung einer starken persönlichen Marke entscheidend. Diese Marke muss mehr sein als eine Mischung aus Verkaufsgespräch, Selbsthilfejargon und positiven Schlagworten. Vielmehr muss sie der Kern dessen sein, was einen Menschen zu diesem Zeitpunkt ausmacht oder wie er sich in Zukunft sieht – und wie er sich aktuellen und künftigen Arbeitgebern gegenüber darstellen sollte. „Die ‚Marke Ich' aufzubauen hilft Ihnen, Ihre Karriereziele zu erreichen, denn sie gibt Ihnen eine Strategie", so James. „Sie verleiht Ihnen außerdem ein Gefühl von Sicherheit und Kontrolle."

Und wie macht man das nun, seine eigene Marke entwickeln? Der Marktforscher empfiehlt, sich zunächst auch als Festangestellter immer als „embeddeten Unternehmer" zu sehen – in Anspielung auf die Journalisten, die während des Irakkriegs bei der Armee „embedded“ waren: „Sie arbeiten in einer Firma für das Wohl dieser Firma, aber Sie suchen gleichzeitig ihren persönlichen Vorteil – jetzt und zukünftig.“

Embeddete Unternehmer denken anders. Sie schlagen neue Lösungen für Probleme vor und neue Ideen, um Wachstum zu generieren. Sie finden heraus, was sie besonders macht, und nutzen dieses Wissen, um einen profitablen Kurs im Unternehmen einzuschlagen sowie in weiteren Unternehmen im Lauf ihres Arbeitslebens.

James rät zudem, nicht einfach nur auf seine aktuellen Leidenschaften zu achten, denn die könnten sich schnell ändern und oft weiß man nicht, wie der Markt in den jeweiligen Bereichen strukturiert ist: Nicht jeder, der gern Fotograf wäre oder Romanautor, wird Erfolg haben, nur weil er es gern hätte, oft gibt es viel Konkurrenz. Stattdessen empfiehlt es sich, objektiv seine Stärken und Fähigkeiten zu analysieren – am besten mithilfe von Außenstehenden – und daraus eine Marke zu bauen: „Wenn Sie Ihre Talente kennen, wissen Sie eine Menge mehr über sich als viele andere Menschen.“ Sobald man seine eigenen Stärken kennt, muss man dann die seiner Kunden analysieren und dafür sorgen, dass die eigenen Talente mit denen des Arbeit- oder Auftraggebers zusammenpassen: „Für maximale Relevanz muss die ‚Marke Ich‘ auch auf Ihren Kunden zugeschnitten sein.“

All das kann man nun natürlich kritisch hinterfragen: Was ist mit jenen Menschen, die nicht in der Lage sind, sich als tolle Marke zu inszenieren? Was mit jenen, denen die neue Technik nichts sagt, die zu schüchtern sind oder deren Qualifikation schlicht nicht mehr gefragt ist? „Jeder Mensch ist eine Marke. Was nicht mehr gekauft wird, wird entsorgt“, mailte mir das Künstlerkollektiv rebell.tv nur scheinbar kryptisch, als ich zum ersten Mal in meinem Blog über dieses Thema schrieb. Da ist natürlich etwas dran. Die schöne neue Welt der individuellen Vermarktung wird nicht nur Gary Vaynerchuks hervorbringen. Sie wird zwar auch keine kalte Ellbogengesellschaft, sondern für viele Menschen eine großartige Chance sein, ihr Leben zu gestalten. Aber sie wird an vielen auch vorbeigehen, für die Selbstverwirklichung ein fernes Ziel bleibt, die sich freuen würden, einen vernünftigen Job zu haben oder überhaupt ein eigenes Einkommen. Um sie geht es hier nicht, aber man könnte viele Bücher über sie schreiben.

Tue, was Du liebst – liebe, was Du tust

„Es ist nun ziemlich genau 5 Monate her, dass ich meinen letzten Tag in Festanstellung gearbeitet habe. Rückblickend hat mir dieser Schritt sehr gut getan. Und um die so oft per Mail gestellte Frage danach, wie es denn so läuft, zu beantworten: Danke, prächtig."

Diese Zeilen schreibt der Kölner Kai Müller im Juni 2009 in seinem Blog namens „StyleSpion.de", in dem es um Inneneinrichtung, Fotografie, Design und Musik geht – früher war das ein Hobby neben der Festanstellung. Der heute 31-Jährige arbeitet seit zehn Jahren im und für das Internet. Als Jugendlicher machte er eine Ausbildung zum Speditionskaufmann, danach wurde er, was er heute ist: Webdesigner, Suchmaschinenoptimierer und – wie er sagt – „Usability-Fanatiker". Anfang 2009 kündigte Müller seinen Job, machte sich selbstständig und betreibt StyleSpion nun hauptberuflich. Die Anzeigenkunden lieben ihn dafür, dass er gerne Produkte vorstellt. Die Leser vertrauen ihm, weil er sich – nach bestem journalistischem Ethos – nicht bestechen lässt und wirklich nur Dinge vorstellt, die ihm persönlich gefallen und am Herzen liegen.

Kai Müller hat, so scheint es, die ideale Verbindung aus Leidenschaft und Kommerz gefunden. Er hat sein Hobby zum Beruf gemacht, sein Privatinteresse zum Businessmodell – und das mitten in der Finanzkrise. „Mich aus meiner Festanstellung zu lösen, um 100 Prozent Energie in eigene Projekte stecken zu können, war eine Notwendigkeit", sagt er im Interview. „Das Blog und der damit einhergehende Aufwand bestimmte die Hälfte meines Tages, die andere Hälfte mein Job in der Agentur. Das konnte auf Dauer nicht funktionieren und ich habe die Chance genutzt." Bedenken bezüglich des Einkommens hatte er „eher weniger", musste sich aber „im Kopf freimachen" von der vermeintlichen Sicherheit einer Festanstellung. Dennoch war die Entscheidung kein Sprung ins kalte Wasser, da er StyleSpion.de zu diesem Zeitpunkt schon zwei Jahre lang aufgebaut hatte. „Glücklicherweise habe ich diesen Schritt bisher in keiner Sekunde bereut."

Der Abschied aus der Festanstellung ist ihm aus atmosphärischen und zwischenmenschlichen Gründen durchaus schwergefallen, doch inzwischen habe er sich damit arrangiert, alleine in seinem Büro zu sitzen, erzählt er, „was definitiv nicht einfach ist. Der Austausch mit Kollegen war mir schon immer sehr wichtig, das kann weder Skype noch Twitter abfangen. Zur im Café sitzenden, Latte schlürfenden Boheme bin ich ebenfalls nicht übergewechselt. Ich arbeite am liebsten an meinem großen Bildschirm – im Büro, mit guter Musik aus Boxen und nicht aus dem Kopfhörer."

Doch die neue selbstbestimmte Arbeitsweise habe ja in erster Linie Vorteile: Im Gegensatz zu früher könne er nun auch mal tagsüber zum Telefon greifen und mit Leuten direkt sprechen. Offenbar war das im Großraumbüro seiner Festanstellung unmöglich. „Ein weiterer Punkt ist, dass ich nun einfach mal reisen kann. Das macht riesigen Spaß und gibt Kraft zurück, auch wenn ich danach natürlich vieles aufarbeiten muss."

Kann man sich in der digitalen Ökonomie leichter selbst verwirklichen? „Es ist wohl kostengünstiger als je zuvor", so Müller. „Inzwischen klingt das vielleicht abgedroschen, aber es ist einfach Wahnsinn, dass ich heute innerhalb weniger Sekunden über die ganze Welt Inhalte verbreiten kann." Ebenfalls enorm wichtige Faktoren seien die Vernetzung und überhaupt die Möglichkeit, innerhalb kürzester Zeit Ansprechpartner für alle Belange zu finden. „Das spart eine Menge Zeit, die – und das muss man fairerweise auch erwähnen – an anderen Stellen wieder aufgebraucht wird. Wer wie ich so transparent im Netz unterwegs ist, bekommt eine Menge Feedback auf unzähligen Kanälen, das ist grandios, kostet aber eine Menge Zeit." Im Grunde kommuniziere er heute beinahe ausschließlich mit Menschen, die er noch nie getroffen habe. „Ich schätze, das ist ein gesellschaftlicher Wandel." Ein typischer Vertreter der Meconomy ist Kai Müller insofern, als er immer in Bewegung bleibt, stets Neues ausprobieren will: „In meinem

Leben ist die Unzufriedenheit ein starker Motor. Unzufriedenheit fördert die Weiterentwicklung und das Hinterfragen von Gewohnheiten. Wäre ich mit allem immer und ständig zufrieden, würde ich stehen bleiben." In der digitalen Welt kommt ihm diese Rastlosigkeit zugute, meint er, denn stehen bleiben bedeutet hier „den sicheren Tod, da die Zeit rast". Und auch ein anderes Prinzip der Meconomy sieht man bei Müller am Werk: „Grundsätzlich ist man dann am besten, wenn man sich voll einbringen kann, sich am wenigsten verstellen muss und selbst bestimmen kann, worauf man seine Energie verwendet."

Auch aus der Sicht des jungen Selbstständigen ist derzeit ein fundamentaler Wertewandel zu beobachten. „Ich habe nur eine Ahnung, wie es in fünf, zehn oder gar zwanzig Jahren aussehen könnte – aber ich bin mir sicher, dass von den Ideen, die die Generation meiner Eltern hatte, nicht mehr viel übrig bleibt, außer vielleicht den Laubensiedlungen." Seine Familie verstehe nicht, womit er seinen Lebensunterhalt bestreitet – „wie auch? Junge Menschen haben zumindest den Vorteil, dass sie das Internet so selbstverständlich nutzen, wie keine andere Generation." Problematisch sei dabei, dass die Entwicklung so schnell vonstattengeht, dass kaum ein Lehrbuch und noch weniger das Lehrpersonal imstande ist, mitzuhalten. „Alles, was ich heute mache, habe ich mir selbst beigebracht, primär mit Input aus dem Netz. Und vieles von dem, was ich mir angeeignet habe, gebe ich selbst wieder über das Netz weiter. Wer zuhören kann und auch hinterfragt, wer Interesse hat und offen ist, dem bietet das Internet bereits heute alles, was er benötigt, um sich fortzubilden." Bildung für die Generation Facebook funktioniert, wie wir oben schon gesehen haben, eben anders.

Dass Kai Müller als Kopf und alleiniger Macher von StyleSpion erfolgreich an der eigenen Marke gearbeitet hat und nun als kompetenter Experte für viele Aspekte der neuen digitalen Ökonomie gilt, ist ein angenehmer Nebeneffekt seiner Website. Insgesamt, so schreibt er, stiegen bei ihm in den letzten Monaten „Anfragen bezüglich allerlei Jobs an". Manche Unternehmen suchten Beratung und Ideen, andere brauchten Webdesigner oder Betreuung ihrer eigenen Blogs. Müller, selbstbewusst:

„Diese Jobs kann und will ich natürlich nicht alle annehmen. Sollte also jemand Interesse an einer Vermittlung haben, kann er mir gerne eine kurze Mail schicken.“ Eine in der Krise ungewöhnliche Aufforderung.

In seinem Blog selbst erlaubt sich der kühle Analyst der eigenen Situation dann doch noch einen emotionalen Moment. Die Besucherzahlen der Website seien mit etwa 170 000 Visits im Monat konstant gut, „die Zahl der Feedabonennten steigt weiter und wird wohl noch diesen Monat fünfstellig sein. Das ist totalirrewahnsinniggeil. Echt.“

Selbstständig aus der Krise herauskommen

Andreas Stammnitz hat gerade, mitten in der Krise, seinen Job auf halbtags umgestellt, um in der anderen Hälfte seine Selbstständigkeit vorzubereiten. Der 37-jährige Marketingchef eines großen deutschen Buchverlages will endlich nicht mehr Befehlsempfänger sein, sondern sein eigener Boss. Und er weiß: Nie war das so einfach wie heute. Er erklärte das seinem Chef, der Verständnis zeigte, sammelt derzeit Investoren und freie Experten und startet dieses Jahr ein Unternehmen für Online-Fortbildung. Mitarbeiter: null. Bürofläche: keine. Startkosten: minimal. Reichweite: global.

Herr Stammnitz, Sie planen mitten in der Wirtschaftskrise Ihre Selbstständigkeit. Irrsinn oder Kalkül? Immerhin sind ja viele erfolgreiche Produkte und Marken in Krisen erfunden worden …

Andreas Stammnitz: Ich arbeite seit Jahren in einem Krisenumfeld, geprägt von hohem Kostendruck bei gleichzeitig permanenter Pflicht zur Neuerfindung des Geschäftsmodells. Nennen Sie mich naiv, aber bei mir hat die aktuelle Wirtschaftskrise psychologisch rein gar nichts verändert.Gründen wollte ich immer schon. Dass jetzt der Zeitpunkt gekommen ist, hat nur mit mir zu tun und nicht mit Marktverhältnissen. Ich glaube aber, dass es durchaus nicht nur Nachteile bringt, zu Zeiten der Krise zu gründen: a) Es härtet ab. b) Einige Dienstleistungen und Ressourcen sind potenziell günstiger zu bekommen. c) Ein gewisser „Spinner-Bonus“ ist vielleicht noch ausgeprägter als sonst.

Sie haben sich das Feld E-Learning ausgesucht. Warum ist das in Ihren Augen ein Wachstumsmarkt?
Stammnitz: In vielen Feldern steht das „E“ für Demokratisierung. Auf eBay und Amazon Marketplace kann jeder zum Händler werden, in E-Publikationen zum Autor. Ich bin der Überzeugung, dass bei einigen Tools und Angeboten, die mit der persönlichen Weiterentwicklung zu tun haben, diese Demokratisierung noch aussteht. Nun will ich sie forcieren, somit etwas fürs Gemeinwohl tun und natürlich auch als Unternehmer von den Chancen profitieren.

Liegt es in der Zeit, dass die Menschen sich selbst verbessern wollen?
Stammnitz: Absolut. Und wer das nicht erkannt hat, sollte schleunigst darüber nachdenken. Der Produktionsfaktor Arbeit ist in den letzten Jahren mit beeindruckender Geschwindigkeit mobiler geworden. Als Arbeitnehmer in einem Hochlohnland muss ich – das ist meine feste Überzeugung – aktiv etwas für die eigene „Employability“ tun. Darin steckt ein defensives Element, nämlich dass ich mein „Kompetenz-Terrain“ gegen andere verteidige. Aber es steckt auch ein sehr offensiver Impuls darin, der meiner Meinung nach daher rührt, dass Knowledge Worker sich aktiv Herausforderungen und neue Lernerfahrungen suchen müssen, um hungrig, fit und überzeugend zu bleiben.

Inwiefern hilft das Internet dabei, Bildung selbst in die Hand zu nehmen? Wo führt das noch hin?
Stammnitz: Heute kann ich mich zu fast jedem Thema on demand schlaumachen. Dieser Aspekt wird durch Google Books und andere Digitalisierungs-Initiativen eher noch zunehmen. Damit ist Wissen für jedermann erwerbbar. Bildung ist aber mehr als das. Für mich ergeben sich hier zwei Herausforderungen, denen sich jeder Einzelne stellen muss: 1. Die Kompetenz zu erwerben, Relevantes von Unwichtigem zu

trennen, quasi das „Signal“ unter ganz viel „Noise“ zu entdecken und 2. sich im Transfer und der Anwendung von Wissen zu üben. In diesen beiden Punkten hilft das Internet heute noch unzureichend. Meines Erachtens wird es eine zentrale Aufgabe von allen Online-Bildungsangeboten sein, genau in diesen Feldern stärker zu werden, den sozialen Kontext von Lernsituationen zu begreifen und dem Lernenden funktionierende und elegante Lösungen für Feedback und Lernkontrolle anzubieten.

Traditionell gelten die Deutschen zwar als risikoscheu. Doch inzwischen überlegen immer mehr von ihnen, ihr eigener Chef zu werden. Eine TNS-Emnid-Umfrage aus dem Jahr 2008 zeigt: Trotz vieler Vorbehalte ist für acht von zehn Bundesbürgern die Selbstständigkeit attraktiv. Sie schätzen daran vor allem die Möglichkeit, eigene Ideen umzusetzen, selbstbestimmt und von zu Hause aus zu arbeiten.

In einer Wirtschaftskrise sinkt das Risiko der Selbstständigkeit sogar relativ, schreibt die Wirtschaftswoche: „Manche sicher geglaubte Anstellung ist es de facto nicht.“ Verliert ein Angestellter seinen Arbeitsplatz, „kostet das ihn von heute auf morgen seine komplette wirtschaftliche Existenz“, sagt Martin Massow, Autor des „Freiberufler-Atlas“, der Zeitschrift: „Verliert ein Selbstständiger dagegen einen von zehn Kunden, mag das seinen Umsatz schmerzhaft treffen, aber existenziell zumeist nicht vernichten.“

Dazu kommt: Wer als Einzelkämpfer die Rezession übersteht, kann hoffen, nie wieder in den Trott der Festanstellung zurückkehren zu müssen. „Wenn die Unternehmen im nächsten Aufschwung wieder Leute brauchen“, so ist der Münchner Gründerberater Andreas Lutz überzeugt, „werden sie mehr Aufträge an Selbstständige und Freie geben, bevor sie wieder Mitarbeiter einstellen.“ Nicht wenigen Deutschen erscheint deshalb die Selbstständigkeit als bessere Lösung. Zwar sind die Unternehmensgründungen seit Jahren rückläufig und auf dem niedrigsten Stand seit 2001, so der Gründungsmonitor der Kreditanstalt für Wiederaufbau (KfW). „Doch die Zahl dürfte in den nächsten Monaten deutlich ansteigen", so die Wirtschaftswoche. Davon seien auch die Experten der KfW überzeugt. Die Krise als Chance zu betrachten, rät auch Jens-Uwe Meyer, Autor des Buches „Das Edison-Prinzip": „Wenn Sie das Leben erfolgreicher Kreativer untersuchen, werden Sie feststellen: Die meisten von ihnen haben in Krisen nur das Positive gesehen." Thomas Edison, Erfinder nicht nur der Glühbirne, habe Werte wie Unzufriedenheit und Scheitern zum Prinzip erhoben. Als sein Labor in Flammen stand und die Arbeit vieler Jahrzehnte vom Feuer vernichtet wurde, sagte er trocken: „Endlich sind wir den alten Krempel los."

Wie ich morgen schon ein globales Unternehmen sein kann

Nicht zuletzt die Globalisierung eröffnet uns heute ganz neue Chancen. Eines der verblüffendsten und auf den ersten Blick unrealistischsten Phänomene in diesem Zusammenhang ist die Idee der sogenannten Virtuellen Persönlichen Assistenten (VPAs), die unangenehme oder zeitfressende Aufgaben für uns erledigen – also zum Beispiel Internetrecherchen machen, Präsentationen zusammenbauen oder Reisen buchen. Weil die Assistenten im Ausland viel billiger sind und unter Ausnutzung von Währungskursunterschieden kommt der Auftraggeber günstiger weg, als wenn er all das selbst tun würde. Schnelles Internet, Filesharing und IP-Telefonie machen es technisch möglich.

Ob so ein VPA für Privatpersonen überhaupt sinnvoll ist, wird allerdings immer wieder diskutiert. Das zusätzliche Problem in Deutschland: Eigentlich alle bekannten Unternehmen bieten nur englischsprachigen Service. Als ich für mein erstes Buch zu diesem Thema recherchierte, stellte es sich als nahezu unmöglich heraus, einen deutschsprachigen VPA zu erschwinglichen Preisen zu finden. Doch gerade als ich dachte, das Problem sei nicht zu lösen – oder dass ich vielleicht der einzige Deutsche mit derart abseitigen Bedürfnissen war, passierten zwei Dinge gleichzeitig: Der BWL-Student Bastian Kröhnert schrieb mir. Er hatte mein Buch gelesen sowie das von Tim Ferriss. Er sah in den Virtuellen Persönlichen Assistenten ein Geschäftsmodell, mit dem er sich nach dem Studium, in ein paar Monaten, selbstständig machen wollte. Er plante, zusammen mit einem Kommilitonen, den ersten deutschsprachigen VPA-Dienst zu starten und bot mir an, ihn als Erster zu testen. Natürlich habe ich Ja gesagt. Fast gleichzeitig erreichte mich eine Nachricht aus Indien: GetFriday, der größte dortige Anbieter von Assistenten, hatte nun erstmals seinen Service auch auf Deutsch im Programm. Die Sache wurde spannend.

Ich beschloss, die beiden neuen Angebote für einen Zeitschriftenartikel zu testen und zu vergleichen. Ein paar Tage sowie wenige E-Mails und Telefonate später stand mein Team internationaler Assistentinnen: Sneha Rajaram in Bangalore und Marta Krzyzanowska im polnischen Wielun bei Lodz. Jeden Vormittag fand ich nun eine E-Mail in meinem Posteingang: „Lieber Markus, ich wünsche Dir einen sehr schönen Morgen. Anbei die Ergebnisse Deiner Anfrage!“ Ich war plötzlich Arbeitgeber. Ich delegierte, gab in Auftrag, lobte, verbesserte, motivierte. Und es fühlte sich gut an. Die beiden suchten mir den günstigsten Flug nach Bangkok raus und die beste kleine Videokamera. Sie reservierten mir einen Tisch im Restaurant, verabredeten dienstliche Telefontermine und halfen mir bei privaten und beruflichen Recherchen.

Während Marta eher still vor sich hinarbeitete und dann Ergebnisse schickte, schrieb Sneha öfter mal eine Mail zwischendurch oder rief kurz an. Vielleicht denke ich noch nicht global genug, aber ich fand den Gedanken, mit Indien zu telefonieren, irrsinnig exotisch. Und Telefonkosten scheinen bei GetFriday keine Rolle zu spielen – alles läuft über IP-Telefonie, also das Internet. Fürs persönliche Verhältnis ist das häufigere Telefonieren gut – streng genommen ist es aber nicht nötig und an stressigen Tagen wäre es vielleicht auch mal störend. Aber ich musste ja nicht rangehen. Ich war ja jetzt Chef.

Am Ende der zwei Wochen merkte ich, wie sehr ich mich an die beiden gewöhnt hatte. Klar: Manchmal ist es scheinbar mehr Arbeit, eine kleine Aufgabe zu formulieren, als sie schnell selbst zu erledigen. Aber das ist natürlich genau der Denkfehler, den Menschen machen, die nicht delegieren können. Viele kleine Aufgaben, die mir den Tag zerhacken, mich zwischendurch immer wieder aus wichtigeren Dingen reißen, für die ich mich konzentrieren muss oder die ich wochenlang auf der To-do-Liste vor mir herschiebe, weil ich irgendwie keine Lust habe – das sind die Feinde effizienter Produktivität. Dann lieber eine schnelle Mail an die Assistentin und ich kann die Sache erst mal vergessen. Und der Preis? Es kostet, je nach Tarif, zwischen fünf und 15 Euro die Stunde. Ich leiste mir ja auch eine Putzfrau, bringe mein Fahrrad in die Werkstatt oder meine Hosen zum Schneider. Nicht weil ich zu faul wäre. Na gut, oft auch das. Vor allem aber weil die Rechnung einfach ist: Sobald mein Stundenlohn den des Dienstleisters übertrifft, lohnt es sich nicht mehr, Dinge selbst zu tun. Vorausgesetzt, ich kann in derselben Zeit auch selbst Geld verdienen.

Snehas Chef ist Sunder Prakasham, CEO von GetFriday. „Wir hatten schon immer Kunden aus Deutschland, Österreich und der Schweiz, die unseren englischsprachigen Service genutzt haben, insofern war es ein natürlicher Schritt, das auch in Deutsch anzubieten", erzählt er mir im Interview. „Vor allem wegen des als Folge der Rezession neu erwachten Interesses am Outsourcing, insbesondere in Europa." Menschen, die vorher nie daran gedacht hätten, Aufgaben nach Indien zu geben, würden sich nun, in und nach der Krise, für die Idee erwärmen. Sein deutsches Team besteht zwar erst aus vier Mitarbeitern – im Vergleich zu 200 Mitarbeitern insgesamt –, aber das will Sunder Prakasham schnell erweitern.

Martas Arbeitgeber Bastian Kröhnert, der inzwischen ehemalige BWL-Student, interessiert sich bei der ganzen Angelegenheit vor allem für den Aspekt der Geoarbitrage, also des Ausnutzens weltweit unterschiedlicher Währungskurse und Lohnniveaus: „Die eigene Zeit intelligent nutzen und durch Outsourcing Dinge an dem Ort erledigen lassen, an dem sie am günstigsten sind. Das ist meine Vision von effizienter Arbeit und der optimalen Kombination von vorhandenen Ressourcen. Durch die Ausnutzung neuer Möglichkeiten in einer globalisierten Welt ist es heute möglich, von jedem Ort der Welt aus mithilfe eines normalen Laptops zu arbeiten und dabei mehr Geld zu verdienen als in einem 8-Stunden-Bürojob."

Wie viel Zeit bleibt uns, unsere Träume zu verwirklichen?

Das Ziel der Initiative: Neben einem interessanten Geschäftsmodell geht es für junge, gut ausgebildete und global mobile Berufsanfänger wie Kröhnert vor allem um eine grundsätzlich andere Haltung zu Karriere, Erfolg und Glück. Er hat recherchiert und gerechnet: Die durchschnittliche Lebenserwartung deutscher Männer beträgt 75 Jahre, Frauen werden im Schnitt 80. Kröhnert: „Für mich heißt das, dass mir noch etwa 53 Jahre bleiben." Also hat er schon als Student die Rechnung aufgemacht, wie viel echte Lebenszeit er hat, um seine Träume zu verwirklichen: „53 Jahre stehen mir zur Verfügung. Das sind, Schaltjahre nicht berücksichtigt, knapp über 19 000 Tage. Hört sich schon viel weniger an. Trotzdem kann ich in 19 000 Tagen noch eine Menge schaffen. Vorausgesetzt, ich nutze meine Zeit richtig." Dann zeichnet er zwei Szenarien. Das erste nennt er „Karriere machen" und es sieht so aus:

Ich studiere zurzeit BWL und mache in ein paar Monaten meinen Bachelor. Angenommen, ich mache anschließend meinen Master, bleiben mir noch knapp 18 000 Tage, um meine Träume zu verwirklichen. Wie sähe mein typischer Tag aus, wenn ich Karriere machen würde? Ich würde morgens um acht aufstehen, duschen, frühstücken etc. und dann um neun Uhr anfangen zu arbeiten. Um fünf Uhr hätte ich theoretisch Schluss, aber weil ich Karriere machen will, muss ich mich irgendwie positiv abheben. Außerdem erwartet man von einem strebsamen, jungen Manager, dass er sich besonders engagiert und noch ein paar Stunden im Büro bleibt. Nehmen wir also an, dass ich um 19 Uhr aus dem Büro komme. Zwischendurch hatte ich ein paar Pausen, also habe ich insgesamt vielleicht neun Stunden gearbeitet. Soviel ist das doch gar nicht, oder? Trotzdem ist es 20 Uhr, als ich nach Hause komme. Ich bin zu erschöpft, um noch etwas mit Freunden zu machen. Also setze ich mich vor den Fernseher und mache mir in der Mikrowelle ein Fertiggericht. Um 23 Uhr bin ich zu müde, um die Augen noch aufzuhalten und das nächste, was ich wahrnehme, ist mein Wecker, der mich am nächsten Morgen viel zu früh aus den Träumen reißt.

Die traurige Bilanz ist, dass ihm in diesem Szenario von den 18 000 Tagen keine Zeit mehr zur Verfügung steht, um Dinge zu tun, die er im Leben wirklich tun möchte: „Bin ich also quasi schon tot, obwohl mir noch 53 Jahre in meinem Leben bleiben?", fragt er sich. „Oder soll ich mich etwa auf eine mögliche Rente freuen, um mich die letzten zehn Jahre meines Lebens von den 65 Jahren davor zu erholen?" An dieser Stelle kommt das zweite Szenario ins Spiel. Er nennt es „einen Lifestyle erschaffen":

Anstatt jeden Tag von morgens bis abends bei meinem Arbeitgeber zu verbringen, um irgendwann genug Geld zu verdienen und genug Einfluss zu haben, um das Leben richtig genießen zu können, kann ich auch gleich anfangen, mir auf anderen Wegen Einkommen zu schaffen und meine Zeit besser zu nutzen. Ich teile mir meine Zeit so ein, dass ich einen Großteil mit den Dingen verbringe, die mir Spaß machen. Ich erledige keine Aufgabe selber, die ich delegieren kann. Ich gehe intelligent mit meiner Zeit und meinem Geld um. Ich beschäftige mich jeden Tag damit, das Geld, das ich schon habe, vernünftig wieder einzusetzen und baue jeden Tag mein eigenes Geschäft weiter aus. Ich schaffe mir passives Einkommen und baue mir nebenbei mein eigenes Unternehmen auf. Ich heble meine Zeit, indem ich mit Virtuellen Assistenten zusammenarbeite. In einer Stunde meiner Zeit kann ich jetzt so viel erreichen, wie vorher an einem ganzen Tag.

Die neuen Laptop-Unternehmer

Zwar zeigen Beispiele wie das von Andreas Stammnitz oder Bastian Kröhnert einen enormen Willen junger gut ausgebildeter Arbeitnehmer, sich mit innovativen Geschäftsideen selbstständig zu machen und dabei durchaus ganz groß und sogar global zu denken. Dennoch gilt bei uns in der Regel: Ein Deutscher, der behauptet, Unternehmertum sei endlich „cool" geworden, wird unter dem begründeten Verdacht stehen, Wahlwerbung für die Jungen Liberalen zu machen – und das noch eher ungeschickt. Es muss also die hochseriöse und in eigentlich allen politischen Lagern gelesene britische Wirtschaftszeitung The Economist kommen, um diese These glaubwürdig zu vertreten. „Entrepreneurialism has become cool" – der Satz stand als Motto über einem großen Artikel, den die Engländer kürzlich veröffentlichten – wohlgemerkt mitten in der Wirtschaftskrise.

Victor Hugo, so stand da zu lesen, habe einmal bemerkt, man könne sich einer einmarschierenden Armee entgegenstellen, aber nicht einer Idee, deren Zeit gekommen ist. „Diese Idee", so der Economist triumphierend, „ist heute das Unternehmertum."

Der Erfolg dieses neuen Gründergeistes sei getrieben von einem grundlegenden technologischen Wandel. Drei Erfindungen demokratisieren die Welt der Selbstständigen in atemberaubender Geschwindigkeit: der Computer, das Mobiltelefon und das Internet. Heute können selbst Erfinder ohne große finanzielle Mittel Märkte erreichen, die einst gigantischen Organisationen vorbehalten waren.

Das Internet ist für Jungunternehmer eine unerhört billige Plattform, um darauf interaktive Geschäftsmodelle zu verwirklichen. Wir kennen die Geschichten: Meg Whitman wurde reich, indem sie den Online-Marktplatz eBay erfand, auf dem Menschen voneinander Dinge kaufen, ohne sich zu treffen. Blogger und Twitterer vermelden immer wieder die aktuelleren News als etablierte Zeitungen – und bedienen vor allem Nischeninteressen zielgerichteter. Das sogenannte „Cloud Computing", bei dem alle Daten auf gemieteten Servern liegen und von überall aus abrufbar sind, lässt jedermann noch effektiver die früheren Vorteile großer Konzerne genießen – ohne deren horrende Kosten: „Kleinunternehmer können ihre Computer oder Laptops benutzen, um Zugang zu hochkomplexen Dienstleistungen zu erhalten – ob sie in ihrem Büro sitzen oder in einem Hotel am anderen Ende der Welt“, schreibt der Economist begeistert.

Das Mobiltelefon war fast ebenso revolutionär. 4,4 Milliarden Menschen besitzen heute schon ein solches Gerät – mehr als die Hälfte der Weltbevölkerung. Diese Technologie erlaubt es neuen Unternehmern, in einen der bislang meistregulierten Märkte der Welt einzubrechen: Telekommunikation. Viele Entwicklungsländer überholen reichere Staaten in diesem Bereich, indem sie direkt von keinem Telefonnetz zu Mobilfunk übergehen und sich die Phase der Festnetzanschlüsse sparen.

Überhaupt wird das Mobiltelefon gerade zur Lieblingsplattform von Innovatoren mit Gründergeist. Ein komplett neuer weltweiter Markt entstand allein durch jene „App“ genannten kleinen Programme, die man für wenige Euro oder Cent auf sein iPhone herunterladen kann. Apple stellt über den iTunes-Store die globale Vertriebsinfrastruktur, Produkte anbieten kann jeder. Ethan Nicholas arbeitete für Sun Microsystems und hat in Eigenregie ein kleines Spiel für das Smartphone gebastelt, mit dem er nun täglich etwa 37 000 Dollar verdient. Auch Steve Demeter hat ein iPhone-Game programmiert, das er über den App-Store für 4,99 Dollar verkauft. Gleich in den ersten zwei Monaten nahm Demeter mit „Trism“ 250 000 Dollar ein – seinen alten Job hat er nun gekündigt. Wie niedrig die Eintrittsbarrieren für diesen weltweiten Marktplatz sind, zeigt Lim Ding Wen aus Singapur. Er hat ein Malprogramm für Kinder namens „Doodle Kids“ geschrieben, das zufällige Formen und Farben auf den iPhone-Bildschirm zeichnet. Die Applikation wurde bereits über 4 000-mal heruntergeladen. Lim ist neun Jahre alt.

Das wohl interessanteste deutsche Beispiel dieser Entwicklung ist die Firma Cultured Code, die mit dem Programm Things eine einfache, effektive und enorm erfolgreiche Anwendung fürs Umsetzen von David Allens „Getting-Things-Done“-Methode geschrieben hat. Things gibt es für den Computer und fürs iPhone, die darin verwalteten Aufgaben und Projekte lassen sich zwischen den Plattformen synchronisieren. So etwas hatte gefehlt, als Cultured Code die Anwendung Ende 2008 präsentierte. Allein die iPhone-App wurde bislang etwa 200 000-mal heruntergeladen. Bei einem Preis von 7,99 Euro macht das Einnahmen von mehr als 1,5 Millionen Euro. Ich wollte vom Gründer Jürgen Schweizer wissen, was diesen Erfolg mitten in der Wirtschaftskrise möglich gemacht hat:

Things ist eine der erfolgreichsten deutschen iPhone-Apps. Haben Sie damit gerechnet?

Jürgen Schweizer: Den heutigen Erfolg von Things habe ich durchaus als Möglichkeit am Horizont gesehen. Ihn tatsächlich eintreten zu sehen, ist aber eine ganz andere Sache! Manchmal war – statt Freude – Verblüffung sogar die stärkere Reaktion. Man darf nicht vergessen, dass mit dem Erfolg auch die Verantwortung wächst. Vor dem App-Store-Launch Ende 2008 haben wir größtenteils auf eigene Rechnung von zu Hause aus gearbeitet. Inzwischen haben nicht nur die vier Teilhaber ein Auskommen, wir haben auch vier weitere feste Mitarbeiter eingestellt. Darüber hinaus arbeiten wir mit freien Mitarbeitern zusammen, von denen zwei fest übernommen werden sollen.

Wie kamen Sie auf die Idee zu dem Produkt und welche ersten Schritte waren nötig?

Schweizer: Wir erleben ja alle, wie die Menge an Informationen, die man zu bewältigen hat – und sei es nur, indem man sie guten Gewissens ignoriert – immer mehr zugenommen hat. Und das gilt nicht erst, seitdem das Internet zu einem allgegenwärtigen Erfolg geworden ist. Mein ursprüngliches Bedürfnis war es, ein allgemeines Werkzeug zur Informationsbewältigung zu schaffen. Aber das ist natürlich ein viel zu umfangreiches Problemfeld. Für mich war es dann die Lektüre von David Allens „Getting Things Done“, die mir die Augen dafür geöffnet hat, wie man aus dem großen Problemfeld einen machbaren Teil herauslösen kann.

Erklären Sie bitte kurz, was Things eigentlich ist. Wer sind Ihre Kunden und aus welchen Ländern kommen sie?
Schweizer: Der Name des Programms Things bezieht sich auf die englische Formulierung „getting things done“. Es ist ein Programm mit dem Ziel, das Leben besser geregelt zu bekommen. Obwohl es zunächst sehr einfach und zugänglich daherkommt, leistet es weit mehr, als man von den üblichen Kalenderanwendungen gewohnt ist. Unsere Kundschaft ist sehr international, hauptsächlich aus entwickelteren Ländern. Die USA stellen zurzeit den größten Markt dar. In jüngster Zeit haben wir uns sehr um den japanischen Markt gekümmert.

Wie erklären Sie sich das aktuelle Interesse an persönlicher Produktivität?
Schweizer: Das Bedürfnis, die eigene Produktivität zu verbessern, ist ein altes. Neuer ist das Internet als Möglichkeit, sich darüber zu verständigen und Anregungen auszutauschen. So ist auch aus David Allens klarsichtiger Analyse und GTD-Methode eine Mode geworden. Und das ist ganz und gar nicht abwertend gemeint. So sind Leute in den Genuss seiner Einsichten gekommen, die man in Buchhandlungen niemals in der Ecke mit Management und Beratungslektüre gefunden hätte. Das Interesse an persönlicher Produktivität und das zunehmende mobile und flexible Arbeiten sind beide ein Reflex auf unklarer und wandelbarer gewordene Rollendefinitionen und Arbeitsfelder.

Das heißt?
Schweizer: Hochstrukturierte Gesellschaften wie die unsere bringen natürlicherweise immer mehr Informationsarbeit hervor. Neu ist aber, dass es praktisch keine physikalischen Grenzen für die Informationsübermittlung mehr gibt. Dieses permanente Gefühl von Gleichzeitigkeit und Machbarkeit erzeugt einen Druck, selbst als Arbeitnehmer flexibler und wandelbarer zu werden. Dieser Druck wird natürlich von Freiberuflern und Managern zuerst wahrgenommen, aber mit Sicherheit auch an Angestellte weitergegeben.

Kann wirklich jeder dank der Infrastruktur des App-Stores aus dem Stand zum globalen Unternehmer werden?
Schweizer: Der App-Store hat die Einstiegshürde so klein gemacht, dass man sich kaum noch eine Verbesserung vorstellen kann. Der Weg zum Kunden wird einem komplett von Apple abgenommen. Ein Eldorado, wie manche glauben, ist der App-Store dennoch nicht. Bei mehr als 50 000 Anwendungen ist es keine einfache Aufgabe, auch bemerkt zu werden. Es ist also wirklich leicht, zum globalen Unternehmer zu werden. Aber zu einem erfolgreichen Unternehmer? Das ist eine andere Frage.

Welche weiteren Ursachen für eine neue Gründerkultur sehen Sie?
Schweizer: Das Internet hat die Wichtigkeit von zwischengeschalteten Distributoren stark schrumpfen lassen und in manchen Fällen komplett zum Verschwinden gebracht. Seit den Anfängen des Internets ist es immer einfacher geworden, Kunden zu erreichen. Für die Abwicklung des Geldverkehrs gibt es Dienstleister. Das Anmieten von Serverkapazitäten ist von Jahr zu Jahr günstiger geworden; bis hin zu extrem leistungsfähigen und skalierbaren Lösungen wie Amazons sogenanntem „elastic cloud computing“. Open-Source-Software für Blogs und Internetforen ermöglicht es, schnell und günstig Inhalte zu verbreiten. Sowohl die Werkzeuge zur Softwareentwicklung als auch das Wissen, wie man es anstellt, sind über das Internet zu bekommen. Clevere junge Leute müssen keine teuren Kurse oder Lehrgänge besuchen. Um die sogenannte „Ruby-on-Rails“-Technologie, mit der moderne Web-Anwendungen entwickelt werden können, ist eine ganze Kultur entstanden mit vielen Firmen, die auf agilen Prozessen basierend und in enger Zusammenarbeit mit den Ideengebern ihre Entwicklungsarbeit anbieten.

Was bisher nur Konzerne konnten, wird also zunehmend für kleine und kleinste Unternehmen möglich: Online-Services machen es möglich, alle Produktionsstufen von der Herstellung über den Vertrieb bis zu Buchhaltung, Servern und Callcentern virtuell outzusourcen. Gerade in wirtschaftlich schwierigen Zeiten sind diese Dienstleistungen zudem deutlich günstiger einzukaufen – ein idealer Zeitpunkt, zum globalen Unternehmer zu werden. Überall auf der Welt entstehen sogenannte „Mom and Pop Multinationals“ – kleine Firmen, die oft nur aus einer oder wenigen Personen bestehen, aber einen weltweiten Markt bedienen.

Niemand verkauft von seinem Wohnzimmer aus Autos. Aber zum Beispiel Nahrungsergänzungsmittel, Mode oder Software. Sogar das gute alte Handwerk kann in diesem Kontext ein technologisch befördertes Comeback erfahren: „Wir erleben den Aufstand des Selbermachens gegen eine anonyme industrielle Massenproduktion“, sagen die Autoren Holm Friebe und Thomas Ramge in ihrem Buch „Marke Eigenbau“: Die Vorboten dieser „listenreichen und verstreuten Revolution“ seien „boomende Webplattformen für Handgemachtes, neue Märkte für hochwertige und ökologische Produkte zu fairen Preisen sowie die Renaissance der Manufakturen“. Auch wenn bei dieser vielleicht ein wenig zu rosig gezeichneten Sozialutopie ein wenig der Wunsch Vater des Gedankens sein mag, ist eine Grundprämisse dieser These doch unstrittig: Der neue Unternehmer braucht heute an Produktions- und Vertriebsmitteln oftmals nur noch einen Laptop.

Eine Generation von Gründern

Die neu gewonnene Faszination, die die Selbstständigkeit für viele plötzlich bietet, muss vor dem Hintergrund eines breiteren kulturellen Wandels gesehen werden, der „Unternehmertum in den Mainstream gebracht hat“, so der Economist. „Eine Aktivität, die einst als peripher, vielleicht sogar verwerflich betrachtet wurde, ist cool geworden, wird von Politikern gerühmt und von der nachwachsenden Generation begeistert angenommen.“

Auf der ganzen Welt beginnen Wirtschaftswissenschaftler, sich mit dieser Entwicklung zu befassen. Das ist neu. In fast der gesamten Nachkriegszeit waren Gründer und Erfinder nur selten Gegenstand akademischer Betrachtung. Forscher interessierten sich mehr für die traditionellen Produktionsfaktoren: Land, Arbeit und Kapital sowie den Preismechanismus. Joseph Schumpeter war nahezu der einzige Ökonom, der die Meinung vertrat, nicht niedrigere Preise, sondern neue Ideen seien die beste Waffe im Wettbewerb.

Heute haben die Wissenschaftler erkannt, dass Gründergeist in einer wissensbasierten Wirtschaft eine wichtige Rolle dabei spielt, neue Unternehmen zu schaffen, neue Ideen zu kommerzialisieren und ganz allgemein herauszufinden, welche Produkte und Services funktionieren und welche nicht. Für William Baumol, Professor an der New York University und einer der wichtigsten Wirtschaftswissenschaftler der Welt, stehen Unternehmer im Zentrum seiner Wachstumstheorie. Paul Romer, der an der Standford Universität lehrt und dem Time-Magazin als einer der 25 wichtigsten Amerikaner gilt, argumentiert, dass „Wirtschaftswachstum entsteht, wenn Menschen Ressourcen nehmen und sie in einer Weise neu arrangieren, die sie wertvoller macht. Es entspringt aus besseren Rezepten, nicht einfach aus noch mehr Kochen.“ Auch Nobelpreisträger Edmund Phelps glaubt, dass die Einstellung einer Volkswirtschaft zum Unternehmertum einen großen Einfluss auf ihr Wirtschaftswachstum hat.

Einen weiteren Grund für die neue Popularität des selbstständigen Gründers sieht der Economist zu Recht darin, dass „der Gesellschaftsvertrag zwischen großen Unternehmen und ihren Angestellten gebrochen wurde“. Diese Unternehmen boten früher langfristige Sicherheit im Austausch für unbeirrbare Loyalität. Doch seit den 1980er-Jahren funktioniert dieser Tausch zunehmend nicht mehr – die Firmen dünnen ihre Personaldecke mehr und mehr aus. Noch in den 60er-Jahren hatten Menschen in den Industrienationen im Durchschnitt vier verschiedene Arbeitgeber gehabt, wenn sie 65 Jahre alt waren. Heute hatten sie im Alter von 30 schon acht. Dadurch hat sich die Einstellung der Menschen zu Sicherheit und Risiko gewandelt, so der Economist: „Wenn ein Job in einer großen Organisation so schnell verschwinden kann, erscheint er weniger attraktiv. Besser, man schafft sich seinen eigenen.“

Der Businessplan zur Meconomy

Als das amerikanische Time-Magazin im Sommer 2009 eine Titelgeschichte zur Zukunft der Arbeit veröffentlichte, wirkte das ein wenig zynisch. Hunderttausende hatten gerade ihre Jobs verloren, viele mehr bangten um ihre Existenz, während große Marken wankten und vormals sichere Arbeitgeber ins Straucheln gerieten. Aber es nützte ja nichts. Diese Krise war nicht der Auslöser, sicher aber der Beschleuniger eines fundamentalen Wandels der Art und Weise, wie wir alle unser Geld verdienen. Die neuen Regeln liegen auf dem Tisch und nur wer sie verinnerlicht, wird künftig mitspielen. Was also sind die Rahmendaten dieses Wandels? Time formuliert sie folgendermaßen:

„Vor zehn Jahren gab es kein Facebook. Zehn Jahre davor existierte nicht mal das World Wide Web. Also wer weiß, welche Jobs in einer weiteren Dekade entstanden sein werden? Auch wenn die Arbeitslosigkeit derzeit auf Rekordhöhe steigt, werden Arbeitsplätze irgendwann zurückkehren. Nur werden sie dann ganz anders aussehen. Niemand wird mehr einfach dafür bezahlt, im Büro aufzutauchen. Die Arbeitswelt wird flexibler, freiberuflicher, kollaborativer und deutlich unsicherer werden. Eine neue Generation mit neuen Werten wird an der Macht sein – und zunehmend auch Frauen. Das sind die Arten, in denen Ihr Job sich ändern wird. Oder es in Wahrheit schon getan hat.“

Ein Harvard-Student, der 21-jährige Alex Lavoie, bringt es für seine Generation auf den Punkt: „Es gibt definitiv Nachteile, dass es schwerer geworden ist, einen Job zu finden. Aber es hat die Menschen auch gezwungen, härter darüber nachzudenken, was sie wirklich wollen, anstatt nur dem standardisierten Pfad zu folgen.“ Zum ersten Mal wollen nicht mehr automatisch die meisten der High Potentials im Finanzsektor arbeiten. Sie werden stattdessen lukrative Jobs finden, die technologische und analytische Fähigkeiten erfordern – denn von diesen gibt es immer mehr. Laut dem Beratungsunternehmen McKinsey entstanden 85 Prozent der neuen Arbeitsplätze zwischen 1998 und 2006 im Bereich der komplexen Wissensarbeit wie Problemlösung und Unternehmensstrategie. Der Trend wird sich fortsetzen. Mathematiker und allgemein Wissenschaftler werden ebenfalls gesucht, und vor allem Jobs in den Bereichen Netzwerke, Datenkommunikation und Softwareprogrammierung sind künftig wohl stark nachgefragt. Schätzungen zufolge wird die Zahl der Stellen im Sektor der Informationstechnologie um 24 Prozent steigen.

„Die spannende Frage ist: Was wird das nächste große Ding, der nächste Umsatzbringer?“, sagt Mark Dinan, ein Headhunter im Silicon Valley: „Cloud Computing? Nanotechnologie? Gentechnik?“ Was auch immer die Antwort sein wird – sie wird von Firmen kommen, die Unternehmer heute leichter denn je erfinden – und zerstören – können als jemals zuvor – denn die Kosten von Start-ups sinken dramatisch schnell. Richard Freeman, Arbeitsexperte des amerikanischen National Bureau of Economic Research, sagt, „es wäre das Beste für die aktuelle Wirtschaftssituation, wenn diese blitzschnellen, aggressiven Studenten von Eliteunis wie Harvard jetzt Gründer würden, neue Geschäftsmodelle finden“. Warum nicht auch in Deutschland?

Der nächste Punkt, den das große US-Nachrichtenmagazin für die Zukunft der Arbeit als relevant ansieht, dürfte uns in Deutschland bekannt vorkommen: Wir werden alle später in den Ruhestand gehen. Bei uns wurde das Rentenalter bereits auf 67 angehoben, um die marode Rentenversicherung über die Runden zu bekommen. Schon heute arbeiten Männer bis zum Eintritt in den Ruhestand so lange wie seit 31 Jahren nicht mehr. 2008 gingen Männer in Westdeutschland im Schnitt erst mit 63,5 Jahren in die Altersrente, laut Rentenversicherung der höchste Wert seit 1978. Im Osten waren es 63 Jahre, der höchste Stand seit 1993. Doch angesichts der demografischen Entwicklung und der stetig seltener werdenden lebenslangen Festanstellungen fehlt es in Zukunft zunehmend an Einzahlern. Immer weniger Junge müssen das Geld für immer mehr Rentner aufbringen. Kaum ein Experte glaubt darum, dass es bei 67 als Renteneinstiegsalter bleibt. Nur wenn alle länger zahlen und später (und kürzer) beziehen, kann das System weiter bestehen. Was wir eines Tages ausgezahlt bekommen, ist dabei unklar. Die Renten werden wohl irgendwann sinken müssen. Löchrige Erwerbsbiografien tun das Übrige. Laut einer aktuellen Studie von Bernd Raffelhüschen vom Forschungszentrum für Generationenverträge der Albert-Ludwigs-Universität Freiburg hat die Hälfte der Versicherten zwischen 20 und 35 Jahren lediglich einen Rentenanspruch von weniger als 958 Euro zu erwarten.

Doch es gibt auch Gruppen, die von dieser Entwicklung profitieren werden. Für Frauen klingt die berufliche Zukunft in der Meconomy zum Beispiel vielversprechend. Sie werden öfter und länger als heute arbeiten, denn Mütter werden – zusammen mit den Vätern – Familie und Job besser unter einen Hut bekommen. Gleichzeitig werden die spezifisch weiblichen Eigenschaften im Berufsleben immer wichtiger, einmal vorausgesetzt, diese existieren tatsächlich. Time ist davon überzeugt: „Frauen sind auf eine positive Art weniger konkurrenzbetont. Sie suchen den Konsens, vermitteln und kollaborieren, und sie stehen für einen sogenannten transformativen Führungsstil: stark engagiert, motivierend, perfekt geeignet für die derzeit entstehenden weniger hierarchischen Arbeitsumfelder." Schon heute schaffen weibliche Pioniere und kluge Unternehmen Arbeitsumgebungen, in denen es auf Ergebnisse ankommt, nicht auf die Zeit, die jemand an seinem Schreibtisch verbringt. Auf Effizienz statt auf Kollegentratsch. Darauf, den Job auf die beste Art zu erledigen – ob mit einer Dreitagewoche, abends, wenn die Kinder im Bett sind, oder mit dem Laptop von Starbucks aus. Für viele konkrete Beispiele dieser neuen Arbeitswelt empfehle ich wiederum die Lektüre von „Morgen komm ich später rein".

Die wachsende Bedeutung der Kreativwirtschaft

Es klingt wie ein Klischee, aber es ist ja wahr: In der Berufswelt von morgen können wir alle kreativ sein – und müssen es sogar. Modemacher und Künstler, Webdesigner und Journalisten, Entwicklungsingenieure und Marketingmanager – sie alle handeln mit Waren, deren Hauptwert nicht in den Atomen besteht, aus denen sie gemacht, sondern in den Ideen, aus denen sie entstanden sind. Die Kreativwirtschaft ist also wie vielleicht kaum eine andere Branche geeignet, als Vorreiter der Meconomy zu gelten, denn ihre Vertreter leben ja davon, dass sie sich nicht auf ausgetretenen Pfaden bewegen, dass sie sich ständig neu erfinden, dass sie – hoffentlich jedenfalls – ihre Leidenschaft zum Beruf gemacht haben. Zugegeben, Kreativität ist ein schwammiger Begriff und was so unter dem Begriff der Digitalen Boheme verhandelt wird, der Lifestyle von Berlin Mitte, wo amerikanische Maler, französische Barkeeper, schwäbische Köche und niedersächsische Blogger ein Biotop aus Spaß, Selbstverwirklichung und neuen Geschäftsmodellen zelebrieren, hat mit dem Rest der Republik nicht viel zu tun, und irgendwie mag man auch nicht mehr hören, dass im Café St. Oberholz das WLAN umsonst ist und die Mieten insgesamt so niedrig, dass hier jeder alles ausprobieren kann.

Doch Vorsicht mit den Pauschalurteilen. Denn die Kreativwirtschaft – fasst man sie etwas weiter – entwickelt nämlich doch erhebliche Wirtschaftsmacht. Und zwar nicht nur in den angesagten Metropolen, sondern bundesweit. „Die Kultur- und Kreativwirtschaft hat gegen den allgemeinen Trend im Jahr 2008 positive Wachstumszahlen geschrieben“, sagt Dagmar Wöhrl, parlamentarische Staatssekretärin beim Bundesministerium für Wirtschaft und Technologie. „Mit einem Beitrag zur Bruttowertschöpfung in Höhe von 63 Milliarden Euro und einer Million Erwerbstätigen gehört sie auch im Branchenvergleich zu den Schwergewichten unserer Volkswirtschaft.“ Diese Dynamik gehe insbesondere auf das Konto der kleinen Unternehmen. Im Vergleich zu den wichtigsten deutschen Wirtschaftsbranchen liegt die Kultur- und Kreativwirtschaft mit einem Wertschöpfungsanteil von 2,6 Prozent am Bruttoinlandsprodukt ungefähr zwischen der Chemischen Industrie (2,1 Prozent) und der Automobilindustrie (3,1 Prozent). Der Umsatz ist auf 132 Milliarden Euro, die Zahl der Selbstständigen und Unternehmen von 2007 auf 2008 um 4,3 Prozent gestiegen. Insgesamt sind in diesem Bereich 238 000 Unternehmen und 763 000 sozialversicherungspflichtig Beschäftigte tätig. Wöhrl fordert denn auch: „Dieses Potenzial für Arbeitsplätze müssen wir unbedingt weiter stärken. Auch die kreativen Kleinunternehmen brauchen einen noch besseren Zugang zu den klassischen Fördermaßnahmen für den Mittelstand."

Soll ich gehen oder bleiben?

Jochen Mai, Ressortleiter „Beruf und Erfolg" bei der Wirtschaftswoche, gilt als Deutschlands führender Experte in Sachen Karriereplanung. Sein Buch „Die Karrierebibel" ist ein Bestseller, seine gleichnamige Website wird täglich von Tausenden Menschen angesteuert, die neueste Studien und Nachrichten rund ums berufliche Fortkommen suchen. Im Spätsommer 2009, die Wirtschaftskrise war noch auf dem Höhepunkt, machte Mai mal wieder eine Umfrage unter seinen Nutzern, wie er das regelmäßig tut. Doch diesmal war der Experte vom Ergebnis wirklich überrascht: Rund 70 Prozent der Leser waren bereit, ihren Job zu wechseln – 33 Prozent sogar lieber heute als morgen. Ein weiteres Drittel hätte den Schritt in Erwägung gezogen, wenn sie sich dabei verbesserten. Nur ein Viertel war mit seinem Job zufrieden. Bemerkenswert an der Umfrage für Mai: Kaum jemandem schien der Wechselschritt in der aktuellen Wirtschaftslage zu riskant. Sein erstes Fazit: „Offenbar dominiert durchweg das Motiv Jobzufriedenheit. Und um die ist es derzeit alles andere als gut bestellt." Ich wollte vom Karriereprofi wissen, wie er vor dem Hintergrund solcher Zahlen die Berufswelt von morgen einschätzt:

Herr Mai, erstaunlich viele Menschen waren selbst auf dem Höhepunkt der Krise bereit, ihren Job aufzugeben. Was sagt uns das über die Jobzufriedenheit in Deutschland, was über die Risikobereitschaft der Menschen?

Jochen Mai: Mit solchen Zahlen muss man vorsichtig sein: Die Bereitschaft zum Jobwechsel heißt noch nicht, dass die Leute tatsächlich wechseln. Sie spielen mit dem Gedanken – was allerdings in Krisenzeiten nichts Ungewöhnliches ist. Eine Langzeitstudie der R+V Versicherung etwa bescheinigt, dass der Arbeitsplatzverlust 2009 der größte Angstmacher der Deutschen ist. Das spricht nicht gerade für eine erhöhte Risikobereitschaft. Was man jedoch beobachten konnte, ist, dass sich tatsächlich einige Menschen selbstständig gemacht haben. Das waren aber vor allem hoch spezialisierte Fachkräfte mit langjähriger Berufserfahrung. Die erleben seit rund zehn Jahren, wie ihre bisherigen Arbeitgeber durch zwei heftige Krisen schlidderten. Und ich meine wirklich „schliddern“: Kaum ein Management brillierte dabei durch planende Voraussicht, strategische Weitsicht, mutige Visionen oder innovativen Esprit. Jene Eigenschaften, die die Manager zwar oft von ihren Topleuten verlangen, ohne sie aber selbst vorzuleben. Kein Wunder, wenn sich die wahren Talente dann abkehren und lieber ihr eigenes Ding machen – schlicht, weil sie es können.

Ist die Zeit der großen Selbstverwirklichung im Job angebrochen? Oder gilt das nur für wenige Berufsfelder und eine kleine Avantgarde?
Mai: Auch wenn die Antwort unbequem ist: Ich glaube, das gilt nur für eine Avantgarde. Die – und das ist die gute Nachricht – wächst allerdings in Deutschland. Zwei Entwicklungen sind dafür verantwortlich: Als Einwohner eines Hochlohnlands haben deutsche Arbeitnehmer nur eine Chance im internationalen Wettbewerb Schritt zu halten – sie müssen besser ausgebildet sein. Diese gefragten Spezialisten sind dann durchaus in der Lage, ihre Arbeitgeber und Arbeitsinhalte auszuwählen beziehungsweise mitzubestimmen. Die zweite Entwicklung hängt mit der zunehmenden Vernetzung bei den Dienstleistungsberufen zusammen. Breitbandinternet und immer leistungsstärkere mobile Rechner flexibilisieren die Arbeitswelt. Auch davon profitieren wiederum die Hochqualifizierten. Für einen Fahrzeugingenieur ist es schlicht egal, ob er das neue Supersparelektroauto daheim, im Büro oder in einer Palmenhütte mit Internetanschluss zusammen mit einem vernetzten Team entwickelt. Um im Bild zu bleiben: Der gering qualifizierte Monteur am Band hat diese Option allerdings nicht. Er muss in der Produktionsstraße stehen – und die wird sich dahin verlagern, wo die Löhne wettbewerbsfähig sind.

Jobanforderungen ändern sich ständig, es heißt, die in zehn Jahren wichtigsten Berufe seien heute noch gar nicht erfunden. Was bedeutet das für Fortbildung, Karriereplanung, lebenslanges Lernen?
Mai: Das heißt vor allem, dass man heute nicht davon ausgehen kann, in zehn Jahren noch denselben Job zu machen wie heute. Je nach Naturell ist das für manche ein Bedrohungsszenario – für andere eine große Erleichterung. Letztere haben alle Karrierevorteile auf ihrer Seite. Denn tatsächlich geht es künftig darum, neue – auch mobile – Arbeitsweisen und Techniken möglichst rasch zu adaptieren, um so wettbewerbsfähig zu bleiben. Das klingt für Arbeitnehmer zunächst ungewöhnlich. Ich glaube aber, dass die Berufsform des „angestellten Unternehmers" die künftig vorherrschende Form ist: Wir alle sind dann mehr und mehr selbst dafür verantwortlich, in unsere persönliche Weiterentwicklung zu investieren – sei es durch Coaching oder E-Learning. Ich glaube nicht, dass die Arbeitgeber die permanente Personalentwicklung noch lange als ihre Kernaufgabe ansehen werden, schon aus Kostengründen.

Dieses E-Learning wird einfacher und günstiger. Ein Feld, das jeder zunehmend beherrschen muss?
Mai: So, wie die Bedeutung des sogenannten Wissensarbeiters steigt, gewinnt auch die Wissensgenerierung an Gewicht. Und dazu gehört das Kommunizieren und Vernetzen auf allen möglichen Kanälen: an den Unis, in Social Networks, in Fachgruppen, in Blogs. Überall dort wird Wissen ausgetauscht und weiterentwickelt. Das bedeutet aber zweierlei: Um Teil dieser Gruppen zu sein, kann man nicht nur Wissen einseitig absaugen, man muss eigenes Wissen auch mit anderen teilen. Präsentieren, diskutieren und vermitteln zu können sind daher mindestens ebenso wichtige Anforderungen für den Arbeitnehmer der Zukunft wie das Verstehen, Vernetzen und Lernen.

Was uns zum Selfbranding bringt. Gilt das überhaupt für Angestellte – braucht heute jeder Blog, Twitteraccount, Website? Was ist das Minimum, das man bedienen muss?

Mai: Jeder braucht sicher nicht alles. Und bei Weitem nicht jeder Arbeitnehmer muss zum Internetpopstar mutieren. Woran aber keiner künftig vorbeikommt, ist, im Netz präsent zu sein – oder anders gesagt: auffindbar. Schon heute sondiert jeder zweite Personaler Bewerber über deren Onlineprofile. Und ich gehe fest davon aus, dass es schon bald 80 bis 90 Prozent sein werden. Der sprichwörtliche erste Eindruck, den wir von einem anderen Menschen bekommen, findet heute meist im Internet statt. Und da es für den bekanntermaßen keine zweite Chance gibt, sollten wir alle genau darauf achten, welchen Eindruck wir dort vermitteln – professionell wie privat. Welche Seiten der Einzelne dafür wählt – ob Facebook, Twitter, Xing, Blog & Co. –, hängt dann individuell davon ab, was derjenige beruflich macht und wo ihn seine Zielgruppe vor allem sucht beziehungsweise erwartet zu finden. Xing ist in Deutschland eines der wichtigsten Businessnetzwerke, international ist es eher LinkedIn. Ein Blog wiederum lohnt sich eher für Leute, die tatsächlich etwas zu sagen und Lust am Schreiben haben. Twitter wiederum ist ein erstklassiges Instrument, um Wissen zu teilen, auf dem Laufenden zu bleiben oder neue Kontakte zu knüpfen. Ich bin ein großer Twitterfan.

Kann ich in dieser Arbeitszukunft mithalten?

Wer wird in dieser zukünftigen Arbeitswelt, die schon heute beginnt, noch gebraucht und wer wird nicht damit zurechtkommen? Darüber hat sich Seth Godin Gedanken gemacht, der Erfinder der modernen „Stämme“, den wir bereits am Anfang des Buches kennengelernt haben. In fünf oder zehn Jahren, so seine Prognose, werden Arbeitgeber uns gar nicht mehr dafür bezahlen, dass wir zu einem Gebäude fahren und dort etwas in den Computer tippen. Unter dem Druck einer unsicheren Wirtschaftslage werden die Bosse Arbeit an den niedrigsten Bieter versteigern, das heißt, die Jobs werden „erheblich stressiger sein. Sie werden kaum noch etwas damit zu tun haben, Worte oder Zahlen zu bearbeiten (das Internet kann das übernehmen). Es wird auch kaum noch Bedarf für Sachbearbeiter, Assistenten oder Rezeptionisten geben", so Godin. „Der Fokus wird vielmehr darauf liegen, die unersetzlichen Mitarbeiter zu finden und den Rest auszusourcen."

Wer ist unersetzlich? Godin glaubt: Menschen, die Kundenbeziehungen pflegen, digitale Communitys organisieren. Brillante Designer, energetische Erfinder und strenge Labortechniker. All diese Experten werden immer weniger in Büros mit ihren anonymen Fluren, Einzelzimmern und geschlossenen Türen antreten. Diese Struktur ist „zu teuer und zu langsam. Ich schicke meinem Mitarbeiter, der in einer anderen Zeitzone sitzt, lieber am Ende meines Arbeitstages ein Dokument und habe die Antwort auf meinem Rechner, wenn ich morgens aufwache. Wir treffen uns vielleicht nie, aber wir erledigen beide unersetzliche Arbeit."

Die Kehrseite: Was gemessen werden kann, wird gemessen werden. Der Chef und der Rest des Teams werden wissen, wann wir uns im Firmennetz anmelden, was wir tippen, welche Dokumente wir bearbeiten. Das Internet macht Teamarbeit an einem gemeinsamen Ziel einfacher und produktiver denn je. „Aber man weiß auch sofort, wenn ein Teammitglied Schwierigkeiten hat", so Godin, „denn das bremst alle aus." Manche Menschen werden diese sehr stressige, sehr schnelle und sehr flexible Arbeitsweise verstehen und lieben, in der sie wechseln zwischen ein paar Tagen alleine zu Hause und hochintensiven Teamsitzungen, die manchmal Mensch zu Mensch stattfinden, oft aber einfach online. „Andere werden sich die guten alten Zeiten zurückwünschen", so Godin, „als man im Stau stand, im Büro saß, Memos tippte, eine lange Mittagspause machte und wieder im Stau stand."

Der Experte selbst lässt keinen Zweifel daran, dass er zur ersteren Gruppe gehört. Dass er sich auf die neue Arbeitswirklichkeit freut, die Chancen darin sieht und sie eigentlich schon heute praktiziert: „Arbeit wird darin bestehen, einen Stamm zu organisieren, eine Bewegung aufzubauen und in Teams gemeinsam die Welt zu verändern. Alles darunter wird outgesourct werden an jemanden, der erheblich billiger und weniger privilegiert ist als Sie oder ich."

Vorsicht, Vereinsamung: die Coworking-Lösung

Wir gehen also bald immer weniger in Büros und arbeiten immer mehr mit Webtools, Videokonferenzen und in digitalen Workflows. Eines der größten Probleme wird dann die soziale Isolation sein, wenn man eigentlich nur noch im Heimbüro, am Flughafen oder im Hotel arbeitet. Es fehlen die Kollegen, es fehlt der kreative Austausch – und kurz gesagt fehlt auch auf die Dauer jede Menschlichkeit. Man wird zum griesgrämigen Eigenbrötler, der nur noch ungern vor die Tür geht und seine Freizeit mit Facebook, Twitter und dem Durchschauen nahezu endloser DVD-Boxen verbringt, vor allem weil diese ihm eine Gemeinschaft vorgaukeln, die er so nicht mehr hat. Ich weiß, wovon ich spreche: Ich habe nach dem Beginn meines Experiments der Easy Economy ein paar Monate meines Lebens damit zugebracht, viele Staffeln amerikanischer Serien wie Lost, Entourage oder The Wire durchzuschauen, und mein Kommunikationsbedürfnis auf halbstündlich abgesetzte Twitterkommentare beschränkt, bis meine Freundin mir die Leviten las, iPhone-Abhängigkeit bescheinigte und mich zu einigen Bieren mit echten Freunden in echten Kneipen verdonnerte. Sie hatte recht, ich musste mal wieder unter Menschen.

Ein ganz anderes Problem, für das es aber erstaunlicherweise dieselbe Lösung gibt, haben manche Manager großer Unternehmen: Sie würden gerne sehen, dass ihre Mitarbeiter moderne Arbeitsweisen ausprobieren, also auch mal mit dem Laptop ins Café gehen oder sich interdisziplinär mit anderen Berufsgruppen kreativ austauschen. Allein – die Mitarbeiter wollen gar nicht. Sie finden es klasse, jeden Tag für acht Stunden ins Büro zu gehen und um fünf Feierabend zu haben. „Ich weiß nicht mehr, was ich tun soll“, gestand mir der Marketingchef eines bekannten deutschen Konzerns, „ich habe meinem Team angeboten, einen Tag pro Woche zu Hause zu arbeiten oder im Sommer gern mal ein Meeting im Park zu machen. Dann würden sie auch mal auf andere Ideen kommen. Aber keiner hat Interesse daran.“ Der Mann war verzweifelt. Er glaubte an die Vorteile neuer, flexibler und mobiler Arbeitsformen. Aber seine Mitarbeiter waren – so sah er das – zu träge, um mitzuziehen.

Die Lösung für sowohl den vereinsamten Freiberufler als auch für die kreativitätsgehemmten Festangestellten heißt Coworking. Das ist ein neuer Begriff, der für Orte steht, an denen wildfremde Menschen sich treffen, um gemeinsam zu arbeiten. Klingt eigenartig? Fragen wir Sebastian Sooth, den Mitgründer des Berliner „Hallenprojektes" und Vordenker des Coworking in Deutschland, was das Ganze soll.

Sebastian Sooth: Coworking ist das gemeinsame Arbeiten an einem Ort. Coworking ist das produktive Arbeiten mit Gleichgesinnten in inspirierender, motivierender Atmosphäre im halböffentlichen Raum zwischen Großraumbüro, Home-Office und Café. Beim Coworking geht es nicht in erster Linie darum, an denselben Sachen zu arbeiten. Im Fokus steht das Schaffen einer Arbeitsumgebung, in der man selbstbestimmt gerne arbeitet und einfach soziale Kontakte mit anderen, ähnlich arbeitenden Menschen herstellen kann. Mit Coworking-Spaces entstehen Orte, die genau dafür eingerichtet sind.

Sind das Treffpunkte nur für Freiberufler und gelangweilte Heimarbeiter?
Sooth: Das Hallenprojekt verbindet Coworker, Coworking-Orte und Menschen, die Plätze für Coworking schaffen oder anbieten wollen. Auf Hallenprojekt.de kann man diese Orte finden, andere Coworker treffen und sehen, wer gerade wo und woran arbeitet. Das Hallenprojekt versteht sich als Plattform für alle, die gerne mobil arbeiten – und wissen wollen, wer das da am Nachbartisch ist und woran er arbeitet. Für alle, die keine Lust haben, alleine im Home-Office zu sitzen. Für alle, die keine Lust haben, jeden Tag am selben Ort mit denselben Leuten zu arbeiten. Für alle, die gerne mehr Zeit- und Ortsautonomie beim Arbeiten haben. Egal, ob Freiberufler oder Angestellte. Egal, ob Einzelkämpfer oder Projektteam.

Da Arbeit auch in Unternehmen immer mobiler und flexibler wird – wäre ein deutschland- oder sogar weltweites Netz von Coworking-

Spaces die Zukunft der Arbeit? Können wir bald überall arbeiten, wo wir wollen?

Sooth: Wir befinden uns gerade in einer Übergangsphase. Weltweit entstehen einzelne Coworking-Spaces, auch in Deutschland gibt es eine Menge entstehender Ansätze. Alleine in Berlin gibt es mit dem selfhub, dem Betahaus, dem BusinessClassNet und der upstream-Halle verschiedene Ansätze für Coworking-Spaces, dazu eine Menge Desksharing-Angebote bei größeren und kleineren Firmen. Die Zusammenarbeit der einzelnen Orte steht noch ganz am Anfang.In Zukunft wird man so selbstverständlich zum Arbeiten in einen Coworking-Space gehen, wie man heute ins Büro, in die Kneipe, in den Club geht. Coworking wird wie eine Art „Carsharing für Arbeitsplätze“ funktionieren. Die Zusammenarbeit in virtuellen und realen Räumen wird an solchen Orten neu verbunden.

In den USA und Kanada haben die Betreiber verschiedener Coworking-Orte kürzlich die Aktion Coworking Visa gestartet – eine Wikiseite, auf der man sehen kann, wie man als zahlendes Mitglied eines Ortes auch an anderen Orten arbeiten kann. Mittlerweile nehmen daran Spaces in sechs Ländern teil.

Ist so eine weltweite Mobilität überhaupt für viele Menschen realistisch und wünschenswert?

Sooth: Ein Vorteil bei weltweiter Mobilität ist, dass sie mir auch lokale Mobilität gibt. Wenn ich in meiner Stadt oder in meinem Landkreis mehrere Orte zu Auswahl habe, an denen ich arbeiten kann, gibt mir das auch in meinem ganz konkreten Lebensumfeld ganz neue Freiheiten, um zu arbeiten, wann und wie ich will. Außerdem spare ich mir mit einem Coworking-Space in meiner Nachbarschaft lange Pendlerwege ins Büro, und vereinsame nicht im Home-Office ohne soziale Kontakte.

Wie könnte ein solches Netzwerk konkret aussehen und wie könnten auch Unternehmen sich beteiligen / davon profitieren?

Sooth: 80 Prozent der Deutschen würden gerne einen oder mehrere Tage in der Woche nicht nur im Büro arbeiten, sondern sich ihre Arbeitszeit freier einteilen können. Für „klassische Unternehmen" ist da das Angebot für Mitarbeiter, an selbst gewählten Orten zu arbeiten, vor allem eine Möglichkeit zur Erhöhung der Mitarbeiterzufriedenheit und zum Beschäftigen von passenden Mitarbeitern, die nicht mehr unbedingt am selben Ort wie das Unternehmen leben müssen. Dafür müssen Unternehmen und vor allem die Führungskräfte in diesen lernen, Arbeitsprozesse statt mit rigider Kontrolle mit zielorientiertem Arbeiten und Vertrauen zu organisieren. Richtig spannend wird es aber für die „neuen Unternehmen", die Don Tapscott in Wikinomics beschreibt. Wenn die Grenzen eines Unternehmens sich auflösen und offener werden, wenn man auch mit Außenstehenden, egal ob Kunden, Dienstleistern, Experten oder Partnerfirmen, zusammenarbeitet, dann sind Coworking-Spaces natürlich ein perfektes Mittel, um Menschen einen gemeinsamen Raum zur Verfügung zu stellen.

Ist das denn realistisch?

Sooth: Eine Studie von Deutsche Bank Research geht davon aus, dass 2020 15 Prozent der Gesamtwertschöpfung durch temporäre, kooperative Zusammenarbeit entstehen werden. Das benötigt natürlich eine ganz neue Kultur von Transparenz, Freiwilligkeit und Kollaboration. Coworking ist eine Grundlage dafür. Unternehmen können sich sehr einfach daran beteiligen. Zum einen, indem sie nicht genutzten Platz dafür zur Verfügung stellen – oder selber spezielle Coworking-Spaces einrichten und anbieten. Zum anderen, indem sie ihren Mitarbeitern und Partnern diese neue Freiheit aktiv erlauben – und sie dabei unterstützen, mit ihr umzugehen. Die Diskussion um die Zukunft des Büros existiert ja nicht erst seit gestern. Der Unterschied liegt darin, dass wir heute in der Situation sind, dass es uns durch bezahlbare und funktionierende digitale, vernetze Tools möglich ist, tatsächlich von jedem Ort der Welt aus zu arbeiten, an dem es Zugang zum Netz und Strom gibt.

Wovon heute vor allem die „Netzarbeiter“ profitieren, wird mit der Einführung ganz neuer Produktionsmethoden auch auf andere Arbeitsbereiche ausstrahlen.

Die sinkenden Kosten der Selbstverwirklichung

Chris Anderson, Chefredakteur des hochdekorierten amerikanischen Technikmagazins Wired und Autor des Bestsellers „The Long Tail“, in dem er erklärt, warum in der digitalen Ökonomie viel Platz auch für jene Produkte ist, die nur wenige wollen, und damit das Zeitalter begrenzter Angebote und die Vorherrschaft weniger Hits zu Ende geht, hat kürzlich eine weit größere Debatte losgetreten. Sein zweites Buch, „Free“, zu Deutsch „Kostenlos“, argumentiert konsequenterweise, warum immer mehr Produkte an immer kleinere Nischen verkauft werden können: weil die Produktions-, Vertriebs- und vor allem die sogenannten Grenzkosten in einer digitalen Wirtschaft gegen null tendieren. Grenzkosten sind laut Wikipedia-Definition in der Betriebswirtschaftslehre und der Mikroökonomik jene Kosten, die durch die Produktion einer zusätzlichen Einheit eines Produktes entstehen. Ist ein Song, ein Text oder ein Film erst einmal digital verfügbar, sind die Reproduktion beliebig vieler Kopien sowie Lagerhaltung und Vertrieb im Grunde umsonst.

Deshalb ist es für junge Unternehmen heute sehr viel sinnvoller als noch vor einigen Jahren, zunächst eine große Nutzerzahl zu erreichen, bevor es dazu ein klares Geschäftsmodell gibt. In der Dotcom-Zeit der späten 90er-Jahre brauchte man dafür „schubladenweise Geld von Venturecapital-Firmen und Regale voller Sun-Server“, so Anderson, „heute hat jedes Internet-Start-up Zugang zu der gleichen Sorte riesiger Server-Farmen wie Google, was die Kosten, Online-Dienstleistungen anzubieten, unglaublich niedrig macht“. Dank sogenannter „Hosting-Services“ wie Amazon sie anbietet, können Unternehmen ohne jede physische Infrastruktur starten und „es ist möglich, Millionen von Nutzer zu bedienen mit wenig mehr als einer Kreditkarte". Junge Unternehmen können klein anfangen und trotzdem hochfliegende Ziele haben, ohne große finanzielle Risiken einzugehen oder zu wissen, wie sie Geld verdienen werden. Geldgeber fördern heute Start-ups mit kleinen Summen, zum Beispiel 5 000 Dollar, so Anderson, und ermutigen sie, kostenlose Open-Source-Software zu benutzen, sich Serverkapazitäten zu mieten und von zu Hause aus zu arbeiten. „Da die Kosten, diese Dienstleistungen zu starten, so gering sind, ist kaum je eine größere Summe Kapital in Gefahr."

Kurz: „Gerade jetzt ist eine großartige Zeit für Start-ups", sagte mir Anderson, als ich ihn für die Wochenzeitung Die Zeit interviewte. „Die Werkzeuge des Unternehmertums sind zunehmend umsonst. Microsoft verschenkt seine gesamte Unternehmenssoftware an Start-ups, vorausgesetzt, sie sind jünger als drei Jahre und haben weniger als eine Million Dollar Umsatz. Es war nie günstiger, ein Unternehmen zu gründen. Ich selbst habe das zweimal getan."

Nicht nur ist Anderson tatsächlich im Nebenjob Gründer einer Firma für Robotik und eines Dienstes, der über Lesereisen von Autoren informiert. Seine sonstige Arbeitsweise ist ebenfalls ein hervorragendes Beispiel seiner These. Auch wenn er Chefredakteur eines Magazins ist, das viele Mitarbeiter hat, repräsentative Räume und hohe Kosten für Druck und Vertrieb – alles Dinge, die zur extrem hohen Markteintrittsbarriere im Printbereich beitragen – ist sein vermutlich lukrativeres Geschäftsmodell eines mit Kosten von nahezu null: Bücher schreiben und das Thema dann als Berater und Vortragsredner auszuschlachten setzt im Grunde keine Infrastruktur voraus: „Ich tippe diese Worte auf einem ‚Netbook'-Computer, der 250 Dollar kostet – die am schnellsten wachsende Kategorie von Laptops. Das Betriebssystem ist eine kostenlose Version von Linux, wobei das keine große Rolle spielt, denn ich nutze keine Programme außer dem Firefox-Browser, der ebenfalls umsonst ist", sagt er. Statt Microsoft Word benutzt er das kostenlose Google Docs, das es ihm zudem erlaubt, von überall aus auf sein Manuskript zugreifen zu können und automatische Sicherungskopien zu erstellen. „Auch alles andere auf diesem Rechner ist umsonst, von meiner E-Mail bis zu den Twitter-

Nachrichten. Sogar das drahtlose Internet kostet nichts, dank des Coffeeshops, in dem ich sitze.“ Nun kann natürlich nicht jeder Buchautor werden und es gibt Branchen, in denen die geringen Produktionskosten digitaler Güter keine Rolle spielen. Dennoch zieht die Attraktivität des nicht-physikalischen Geschäftsmodells von Dienstleistungen, Service, Kommunikation, Kreativwirtschaft, Forschung und Entwicklung – kurz: Ideen – immer mehr Menschen an, die sich selbst verwirklichen wollen, ohne erstmal einen gigantischen Kredit aufzunehmen. Zudem sind der geringe Overhead für weltweiten Vertrieb und Marketing sowie die Möglichkeiten auch für kleinste Firmen, viele Funktionen klassischer Unternehmen komplett outzusourcen und damit Kosten und Risiko zu minimieren, auch für Handwerker oder das produzierende Gewerbe interessant.

Seth Godin kommentiert Chris Andersons These so: „In einer kostenlosen Welt kann jeder mitspielen. Das ist eine große Sache. Wenn Tausende von Menschen schreiben, werden das einige umsonst tun (wie Dichter) und einige werden sogar richtig gut sein (wie manche Dichter). Es gibt keinen Mangel an Poeten. Der Grund, dass wir früher bezahlte Autoren brauchten, war, dass es wirtschaftlich nur Platz für wenige Magazine oder Fernsehsender gab, für wenige Töpferläden, wenig von allem.“ Doch in einer Welt, in der jeder seine Arbeit präsentieren könne, werde das auch jeder tun.

Wir können heute also mit digitalen Produkten und Dienstleistungen von überall auf der Welt mit relativ geringen Startkosten unsere Leidenschaft zum Beruf machen. Das heißt nicht nur, dass sich unsere Arbeitswelt grundlegend ändert, sondern auch unser Verständnis von Wohnort, Heimat und Mobilität. Darum soll es im nächsten Kapitel gehen.

WO WILL ICH LEBEN?

„Hier bin ich gebor'n und laufe durch die Straßen!
Kenn die Gesichter, jedes Haus und jeden Laden!
Ich muss mal weg, kenn jede Taube hier beim Namen.
Daumen raus, ich warte auf `ne schicke Frau
mit schnellem Wagen.
Die Sonne blendet, alles fliegt vorbei.
Und die Welt hinter mir wird langsam klein.
Doch die Welt vor mir ist für mich gemacht!
Ich weiß, sie wartet und ich hol sie ab!"

Peter Fox: „Haus am See"

Anleitung zur persönlichen Globalisierung

Wo möchten Sie leben? Und wie? Nehmen Sie doch einen Globus, drehen ihn schnell und tippen mit dem Finger auf einen beliebigen Punkt. Wahrscheinlich war es noch nie in der Geschichte der Menschheit so einfach, sich den Ort auszusuchen, an dem man sein möchte.

Dank moderner Kommunikationstechnik und einem immer dichteren Netz an komfortablen Reiseverbindungen können wir fast überall arbeiten – häufig ohne Karriereknick oder Verlust an Einkommen, dafür mit Sonne, höherer Lebensqualität, guter Laune. Die Freiheit kann in exotischer Ferne liegen oder vor der eigenen Haustür: Die Brandenburger Datsche taugt neuerdings ebenso als Büro wie das thailändische Beachresort.

Metropolen auf der ganzen Welt wetteifern um uns. Malerische Dörfer erfinden sich als breitbandig angeschlossene Hightech-Arbeitsorte wieder. Überall entstehen neue Arten des Wohnens, die Nachhaltigkeit und Umweltschutz mir modernster Technologie verbinden. Schauen Sie über den Rand Ihres Schreibtisches und entdecken Sie das gute Leben. Wer noch vor wenigen Jahren aufs Land zog oder auswanderte, war entweder ein Aussteiger, der sich selbst finden wollte, oder er wurde von seinem Arbeitgeber in die Fremde geschickt. Abgesehen von Handwerkern am einen Ende der Skala oder Führungskräften am anderen Ende konnte die Masse der Arbeitnehmer nicht ohne deutliche Kompromisse ihren Beruf außerhalb der urbanen Businesszentren ausüben – das hat sich in den letzten zwei bis drei Jahren grundlegend geändert. Heute befreit sich auch die breite Mittelschicht der gut ausgebildeten Wissensarbeiter mithilfe mobiler Technik erstmals von den Zwängen des Büroalltags und fragt sich – wenn auch manchmal nur in Tagträumen oder zum Spaß: Kann ich meinen hoch qualifizierten Job genauso gut vom Landhaus aus machen? Möchte ich für eine Zeit lang in einen anderen Kulturkreis? Wann ja, welche sind die besten Städte der Welt? Wie verbinde ich ideale Karrierevoraussetzungen und höchste Lebensqualität?

Für viele wird sich diese neue Freiheit in Deutschland verwirklichen, aber sie ist nicht auf Landesgrenzen beschränkt. Durch Internet und Globalisierung wird die Welt objektiv kleiner. In immer mehr Büros wird Englisch gesprochen, moderne Software benutzt, bei Starbucks Kaffee bestellt. Ein Computerexperte aus Köln kann in Stockholm anheuern, weil er weiß, dass er sich dort mit seinen Kollegen aus Indien und Italien verständigen kann. Und das nutzen immer mehr Menschen: 2008 wanderten laut Statistischem Bundesamt 738 000 Deutsche aus, das waren nicht nur 100 000 mehr als noch im Jahr zuvor. Es ist auch der höchste Wert seit Beginn der Erfassung im Jahre 1954. Viele Menschen kehren Deutschland den Rücken, so das Amt: Erstmals seit 25 Jahren hat es in

Deutschland 2009 sogar mehr Auswanderer als Einwanderer (682 000) gegeben. Aber man muss ja nicht gleich auswandern – im Winter einen Monat pro Jahr in Buenos Aires arbeiten oder regelmäßig ein verlängertes Wochenende von Mallorca aus – das bringt doch auch schon einen enormen Fortschritt an Lebensqualität. Möglich ist dies, weil das Modell von Arbeit als einem Ort, an den man für eine festgelegte Zahl von Stunden geht, zunehmend obsolet wird. Man kann Chefs und Kollegen daran gewöhnen, Arbeit als die Ergebnisse zu betrachten, die man produziert – und dadurch eröffnet sich eine ganze Welt von Möglichkeiten. Alltagspflichten lassen sich per Internetservices und Dienstleistern automatisieren. Virtuelle Persönliche Assistenten in fernen Ländern erledigen in Echtzeit unseren lästigen Papierkram. Schnelles Internet und kollaboratives, ortloses Arbeiten lassen uns am professionellen Leben teilhaben, egal wo wir gerade sind – ob mit dem Laptop vor der Strandhütte, mit dem iPhone am Flughafen, beim Kunden oder im Austausch mit anderen Digitalen Nomaden per Internet oder in einem sogenannten Coworking-Raum irgendwo auf der Welt.

MobileWe: Grenzenlose Lebensplanung

Dahinter steckt ein Paradigmenwechsel, der uns alle betrifft: Wir bekommen die ganze Welt als Aktionsradius in den Blick – oder das umgebaute bayerische Bauernhaus. Unser persönlicher Ereignishorizont erweitert sich dramatisch. Dabei stellen sich uns plötzlich ganz neue Fragen an Lifestyledesign, ökonomische Vernunft und alltägliche Pragmatik: Hat Argentinien oder Thailand den höchsten Lebensstandard bei bestem Währungskurs? Wie lebt es sich zwei Wochen in einem italienischen Internetdorf? Wie statte ich ein altes Fischerhaus an der Nordsee mit Internet aus? Bewähren sich die neuesten Videokonferenzsysteme, wie klappt die Zusammenarbeit mit den Kollegen per Kollaborationswebsite und Wiki? Wo auf der Welt wollen wir bleiben, wenn wir überall sein können? Wo sind die Menschen am glücklichsten, wo wir selbst?

Die neue Mobilität wird auch wissenschaftlich begleitet: Der amerikanische Soziologe Richard Florida beschreibt in seinen Arbeiten über die Mobilität der Kreativen Klasse, welche Wohnorte diese bevorzugt: Mit harten statistischen Methoden untersucht er, was Städte und ländliche Regionen weltweit tun müssen, um diese moderne Elite anzuziehen. Und die Politiker hören genau zu. Nicht nur Hamburg mit seiner neuen, schicken Hafencity versucht, seine Lehren umzusetzen. Jenseits von touristischem Trendmetropolengerede und oberflächlichen Medienhypes kristallisieren sich auch bei den Rankings von Simon Anholt – dem Erfinder des Nation- und City-Branding – plausible Kriterien heraus, nach denen Orte sich im 21. Jahrhundert aufstellen müssen, wenn sie im weltweiten Wettbewerb um die besten Arbeits- und Lebensbedingungen für die Wissenselite mithalten wollen.

Die verkehrsverpestete Großstadt, die man nur erträgt, weil man täglich in ihre Bürotürme hetzen muss, ist out. Überall entstehen neue, umweltverträgliche Arten des Zusammenlebens: Vor Schanghai entsteht mit Dongtan angeblich die erste Ökostadt der Welt – ein Anspruch, den Abu Dhabi ebenfalls erhebt. Mitten in der Wüste baut es die Hightech-Metropole Masdar-City und steckt so einen erheblichen Teil seiner Öldollars in die naturverträgliche Zukunft des Wohnens. Doch auch im niedersächsischen Jühnde kann man heute schon in einem Ökodorf wohnen. Wie und wo wir leben und arbeiten können, wird also derzeit in nahezu unfassbarem Ausmaß neu verhandelt. Das Ergebnis dieser gigantischen Umdefinition scheinbar starrer Begriffe wie Stadt, Arbeit, Heimat, Mobilität, Ökologie und nicht zuletzt von persönlichem Glück geht uns alle an.

Digitale Nomaden

Wir erleben zunehmend das Ende der Anwesenheitspflicht im Büro. Das heißt: Auch Festangestellte müssen lernen – so wie bislang Freiberufler –, ihr Leben selbst zu definieren. „Die Unterschiede in Sachen Selbstorganisation und in der von außen vorgegebenen Struktur werden nicht mehr grundlegende sein", sagt der Produktivitätsexperte Florian Steglich. Wenn aber die Arbeit auch in Unternehmen immer mobiler und flexibler wird, können wir dann nicht bald überall arbeiten, wo wir wollen? „Die Möglichkeiten für ortsunabhängiges Arbeiten werden sich zweifellos noch weiter verbessern – ganz naheliegend etwa dadurch, dass man im Zug und im Flugzeug durchgehend online sein wird", so Steglich. Er selbst ist ein gutes Beispiel dafür: Seine Kollegen sitzen in San Francisco, Zürich, Stockholm, Boston, Berlin, Chemnitz, ... Allerdings sind solche Modelle natürlich für viele Berufe auch weiterhin unrealistisch: „Fließbandjobs werden ebenso wenig verschwinden wie unflexible große Organisationen. Seine Weinreben kann der Winzer nicht vom Urlaubsstrand aus schneiden, und mein Lebensmittelhändler soll bitte auch da bleiben, wo er gerade ist."

Wäre so eine weltweite Mobilität überhaupt für viele Menschen realistisch und wünschenswert? Das hängt nach Ansicht von Steglich vom Einzelnen und seiner Einstellung ab: „Mobiles und virtuelles Arbeiten ist eine Kulturtechnik, an der sicher nicht jeder Freude haben wird." Bei seinem eigenen Arbeitgeber merkt er durchaus, dass es bei komplett virtueller Zusammenarbeit auch Verluste gibt: „Schnelle Absprachen auf Zuruf und Besprechungen von Angesicht zu Angesicht oder beim Mittagessen haben noch immer eine andere Qualität als Mails oder IM-Nachrichten."

Auch mit Johannes Kleske, dem viel reisenden, bloggenden und twitternden Social-Media-Experten, habe ich über das mobile Lebensgefühl der Digital Natives gesprochen.

Johannes, Du arbeitest viel mobil in der Bahn, dokumentierst das auch via Twitter. Ist das eine bessere Arbeitsweise als jeden Tag ins Büro zu gehen?

Johannes Kleske: Mobil zu arbeiten ist für mich gegenüber der Büroarbeit keine Frage von besser und schlechter. Im Gegenteil, ich gehe gerne ins Büro. Das Büro ist für mich der richtige Ort für menschliche Interaktion, die für mich essenziell für meine Arbeit aber auch für mich als Mensch ist. Allerdings ist das Büro ein schlechter Ort, um konzentriert arbeiten zu können. Ständige Unterbrechungen machen es praktisch unmöglich, den berühmten Flow-Zustand zu erreichen, in dem es einfach „flutscht". Die ideale Arbeitsweise ist für mich also die Kombination aus gemeinschaftlicher Büroarbeit und konzentrierter Arbeit für mich allein. Je freier ich selbst Tag für Tag das Verhältnis der Kombination wählen kann, desto optimaler kann ich arbeiten.

Bist Du ein Digitaler Nomade? Was bedeutet der Begriff für dich?
Kleske: Als Digitale Nomaden würde ich Leute definieren, die sich die Technik zunutze machen, um sich bei ihrer Arbeit fast vollständig unabhängig von ihrem Aufenthaltsort zu machen. Das ermöglicht ihnen, ihren „Wohnort" beliebig häufig zu wechseln und auf der ganzen Welt zu leben. Alles, was sie zum Arbeiten brauchen, sind Strom und Internet. Kommunikation mit Kunden und Partnern läuft fast ausschließlich über digitale Tools wie VoIP, Online-Meeting-Räume, Instant Messenger und E-Mail.

Was ist der Vorteil dieser Arbeits- und Lebensweise?
Kleske: Ich muss nicht mehr auf die Rente warten, um Zeit für die Weltreise zu finden. Gleichzeitig kann es klare wirtschaftliche Vorteile haben, Arbeit vom Ort zu trennen. So kann ich meine Arbeit in reichere Länder verkaufen, während ich selbst in einem Land mit niedrigen Lebenskosten residiere. Und schon wird Globalisierung zu einem Vorteil, den nicht mehr nur große Konzerne, sondern auch Einzelpersonen nutzen können.

Aber für wen gilt denn das tatsächlich? Sprechen wir nicht von einer privilegierten Minderheit?
Kleske: Wenn man sich ansieht, wie wenig Menschen derzeit diesen Lebensstil leben, stehen wir überhaupt erst am Beginn dieser Bewegung. Somit gewinnt der Begriff erst an Relevanz und damit Aktualität. Man

darf nicht vergessen, hier geht es um ein recht grundsätzliches Umdenken, wie man Arbeit, Reisen und Leben sieht und angeht. Für solche Denkprozesse brauchen wir in der Regel deutlich länger, als wir glauben.

Der Zusammenhang von Ort und Zufriedenheit

Erik Weiner, ein amerikanischer Journalist und Buchautor, der auf Fotos mit Schiebermütze und ironischem Halblächeln posiert, ist nicht glücklich. Er hat aber, wie viele Menschen in westlichen Gesellschaften mit vernünftigem Einkommen, Bildung, Freunden und Familie, auch keinen richtigen Grund, unglücklich zu sein. Er ist wohl, wie er selbst im Originaluntertitel seines kürzlich erschienenen und sehr gelungenen Buches „Geografie des Glücks" es nennt, ein „Nörgler" – aber einer, der auf der Suche ist: „One Grump's Search for the Happiest Place in the World". Weiner leidet nach eigenem Bekunden wie Millionen andere unter dem Schmerz, den der Historiker Darrin McMahon beschrieben hat als „Unglücklichsein darüber, dass man nicht glücklich ist". Wie ebenfalls Millionen andere kaufte Weiner sich jede Menge Selbsthilfebücher und verschlang sie alle. In diesen wurde ihm erzählt, dass das Glück in ihm selbst verborgen liege, er müsse nur tief genug graben, um es zu finden. Das Problem dieses Axioms der Ratgeberindustrie aus seiner Sicht: „Es stimmt nicht. Das Glück liegt nicht in uns, sondern dort draußen." Wo wir sind, so Weiners These, ist von entscheidender Bedeutung für das, was wir sind. Wir suchen alle – wenn auch oft unbewusst – nach dem Konzept des Paradieses. Weiner: „Jeder, der einmal Urlaub auf einer karibischen Insel gemacht hat und von dem spontanen Gedanken ‚Hier könnte ich glücklich sein' überrascht wurde, weiß, was ich meine." Und so macht sich Weiner auf die Suche nach dem glücklichsten Ort der Welt. Eine Suche, aus der wir viel lernen können.

„Auf Geld kommt es an, doch in geringerem Maße, als wir glauben, und nicht so, wie wir annehmen", so Weiner am Ende der Recherche. „Die Familie ist wichtig. Genau wie Freunde. Neid ist schädlich. Genau wie übermäßiges Nachdenken. Strände sind optional. Vertrauen ist es nicht, genauso wie Dankbarkeit." Er sei auf seiner Reise auf jede Menge Widersprüche gestoßen, fasst er die Ergebnisse weiter zusammen: Die Schweizer sind verklemmt und glücklich. Die Thais sind gelassen und glücklich. Die Isländer haben Spaß an ihren Saufgelagen, während die Moldauer dadurch noch trauriger werden. Katar hat zu viel Geld und nicht genug Kultur. Dadurch hat es keine Möglichkeit, all sein Geld zu verkraften. „Vielleicht kann nur ein indisches Gehirn diese Widersprüche verstehen", so Weiner.

Die glücklichsten Orte, schließt er versöhnlich, seien vermutlich jene, die nicht ganz mit dem Paradies identisch sind. So, wie es unerträglich wäre, mit einem perfekten Partner zusammenzuleben, würden wir auch nicht an einem perfekten Ort wohnen wollen. Die Suche danach, das merkt man Weiner an, hat ihm dennoch enorm viel Spaß gemacht. Getrieben vom unbändigen Interesse am anderen, am Neuen, hat er die ganze Welt bereist und damit zu seinem Zuhause gemacht. „Geografie kann unsere Rettung sein", schreibt er zum Schluss, aber vielleicht beschreibt ein Satz, den er am Anfang seiner Mission zu seinem Motto gemacht hat, die Lehre aus Weiners Recherche viel treffender. Es ist ein Satz von Henry Miller. Er lautet: „Das Reiseziel ist nie ein Ort, sondern eine neue Art, Dinge zu sehen."

Ich wollte mehr über Weiners Glücksodyssee wissen und habe ihn interviewt. Dabei entpuppte er sich tatsächlich als leicht grummeliger Zeitgenosse, der zwar gern reist – dann aber auf eine „gute" Weise – dem Gedanken einer globalen Mobilität und einer flachen Welt aber ansonsten erstaunlich wenig abgewinnen kann:

Herr Weiner, können wir angesichts allgemeiner Globalisierungstendenzen und neuer Kommunikationstechnologien heute leben und arbeiten, wo wir wollen?
Weiner: Für Bewohner der reichen, entwickelten Welt gilt das sicher – wir haben mehr Wahlmöglichkeiten denn je, wo wir leben wollen. Allerdings machen nur relativ wenige Menschen davon Gebrauch.

Wird die Welt, wie der amerikanische Autor Thomas Friedman sagt, „flach", spielen also alle Nationen wirtschaftlich auf gleicher Augenhöhe mit?
Weiner: Dem stimme ich definitiv nicht zu. Die Welt ist nicht flach. Sie ist rund und wird jeden Tag runder. Kulturelle Unterschiede spielen immer noch eine Rolle und ich würde argumentieren, dass neue Technologien diese Differenzen in mancher Hinsicht sogar verstärken, statt sie zu reduzieren.

Sollten mehr Menschen Ihrem Beispiel folgen und sich tatsächlich auf die Suche nach dem glücklichsten Ort der Welt machen?
Weiner: Nicht unbedingt. Mein Punkt war weniger zu sagen: Pack alles ein und ziehe zum Beispiel nach Island, denn dort wirst Du glücklicher sein. Man kann die Lehren von Island, Bhutan oder Thailand anwenden, ohne tatsächlich dorthin auszuwandern. Ich habe das Buch nicht für kulturell mobile Menschen geschrieben, sondern für Leser, die neugierig auf andere Kulturen, aber vielleicht selbst noch nicht so viel gereist sind.

Ein typisch amerikanisches Phänomen also. Aber auch Europäer lassen sich ja häufig von Beruf, Freunden, Familie und vielen Sachzwängen daran hindern, die Welt zu erkunden ...
Weiner: ... ahhh, die Anker des Lebens. Das sind gute Dinge – naja, zumindest die Freunde. Was Beruf und Familie angeht, bin ich mir nicht so sicher. Tatsächlich denke ich, mehr Menschen könnten auswandern, aber wir fühlen uns wie in einer Falle gefangen, also tun wir es nicht. Im Grunde ist das nur Furcht. Bloß, wie gesagt: Ich plädiere nicht für eine Art Massenmigration in die glücklichsten Länder der Welt. Schon weil sie nicht mehr so glücklich wären, würde jeder dorthin ziehen.

Im Rückblick: Welches der Länder, die Sie besucht haben, war für Sie das allerglücklichste? Und warum sind Sie nicht dort geblieben?
Weiner: Schwierige Frage, ich weiß nicht, ob ich sie beantworten kann.

Island und Bhutan waren meine Lieblingsländer, würde ich sagen, obwohl es nicht die glücklichsten waren. Ich mag sie, weil sie sozusagen im Nirgendwo liegen. Sie folgen nicht den Regeln, die im Rest der Welt gelten. Dort leben möchte ich trotzdem nicht. Ich stelle mir gern vor, dass ich die Lehren von Island und Bhutan verinnerlicht habe.

Es macht den Eindruck, dass Ihnen bei der Suche nach dem glücklichsten Ort der Welt das Reisen selbst am meisten Spaß gemacht hat. Ist das der goldene Mittelweg – viel reisen, statt ganz auszuwandern?
Weiner: Stimmt, vorausgesetzt dass man gut reist. Mit „gut" meine ich erstens: Alleine reisen, denn auf diese Art ist man verwundbarer. Zweitens sollte man lange an einem Ort bleiben, statt herumzuhüpfen. Drittens empfehle ich, Fünfsternehotels zu meiden.

Angesichts der Finanzkrise vermeiden viele Menschen jedes Risiko. Sollte es nicht gerade andersherum sein? Ist die Krise eine Gelegenheit, uns – vielleicht an einem anderen Ort – neu zu erfinden und glücklicher zu sein?
Weiner: Ja! Das ist jene Seite der Finanzkrise, die nie beachtet wird: Sie bietet eine großartige Gelegenheit, unser Leben neu zu beginnen.

Hitparade der Traumorte

Einen statistisch und journalistisch härteren Vergleich der lebenswertesten Städte der Welt führt einmal pro Jahr die in London gemachte und weltweit erscheinende Zeitschrift Monocle durch. In ihrem „World's Most Liveable City Survey" bringen die Redakteure Kriterien wie die Anzahl der Flüge vom lokalen Airport, Ladenöffnungszeiten, Menge an Parks und Grünanlagen zusammen mit Faktoren wie Bildungseinrichtungen, Kriminalität, Fahrradwegen oder Toleranz gegenüber Minderheiten. Herauskommt eine dann zum Glück doch stark subjektiv gefärbte Hitparade von Metropolen und mittelgroßen Städten überall auf dem

Globus. Kanada, Australien und Japan schneiden traditionell ebenso gut ab wie die Schweiz und skandinavische Länder. 2009 belegte Zürich den ersten Platz, gefolgt von Kopenhagen, Tokio, München und Helsinki. Auf den Plätzen sechs bis zehn folgten Stockholm, Wien, Paris, Melbourne und Berlin. Vancouver und Sydney – im letzten Jahr stark – fielen zurück, Barcelona und Oslo waren auf den Plätzen 15 und 17 erstmals dabei. Wer bei der Auflistung dieser Orte nicht einen kleinen Stich von Fernweh verspürt, von der zumindest potenziell fundamentalen Möglichkeit, sein Leben auch an einem ganz anderen Ort fortsetzen zu können und dort zufriedener, erfolgreicher oder entspannter zu sein als jetzt, der braucht an dieser Stelle nicht weiterzulesen.

Denn die Motivation derartiger Rankings, die außer Monocle auch andere Zeitschriften und Institute regelmäßig publizieren, ist weniger eine streng rationale als eher eine im Kern optimistische, Begeisterungsfähigkeit voraussetzende. „‚Könntest Du hier leben' und ‚Würdest Du hier leben wollen' sind zwei der am häufigsten geäußerten Fragen an Kollegen am Ende einer Dienstreise", erzählt Tyler Brûlé, der Herausgeber von Monocle: „Die Antworten sind kaum je ein achselzuckendes ‚Weiß nicht' oder ein halbherziges ‚Kann schon sein'. Vielmehr sind es meist vehemente Deklarationen, die erkennen lassen, dass der Antwortende schon einige Gedanken auf das Thema verwendet hat."

Simon Anholt hat aus der Frage, wo die Menschen am liebsten leben würden und was Städte, Regionen sowie ganze Nationen tun können, um in den Augen mobiler Zeitgenossen attraktiver zu werden, ein florierendes Geschäft gemacht. Der Brite gilt als weltweit führender Experte für das sogenannte Nation- oder City-Branding, bei dem Länder und Metropolen wie Marken behandelt werden. Was fällt Ihnen als Erstes zu Südafrika ein – Kriminalität oder weiße Strände und guter Wein? Was zu Italien – Mode oder Mafia, Korruption oder Lebensqualität? Oder Deutschland – sind wir in den Augen der anderen bieder oder zuverlässig, innovative Ingenieure oder fremdenfeindliche Bratwurstesser? So funktioniert Nation-Branding und die gleiche Mechanik greift auch bei Städten und Regionen.

Worauf kommt es an, wenn man Städte oder Nationen als Marken betrachtet?
Simon Anholt: Die fast 20 000 Menschen, die wir jährlich befragen, nennen immer wieder drei Bereiche, die heute wichtig zu sein scheinen, vor 15 Jahren aber noch keine Rolle spielten. Erstens: Technologie. Menschen mögen Städte, die modern erscheinen. Und Modernität wird durch Technik und Architektur wahrgenommen.

Eine Stadt wie Tallinn, die überall umsonst drahtloses Internet anbietet, macht das also richtig?
Anholt: Ja, so etwas ist heute extrem wichtig. Zweitens: Menschen mögen keine Städte, die sich nicht um die Umwelt kümmern. Sie sind zugleich immer skeptischer, was dieses Thema angeht, es wird also immer schwieriger, sich nur einen grünen Anstrich zu geben.

Und der dritte Punkt?
Anholt: Den nenne ich den „Was-habe-ich-davon?-Faktor". Als ich vor 15 Jahren mit meinen Untersuchungen angefangen habe, schauten die Befragten ganz abstrakt auf fremde Länder und Städte, sie fragten sich zum Beispiel: Mag ich den Klang des Namens? Heute sind wir erheblich mobiler geworden und Menschen stellen sich viel öfter vor, tatsächlich in einem anderen Land zu arbeiten und zu
leben. Dadurch ist der Blick auf ferne Orte persönlicher und praktischer geworden: Was bietet mir diese Stadt? Spricht man dort Englisch? Diese globale Mobilität ist oft nur ein Klischee. Wenige wandern wirklich aus. Auch wenn die meisten Menschen bleiben, wo sie sind – mir geht es um das Gefühl: Sie schauen sich Städte als potenziellen Wohnort an. Geben sich nicht alle Städte Mühe, modern, umweltfreundlich und offen zu wirken? Was wäre denn ein Gegenbeispiel? Das Image von Italien wird in meinen Studien seit fünf, sechs Jahren immer schlechter. In Rom und Mailand werden nicht die richtigen Reflexe bedient: Italien wirkt einfach nicht modern. Niemand kauft italienische Computer.

Wollen sich lokale Politiker aufhübschen, rufen sie Simon Anholt an, der ihnen zeigt, wo sie in seinem je aktuellen Ranking stehen und was die Welt über sie denkt. Dann folgt die Beratung: Was kann man verbessern? Es geht Anholt dabei nicht um Marketingtricks, bunte Broschüren oder Aktivitäten des Fremdenverkehrsamtes, um mehr Touristen ins Land zu holen. Vielmehr sollen Städte und Nationen auch für mobile Arbeitnehmer attraktiv werden sowie für Investoren und ganze Wirtschaftszweige. Branding in diesem Sinne ist Standortpolitik in einer „flachen Welt", in der viele Arbeitnehmer und Unternehmen fast beliebig entscheiden können, wo auf dem Globus sie als Nächstes aktiv sein wollen.

Ein frühes Beispiel dieses Perspektivwechsels war Tony Blairs Kampagne „Cool Britannia", die das Image Großbritanniens weltweit als modern und lässig positionierte. Selbst die Bundesregierung macht sich Gedanken über ihre Nation als Marke. Tyler Brûlé wurde kürzlich zu einer Debatte hierüber ins Auswärtige Amt geladen, in dessen Kulturabteilung eine Arbeitsgruppe an diesem Thema arbeitet.

Einen Vorteil dieser Entwicklung für unzufriedene Arbeitnehmer und angehende Selbstständige in der Meconomy beschreibt der Economist: „Die Regierungen der Welt sind in einem Wettbewerb um die unternehmerfreundlichsten Rahmenbedingungen." Die Weltbank veröffentlicht seit 2003 eine Hitparade von 180 Nationen, in der es darum geht, wo man am leichtesten ein Unternehmen gründen kann, wo es die wenigsten bürokratischen Hürden und Regulierungen gibt, wo man am leichtesten ein Grundstück erwerben oder einen Kredit bekommen kann. Der Bericht mit dem Titel „Doing Business" gilt als bahnbrechend, weil er zum ersten Mal mittels harter Zahlen vergleichbar macht, was man bislang nur vage ahnte. In der Folge haben Länder wie Saudi-Arabien, Senegal oder Botswana seit 2004 mehr als 1 000 Reformen durchgeführt.

In Kanada kann man nun mit einem einzigen Behördengang ein Unternehmen anmelden. In Indien geht es inzwischen rein elektronisch. In China ist es sehr viel einfacher geworden, Kredite zu bekommen. Kurz: Es wird also immer leichter, weltweit Geschäfte zu machen, und es wird immer transparenter, wo dies am besten zu bewerkstelligen ist. Gute

Voraussetzungen für global mobile Jungunternehmer ebenso wie für existierende Unternehmen, die Dependancen am anderen Ende der Welt eröffnen wollen. Die Wahrscheinlichkeit, dass unser nächster Job in Wanne-Eickel, München oder Stuttgart ist, sinkt damit ständig im Vergleich zu Vancouver, Mumbai oder Schanghai.

Monocle-Chefredakteur Andrew Tuck will mit seiner Zeitschrift gar nicht für globale Mobilität werben, er denkt aber, dass diese de facto eine immer größere Gruppe von Menschen betrifft. „Es geht nicht mehr nur um eine kleine Elite von Managern", sagte er mir im Interview: „Da ist der Grafikdesigner aus London, der jetzt in Sydney arbeitet, der schwedische Architekt, den es nach Spanien zog, oder der indische Student, der sich in New York immatrikuliert hat." Solche Menschen sähen die Welt als einen Ort voller Chancen und hätten keine Angst, in ein Flugzeug zu steigen, um neue Geschäftsideen zu finden, einen neuen Studienort oder ein neues Zuhause. Deshalb sei die jährliche Quality-of-Life-Ausgabe, die die lebenswertesten Städte der Welt auflistet, jedes Mal ein großer Erfolg: „Es ist toll zu sehen, wie stark und anziehend eine Stadt als Marke sein kann. Menschen ziehen ebenso aus Gründen des Lifestyles in andere Länder, wie um zu arbeiten." Tuck selbst verbringt sein Leben keineswegs klischeegerecht hauptsächlich an Flughäfen, sondern klagt durchaus über lange Tage im Büro und mag es, in der Londoner Innenstadt zu leben. Andererseits ist er immer wieder aufgeregt, wenn sein Flugzeug in einem Ort landet, den er liebt oder den er noch nie gesehen hat. Und eines Tages möchte er seinen eigenen Traumort verwirklichen: „Ein Stück Land mit einem einfachen Haus darauf, direkt an einem See."

Langzeitreisen als Lebensstil

Wenn also mit Eric Weiner, Tyler Brûlé und Andrew Tuck gleich drei Mobilitätsexperten statt auszuwandern eher einen Lifestyle des regelmäßigen Reisens empfehlen, könnte da ja etwas dran sein. Konsultieren wir an dieser Stelle am besten einen weiteren Fachmann, diesmal einen, der sich auf das Thema Langzeitreisen spezialisiert hat. Rolf Potts ist ein junger, preisgekrönter US-Reiseautor und Schriftsteller. Seine Bücher „Vagabonding" und „Marco Polo Didn't Go There" sind Bestseller in den USA und sehr populär unter Alternativreisenden. Der San Francisco Chronicle nennt Potts den „Paul Theroux für die Backpacker-Generation" und für den Guardian ist sein letztes Werk „das beste postmoderne Reisebuch auf beiden Seiten des Atlantiks". Der Bestellerautor Bill Brison ist ein Fan von Potts und hat dessen Texte – die in renommierten Zeitschriften und auf seinem Blog erscheinen – regelmäßig für Anthologien ausgewählt. Ich habe Potts gefragt, ob er uns ein wenig über die Kunst des Langzeitreisens erzählen kann. Wie jeder es schaffen kann, für Monate zum Globetrotter zu werden, und ob die moderne Technik dabei hilft. Heraus kam eine Mischung aus kluger Mobilitätstheorie und etwas gut gelauntem Eskapismus in der Krisendepression:

Herr Potts, Sie sind ein Advokat vieler und langer Reisen. Warum ist das ein erstrebenswerter Lebensstil? Viele Menschen sind doch zufrieden, wenn sie zu Hause auf dem Sofa entspannen können.
Rolf Potts: Aber viel zu viele tun das nur aus Trägheit und weil sie denken, das sei die „normale" Art zu leben. Aber für viele ist „normal" nicht besonders befriedigend. Sie sind nicht glücklich dabei, auf dem Sofa zu sitzen und fernzusehen, während ihr Leben vorbeizieht. Diese Menschen sollten erfahren, dass Langzeitreisen nicht besonders schwierig oder teuer sind. Man muss sie daran erinnern, dass ihre Lebenszeit alles ist, was sie wirklich besitzen, und dass sie diese so verbringen sollten, wie sie sich das erträumt haben.

Gilt das nur für junge Menschen? So etwas wird doch mit Familie und festem Job sehr viel schwieriger.
Potts: Langzeitreisen waren unter jungen Leuten schon immer sehr populär und sind für sie auch einfacher, ja. Aber das heißt nicht, dass nur Jugendliche das tun können. Mehr und mehr sieht man heute auch Berufstätige, die sich eine Auszeit für Reisen nehmen – oder die ihre

Arbeit mobil machen und sie von unterwegs erledigen. Das ist dann nicht rebellisch oder unverantwortlich, sondern einfach gesunder Menschenverstand.

Wie soll das gehen, wenn ich einen festen Job habe?

Potts: Henry David Thoreau hat einmal gesagt, dass die meisten Menschen den größten Teil ihres Lebens damit verbringen, Geld zu verdienen, damit sie in seinem am wenigsten wertvollen Abschnitt eine zweifelhafte Freiheit genießen können. Er hatte recht. Wer von Langzeitreisen träumt, sollte diese Erfahrung nicht auf den Ruhestand in ferner Zukunft verschieben. Man muss es nur jetzt zur Priorität machen.

Das kann sich nicht jeder leisten ...

Potts: ... es geht nicht um Geld. Manche der wohlhabendsten Menschen der Welt sind so in ihrem Reichtum und Besitz gefangen, dass sie das Leben nicht genießen können. Ein bescheidenes Einkommen bringt einen überallhin auf dieser Welt, wenn man vernünftig haushaltet.

Die Technologie macht es heute einfacher, zu reisen, ohne seine Arbeit zu vernachlässigen ...

Potts: Stimmt, und es wird täglich noch einfacher. Noch vor zehn Jahren war eine der größten Herausforderungen beim Reisen, dass man für sehr lange Perioden ohne Kontakt nach Hause blieb. Jetzt ist es fast umgekehrt: Wie bricht man den Kontakt in die Heimat ab, damit man genießen kann, wo man ist? Die Technik verbindet uns so eng mit den Freunden zu Hause, dass es sich oft so anfühlt, als wären wir gar nicht fort. Ich nenne das die elektronische Nabelschnur.

Gibt es auch Vorteile?

Potts: Ja, die überall verfügbare Telekommunikationstechnik bedeutet, dass es immer schwerer wird, Ausreden zu erfinden, warum man seine Traumreisen nicht realisieren kann. Man verschwindet heute nicht mehr vom Erdboden, wenn man unterwegs ist. Freunde von mir haben ihr Heimbüro nach Rio de Janeiro verlegt, andere nach Bangkok. Wieder andere haben aus Spaß eine Weltreise gemacht und von unterwegs ihre beruflichen Kontakte so clever genutzt, dass bei ihrer Rückkehr tolle Jobs auf sie warteten. Es ist alles eine Frage der Eigeninitiative. Man muss dafür sorgen, dass positive Dinge geschehen.

Die Menschen werden also in globalem Maßstab mobil?
Potts: Es ist definitiv eine historisch gute Zeit, um einen guten Job zu haben und gleichzeitig zu leben, wo man möchte. Nie zuvor hat es so viele Möglichkeiten gegeben, einen selbst designten globalen Lebensstil zu verfolgen.

Auch in der Krise?
Potts: Wie ich zu reisen funktioniert auch in der Rezession. Reisen werden zu einer reicheren Erfahrung, wenn man weniger Geld ausgibt, langsamer unterwegs ist, kreativ wird und sein Budget lieber für die lokale Wirtschaft ausgibt als für die Touristenwirtschaft.

Was ist Ihr Traumort, wohin würden Sie auswandern?
Potts: Der Charme des mobilen Lebensstils ist es, sich nicht für einen Ort entscheiden zu müssen. Ich habe einen Bauernhof in Kansas, nahe meinem Elternhaus, bin aber nur ein paar Monate pro Jahr dort. Ich verbringe mindestens einen Monat in Paris, fühle mich aber auch in Bangkok, Kairo, Buenos Aires oder Pusan in Südkorea für einige Zeit sehr wohl. Wenn man die Suche nach seinem Traumort als einen Akt der Liebe beschreiben wollte, bin ich wohl Polygamist. Es geht auch nicht darum, wie lange man unterwegs ist oder wo man sich letztlich niederlässt – sondern ob seine Art der Existenz einem erlaubt, das Leben voll auszukosten.

Auswandern in Zeiten von Time-Shift und Geoarbitrage

Doch manchen ist eine Reise – und sei sie noch so lang – dann doch nicht genug. Sie wollen, zumindest für ein paar Jahre, ganz weg. Einer Umfrage des Allensbacher Instituts für Demoskopie zufolge würde jeder fünfte Deutsche gern seine Heimat verlassen, vor allem junge Leute unter 30 sind auswanderungswillig. Ende der 50er-Jahre war es gerade mal jeder zehnte. „Berufliche Motive spielen die größte Rolle, weniger die Abenteuerlust", so Thomas Straubhaar, Migrationsforscher und Direktor des Hamburger Weltwirtschaftsinstituts im Magazin Focus: „In Zeiten, in denen man sich am PC via Google in die hinterste Ecke Afrikas begeben kann, ist der Entdeckerdrang nicht mehr so groß. Beim Auswandern geht es eher um ein persönliches Abenteuer, um das Wechseln des Umfelds." Wer dabei allzu weit schweift, hat allerdings oft die Bürokratie gegen sich: Viele Überseeländer handhaben ihre Einwanderungspolitik sehr strikt und haben spätestens nach dem 11. September 2001 die Sicherheitsüberprüfungen verschärften. In Australien beispielsweise darf der Kandidat nicht älter als 45 Jahre sein, muss einen medizinischen Komplettcheck überstehen und einen Beruf ausüben, der laut Liste des Einwanderungsministeriums gebraucht wird. In Kanada sind zwar grundsätzlich alle Zuwanderer gefragt, ein Punktesystem sorgt aber dafür, dass junge und gut qualifizierte bevorzugt werden.

Oft sind es die gut ausgebildeten Deutschen, die es ins Ausland zieht: „Der Wettbewerb um qualifizierte Köpfe hat längst begonnen, und die Guten sind schon weg, sodass es immer teurer wird, sie zurückzuholen", meint Hilmar Schneider vom Bonner Institut zur Zukunft der Arbeit. Tatsächlich sei der Anteil der Hochqualifizierten unter den Auswanderern leicht gestiegen und höher als ihr Anteil an der deutschen Gesamtbevölkerung, so eine Studie des Bundesinstituts für Bevölkerungsforschung – aber die meisten kehren wieder zurück: 80 Prozent der deutschen Wissenschaftler sind weniger als ein Jahr im Ausland. Diesen Trend zur Auswanderung auf Zeit bestätigt auch HWWI-Direktor Straubhaar:

„Auswandern bedeutet heute nicht mehr wie noch vor 50 Jahren eine Lebensentscheidung ein für alle Mal, sondern eher ein Mosaikstein einer lebenslangen Mobilitätsstrategie. Seit Jahrzehnten sagen wir den jungen Menschen, wie wichtig es ist, ins Ausland zu gehen und Erfahrungen zu sammeln. Jetzt ist die Saat aufgegangen."

So ein hoch qualifizierter Abenteurer ist Tassilo Brinzer, 41, der 2002 auf seinem ersten Südostasien-Trip in der kambodschanischen Hauptstadt Phnom Penh den Aushang zum Verkauf eines Restaurants sah. Brinzer fragte seinen Steuerberater zu Hause, der empfahl mit Blick auf die Einnahmen seines Mandanten durchaus mal eine Investition zum Drücken der Steuerlast – da kaufte Brinzer kurz entschlossen das „La Croisette", ein französisches Restaurant direkt an der Uferpromenade: „Reiner Zufall", sagt er heute, „aber es war eine gute Gelegenheit, mal was anderes zu machen." Die gute Lage und die Chance, das Lokal ohne inländischen Partner zu führen, gaben für ihn den Ausschlag. Besuchte man Brinzer in den ersten Jahren, fand man einen entspannten, gut gebräunten Inhaber, der im Restaurant die iTunes-Musikliste programmierte, ab und zu dem lokalen Polizeichef eine Kiste Bier spendierte und ansonsten die meiste Arbeit seinen Angestellten überließ. Brinzer brauste lieber auf dem Motorrad durch die Stadt, auf dem Rücksitz seine hübsche einheimische Freundin. Das Restaurant lief, denn Kambodscha gilt als aufstrebende Tourismusregion.

Bald war der Teilzeitauswanderer, der immer noch einige Monate pro Jahr in Deutschland verbringt, nicht mehr ausgelastet. Früher hatte er als Fotoredakteur für große deutsche Magazine gearbeitet, darum fiel ihm auf, dass in seiner neuen Heimat ein Nachrichtenmagazin fehlte. Also gründete er kurzerhand eins. Sein Motto: Wir machen den kambodschanischen Focus. Inzwischen existiert der englischsprachige „Southeastern Globe" seit drei Jahren und der gebürtige Baden-Badener ist nicht nur Besitzer eines französischen Restaurants, sondern auch noch Chefredakteur einer Zeitschrift. So schnell kann das gehen. „Deutschland war für mich Stagnation, hier geht es nur aufwärts und alles rasend schnell, jeden Tag muss man sich neu bewähren", sagt er. In Kambodscha gebe es

„unglaubliche Freiheiten“, so Brinzer. „In den ersten fünf Jahren war ich vielleicht vier- oder fünfmal auf einer Behörde.“ Tatsächlich können angehende Einwanderer in Kambodscha mit einem Business-Visum einreisen, das einen Monat gültig ist, aber problemlos immer wieder um sechs Monate verlängert wird. Investoren müssen ihre Geschäfte lediglich beim Finanz- und Handelsministerium sowie dem kambodschanischen Entwicklungszentrum registrieren lassen. Und ab und zu hilft eben auch mal eine Kiste Bier.

Dass man nicht komplett auswandern muss, zeigt das Beispiel von Harald Fertig: Er schrieb mir, nachdem er in meinem Blog einen Beitrag zu diesem Thema gelesen hatte:

Ich lebe einen Teil des Jahres in Cartagena de Indias in Kolumbien, 500 Meter von der Karibik entfernt. Gelegentlich arbeite ich per Telearbeit für deutsche und europäische Unternehmen im Bereich IT, Telesales, Marketing. Bereits seit vielen Jahren bereise ich Lateinamerika und habe immer davon geträumt, ganz auswandern zu können. Die Gründe:

- das Klima (immer WARM)
- die Menschen mit Ihrer unglaublichen Lebensfreude (Montagmorgens um sieben singen und tanzen die Cartagenaeros oft schon mitten in den Slums)
- die Natur, die Landschaften (nicht alles zubetoniert und normiert)
- das Gefühl, noch etwas bewirken zu können (mit wenig Mitteln)
- die Mannigfaltigkeit in Kultur und in der ethnischen Vielfalt Kolumbiens

Ich wohne jetzt schon seit drei Jahren in meinem selbst gebauten Mehrfamilienhaus in einem normalen, jedoch eher armen Wohngebiet in Cartagena. Dort lebe ich mit meiner kolumbianischen Frau und meinem fast dreijährigen Sohn. Bis dato verbringe ich die meiste Zeit des Jahres in Kolumbien. Der Kontakt zu meinen Freunden in der Heimat ist dank E-Mail, Skype, VoipStunt, Pixum-Fotoalbum etc. nie abgebrochen. Meine

Wohnung in Heidelberg wird von einem guten Freund bewohnt, der auch die gesamte Post prüft und mir diese bei Bedarf weiterleitet. In meinem Haus in Kolumbien wird gerade ein neues Dreiraum-Büro plus IT-Infrastruktur eingerichtet. Außerdem nutze ich intensiv Web-Collaboration, Webkonferenz sowie Desktopsharing-Lösungen, damit der Kunde in Deutschland auch besser und vor allem auch zeitgleich an seine Daten drankommt und diese auf Wunsch gemeinsam und gleichzeitig bearbeiten kann.

Bevor er im Januar 2006 „aufgrund eines Burn-outs und tödlicher Langeweile aus Deutschland geflohen“ ist, war er Mitbegründer und Geschäftsführer eines spanisch-deutschen Joint Ventures, das Webkonferenz-Lösungen entwickelte und diese in ganz Europa vertrieb. Sechs Monate nach seiner Ausreise nach Kolumbien, im Sommer 2006, hat er dann von dort aus seine Unternehmensanteile verkauft. Die gesamten komplizierten Verhandlungen, erzählt er, liefen dabei übers Internet oder Telefon. Anwälte, Wirtschaftsprüfer und andere Beteiligte waren mit den notwendigen Vollmachten ausgestattet, „sodass ich das ganze nervenaufreibende Prozedere, das sich monatelang hinzog, von der Karibik aus beobachten und steuern konnte. Man muss nicht immer überall dabei sein und alles selbst machen. Das führt nur schneller zum Herzinfarkt.“

Heute betreut er von Kolumbien aus per Internet kleinere Kunden in Deutschland. Vielleicht, sagt er, will ein mittelständisches Unternehmen aus Rheinland-Pfalz seinen Direktvertrieb von Spanien zu ihm nach Kolumbien outsourcen: „Da bei diesem Hersteller fast ausschließlich via Telefon, E-Mail und Webshop verkauft wird, ist es nicht zwingend notwendig, von Spanien oder Deutschland aus zu arbeiten. Lediglich der Produktversand verbleibt beim Hersteller in Deutschland.“ Durch das Outsourcen des Vertriebs und Supports zu ihm nach Übersee, verspricht Fertig, würde das Unternehmen mindestens 60 Prozent Kosten sparen.

Das kann er dann natürlich nicht mehr alleine stemmen, aber auch er ist von der Idee der Virtuellen Assistenten begeistert: „Da es in vielen Regionen Lateinamerikas etliche Auslandsdeutsche und Aussteiger gibt, ist diese Region ein idealer Inkubator für deutschsprachige Servicecenter", glaubt er. „Zusätzlich wimmelt es in Deutschland geradezu von jungen Menschen, die nur darauf warten, ein Arbeitsangebot aus Lateinamerika zu erhalten, um dort praktisch ohne Start-up-Kapital ein oder mehrere Jahre zu leben und zu arbeiten, um Land und Leute kennenzulernen." Das Gehalt – so Fertigs Geschäftsmodell – spiele bei diesem Typ des „virtuellen Gastarbeiters" aus Deutschland hoffentlich nur eine untergeordnete Rolle, vorausgesetzt, er könnte seine Lebenshaltungskosten bestreiten. Zudem hätte er den Vorteil, „dass er nicht unbedingt sofort eine komplizierte Arbeitserlaubnis benötigt, da er ja im Cyberspace praktisch von überall aus arbeiten und fakturieren kann".

Es ist schwer zu beurteilen, wie viel von solchen Ideen spinnerte Aussteigervisionen sind und wie viel künftige Geschäftswirklichkeit. Was Pläne wie die von Harald Fertig, vor allem aber erfolgreiche Beispiele wie jenes von Tassilo Brinzer sicher zeigen, ist dies: Wir müssen unsere Berufstätigkeit nicht mehr in der kleinen Welt unserer Region planen und auch nicht nur in der lebenslangen Beschränkung auf unsere erlernte Profession. Vielmehr können wir für unsere Berufs- und Lebensplanung heute großzügig und abenteuerlustig die ganze Welt in den Blick nehmen – und manche tun das bereits. Sie sind wohl die Pioniere der Meconomy, deren Mobilität zu einem nicht geringen Teil auf technischen Entwicklungen beruht. Dass diese uns aus dem Büro befreiten, ist gut. Der Weg, den wir dann einschlagen, bleibt uns überlassen. Manche führt er in ferne Länder, andere – und das mag die Mehrheit sein – werden das Glück in der Nähe suchen. Die gute Nachricht: Auch das wird einfacher.

Das modernste Land der Welt?

Jeder Vielreisende kennt das: Hotels und Flughäfen verlangen Unsummen für drahtlosen Internetzugang. Auf Reisen und in fremden Städten ist man dankbar, mal ein Café entdeckt zu haben, das zum Heißgetränk einen WLAN-Zugang anbietet. Aber in der Regel ist man unterwegs auf teure Datenabos und UMTS-Karten angewiesen. Wie eine moderne Gesellschaft hingegen das Recht auf freien Internetzugang für jedermann in den Alltag umsetzt, kann man in Estland bewundern: Hier gibt es flächendeckend freies Internet. Cafés, Museen, Tankstellen und seit einigen Monaten sogar Bus und Bahn bieten kostenloses WIFI. In der Innenstadt von Tallinn hängen überall Straßenschilder, die auf staatlich gesponserten Datenfunk hinweisen. Und nicht mal die Luxushotels der Stadt – sonst die schlimmsten Beutelschneider – können es sich hier leisten, für den Internetzugang Geld zu verlangen. Ideal für mobiles Arbeiten, für Business Traveler und Weltenbummler.

Ich war kürzlich in Tallinn, habe mir die Situation angeschaut, die ich bisher nur aus Erzählungen kannte, und habe mit einigen der Protagonisten über die neuesten Entwicklungen gesprochen. Der Erfinder dieses Online-Paradieses, Veljo Haamer, kämpft seit Mitte der 90er für WIFI, hat inzwischen die Regierung und die großen Konzerne auf seiner Seite und sagt: „Ein Onlinezugang ist heute wie eine Strom- oder Wasserleitung – ein Grundrecht." Außerdem, so fand ich bei unserem Treffen heraus, mag er belgisches Bier, das man „ganz langsam trinken muss, wie Wein". Da eh fast alle Esten online sind, erledigen Sie auch gleich sämtliche Behördengänge am Rechner. Katrin Pärgmäe vom Estonian Informatics Center (der estnische Name ist etwas komplizierter) behauptet: „Die Steuererklärung dauert in unserem nagelneuen und übersichtlichen Regierungsportal nur zehn Minuten, ein Gewerbe anzumelden 15 Minuten." Vor zwei Jahren wurde zum ersten Mal online gewählt. Eltern kontrollieren die Hausaufgaben ihrer Kinder auf der Schulwebsite. Parkgebühren werden per SMS bezahlt. Und weil sogar das Bier in der Künstlerkneipe mit Kreditkarte abgerechnet wird, gibt es in Estland einfach gar kein Münzgeld mehr.

Ein paar Tage in Tallinn fühlen sich also an wie ein Besuch in der modernsten Nation der Welt – auch wenn die perfekt erhaltene Altstadt auf den ersten Blick eher das Gegenteil signalisiert. Aber genau das macht den Charme dieser Stadt aus. Womöglich ist das hypervernetzte aber entspannte Tallinn ein Vorgeschmack darauf, wie wir alle künftig leben können. Damit alle an diesem hochmodernen Leben teilhaben können, hat Pärgmäes Behörde seit 2006 auch Internet in die Dörfer gebracht – dank Wimax-Funkmasten sind heute 98 Prozent der Esten online – eine enorme Leistung in einem Land, das mit 29 Einwohnern pro Quadratkilometer extrem dünn besiedelt ist. Für Pärgmäe ist die flächendeckende Verbreitung von Onlinezugängen nicht nur eine Frage von Chancengleichheit und dem Schließen der drohenden digitalen Spaltung, vor der viele Wissenschaftler warnen. Die estländische Regierung stellt sich auch vor, dass urbane Wissensarbeiter aufs Land ziehen, dort aber genauso effektiv und kreativ sein können wie in der Stadt. Zur Illustration zeigt Pärgmäe ein Plakat, das die Lobby ihrer Behörde schmückt. Darauf ein Mann, der vor einer reetgedeckten Hütte sitzt, umgeben von saftig grünem Gras, und auf einen Laptop schaut. „E-Estonia“ steht auf dem Poster. „Wäre es nicht schön, wenn jeder, der will, so arbeiten könnte?“, fragt die Beamtin zum Abschied. Und schaut dabei, als wäre sie die Erste, die es ausprobieren würde.

Bauernhöfe zu Büros!

Auch in Deutschland soll die breitbandige Internetanbindung ländlicher Regionen nun endlich schneller vorangehen. Anfang 2009 verkündete die Bundesregierung, bis Ende 2010 schnelles Internetsurfen in ganz Deutschland zu ermöglichen. Bis 2014 sollten gar drei Viertel aller Haushalte an das neue superschnelle VDSL-Netz angeschlossen werden. „Eine enorme Kraftanstrengung“, so der SPD-Abgeordnete Martin Dörmann. Er ist skeptisch, ob der Prozess in diesem Zeitraum tatsächlich schon abgeschlossen sein wird, findet es aber „gut, dass man sich ehrgeizige Ziele setzt“.

Schätzungen zufolge sind heute noch etwa fünf Millionen Bundesbürger vom schnellen Internet abgeschnitten – insbesondere in Dörfern und Gemeinden. Während in den Ballungsgebieten eine fast hundertprozentige Versorgung mit Breitbandanschlüssen erreicht ist, hat ein Zehntel der Landbevölkerung überhaupt keinen Zugriff auf das schnelle Internet. Besonders betroffen: Sachsen-Anhalt, Mecklenburg-Vorpommern und Rheinland-Pfalz. „Bei der Breitbandverkabelung sind wir – das verhehle ich nicht – noch nicht so weit, wie wir es eigentlich erwartet haben", erklärte Bundeslandwirtschaftsministerin Ilse Aigner (CSU) Anfang Mai 2009 im Deutschen Bundestag. Der Breitbandausbau sei eine schwierige „Daueraufgabe" und nur mit einem Mix unterschiedlicher Techniken zu bewältigen.

Weil der flächendeckende Aufbau eines Festnetzes auf dem flachen Land unwirtschaftlich wäre, hat das Bundeskabinett kürzlich beschlossen, ehemalige Rundfunkfrequenzen für Breitband-Mobilfunkanwendungen freizugeben, der Bundesrat stimmte im Juni zu. So könnten per Funk auch die bisherigen weißen Flecken auf der Landkarte mit schnellem Internet versorgt werden.

Die Notwendigkeit, auch ländliche Regionen an das schnelle Datennetz anzubinden, ist unter Fachleuten unumstritten. Abgesehen von der Standortförderung und den offensichtlichen Vorteilen für die lokale Wirtschaft eröffnen technologische und gesellschaftliche Umwälzungen den kleineren Gemeinden neue Perspektiven. Wenn nicht länger Rohstoffe oder große Mengen an Arbeitskräften die wichtigsten Standortfaktoren sind, sondern viele Unternehmen nur noch elektronische Transaktionen benötigen, spielen lokale Politiker potenziell auf der Weltbühne mit. „In der Vergangenheit machte es keinen großen Unterschied, was ländliche Entscheidungsträger unternahmen, wenn ihre Regionen kaum physisch zugänglich waren", so der Technologieexperte Jeremy Millard, der viele europäische Regierungen berät: „Heute ist es sehr wichtig, was sie tun, denn ihre Regionen sind elektronisch zugänglich." Hier gebe es große Chancen, aber auch großen Wettbewerb.

Zudem werden „die Arbeiter von morgen von überall aus arbeiten können und viele von uns werden das auch tun", so die amerikanische Future Foundation. Arbeit werde immer weniger ein Ort, an den wir gehen und immer mehr eine Frage, wie wir unsere Zeit nutzen. Gute Nachrichten für kleine Gemeinden: „Solche Telearbeitsplätze sind eine Chance für ländliche Gemeinden, die kaum industrielle Fertigung haben", so Dörmann. Grietje Staffelt von den Grünen stimmt zu: „Prinzipiell liegt der Fokus darauf, die bisher unterversorgten Gebiete an die technische Entwicklung anzuschließen und die digitale Spaltung nachhaltig und zukunftssicher aufzuheben. Wenn sich – als Nebeneffekt – mehr Menschen vorstellen könnten, aufs Land zu ziehen, ist das doch positiv." Vorausgesetzt, diese pendelten nicht zweimal pro Woche wieder in die Stadt, dann seien die Vorteile selbst umweltfreundlicher Technologie wieder aufgebraucht.

Derweil erfinden sich überall auf der Welt derzeit Dörfer mithilfe von schnellem Internet in malerischen Häusern oder rustikalen Bauernhöfen neu – als Lebensmittelpunkt nomadischer Überallarbeiter, die abseits der Großstädte Naturfrieden mit Leistungseffizienz verbinden wollen. Coletta di Castelbianco, ein mittelalterliches Städtchen an der italienischen Riviera, gilt schon seit einiger Zeit als Vorzeigebeispiel der komplett breitbandig angebundenen Idylle, in der die aus den Großstädten geflohenen Wissensarbeiter das Landleben mit hoch qualifizierten Jobs verbinden. Zevillage in der Normandie hat sich sogar auf dem Ortsschild in „zevillage.net" umbenannt und rühmt sich, Frankreichs erstes Onlinedorf zu sein. Zwischen Kühen und Treckern leben hier Telearbeiter, die dem hektischen Paris entkommen sind.

Die Kreative Klasse siedelt sich also nicht nur in großstädtischen Szenevierteln an, wie das der Wissenschaftler Richard Florida in seiner These der „Spiky World" behauptet, sondern mag durchaus ins Grüne ziehen. Ländliche Regionen und Dörfer können mitmachen beim Kampf um gut ausgebildete Wissensarbeiter. Vorausgesetzt, sie sind online. Sonst passiert, wovon Hans-Heinrich Jordan erzählt: „Aktuell gibt es in meinem Wahlkreis den Fall, dass ein Architekturbüro umziehen muss, da die verfügbare Internetbandbreite auf dem Land nicht mehr ausreicht. Solche Unternehmen würden sicherlich im ländlichen Raum bleiben, wenn die Voraussetzungen stimmen."

Stadt oder Land? Eine alte Frage, neu verhandelt

Um besser zu verstehen, was wirklich dran ist am neu erwachten Interesse Digitaler Nomaden für die deutsche Provinz, habe ich kürzlich ein Wochenende auf dem Lande verbracht. Für jemanden wie mich, der in Berlin Mitte wohnt, ist das durchaus ungewöhnlich. Ich wurde zwar in einer kleinen Stadt im Münsterland geboren und habe als Kind direkt neben Bauernhöfen gelebt – trotzdem oder vielleicht gerade deshalb zieht es mich heute in der Regel nicht in Dorfkneipen, wenn ich stattdessen in urbanen Cafés sitzen kann. Allerdings beobachte ich seit einigen Jahren den Trend zum Sommer-/Ferienhaus unter jungen Großstädtern: In meinem Bekanntenkreis ist es gerade irrsinnig schick, sich ein Häuschen in der Märkischen Schweiz oder der Uckermark zu suchen (für Nicht-Berliner: Das sind idyllische Regionen etwa eine Stunde außerhalb der Hauptstadt). Und so war ich also am Wochenende bei Freunden in Buckow, bin am See spazieren gegangen, habe das 80-Quadratmeter-Appartement in der alten Villa am Waldrand bewundert und nicht zuletzt die Miete von schlappen 400 Euro.

Zum angesagten Lifestyle einer modernen bürgerlichen Klientel gehört heutzutage nicht selten die Stadtflucht. Im Grünen gärtnern oder am Eigenheim werkeln – das hat in begüterten ehemals urbanen Kreisen nicht selten die Diskussion um das neueste Restaurant, den besten Klub oder die schickste Boutique abgelöst. Manch früher überzeugter Großstädter sucht das gute Leben nun im nahe gelegenen Dörfchen oder in der Datsche mit Autobahnanschluss zur City.

„Why we're going back to the farm", titelte die Zeitschrift Monocle, die ansonsten eher globale Großstadttrends thematisiert, im Juni 2009 und schrieb über japanische Hipster, die das Landleben entdecken, neue Konzepte für israelische Kibbuzim, libanesische Ökobauern und ein junges Turiner Paar, das in den Hügeln des Piemont eine Farm gekauft hat, um künftig Schafskäse zu produzieren: „Wir schauen uns an, wie das Bestellen des Landes nicht nur eine Lifestyleoption ist, sondern ein solides Geschäft", so Herausgeber Tyler Brûlé im Vorwort.

Auch näher am Mainstream operierende Medien befördern den Trend zum lauen Landleben. In Deutschland gilt die Zeitschrift „Landlust" mit einem bukolischen Themenmix rund um Natur, Garten und dörfliches Wohnen als derzeit weitaus größter Branchenerfolg bei Lesern und Anzeigenkunden. Nicht selten legen die neu konvertierten Provinzapologeten dann auch selbst Hand an, wenn es um das neue Heim im Grünen geht: „Baumärkte erleben einen Ansturm auf Schulungskurse", schrieb die Zeitschrift Focus im Sommer 2009. Das Magazin analysierte prompt alltagspsychologisch, bei diesem Trend zum Selbermachen gehe es wohl um den „Wunsch nach Selbstverwirklichung, dem Ausleben der eigenen Möglichkeiten und Talente". Der Neurobiologe Gerald Hüther wird mit dem etwas verquasten Satz zitiert: „Es gibt kein stärkeres Bedürfnis der Menschen als das, dass sie sich als selbstwirksam erfahren wollen." Ulrike Zeitlinger, beim Burda-Verlag für die neuerdings wieder in Mode gekommen Schnittmuster verantwortlich, sieht im Nachgang der Wirtschaftskrise „eine extreme Sehnsucht nach Entschleunigung und Rückzug". Also, schließt das Nachrichtenmagazin, komme bei Stadtflucht und Handwerksboom ein „Wunsch nach Individualismus" zum Tragen sowie eine gewisse Technikmüdigkeit – viele Menschen wollten nach einem Alltag mit E-Mail und Computer wieder „das wahre Leben" spüren, statt sich in dessen Simulationen zu verlieren.

Eine Paradoxie dieser Logik fällt den Focus-Autoren selbst auf: Die neue Lust am Handwerkern gäbe es ohne das Internet gar nicht. „Die Zeiten, in denen jeder Vati den Sohnemann im Hämmern und Hobeln schulte, sind vorbei." Nun muss man sich das Know-how eben aus dem Netz holen. Analog zu den Blogs der Selbstverbesserungsexperten und Lifestyledesigner gibt es auch für Heimwerker, Gärtner und angehende Naturburschen jede Menge nützlicher Onlinequellen, bei denen sich Wissen tanken, vor allem aber mit Gleichgesinnten anbandeln lässt. Focus reimt fröhlich: „Geht's ums Dübeln, Düngen, Suppebinden, wirst Du was bei Google finden." Die Unterstellung eines inhärenten Gegensatzes von Naturliebe und Technikbegeisterung unterschlägt aber vor allem, dass sich die meisten der neuen, modernen Stadtflüchtlinge keineswegs als Aussteiger begreifen, dass sie eben nicht alles hinter sich lassen wollen, um Kartoffeln anzubauen. Sie haben stattdessen begriffen, dass die alte Trennung zwischen Stadt und Land, zwischen anspruchsvollem, gut bezahltem Bürojob und konsumfeindlicher Naturidylle so eben nicht mehr gilt.

Heute pendelt der zeitgemäße Arbeitnehmer zwischen Wochenendhaus und Flughafen, ist das Eigenheim im Grünen gleichzeitig Büro mit Breitbandanschluss und kann der Bauernhof zur Hightech-Zentrale ausgebaut worden sein. Das gute Leben ist kaum mehr streng zu verorten, geografische Einschränkungen der Lebensplanung haben immer weniger Geltung – mit dem Laptop unterm Apfelbaum zu sitzen ist heute nicht billiges Klischee aus Computerzeitschriften, sondern pragmatischer Alltag von immer mehr Menschen.

Sommerhaus, jetzt

Volker Schriefer kennen Leser von „Morgen komm ich später rein" schon als frustrierten Controller eines Großkonzerns, der sich aus dem Terror von 12-Stunden-Tagen und permanenter Anwesenheitspflicht befreit hat. Der mit Mitte 30 seinen hoch dotierten Job kündigte, erst mal acht Monate mit Mini-Budget durch Südamerika reiste und sich als Fotograf ausprobierte, bevor er zu seinem alten Beruf zurückkehrte – aber eben nicht als festangestellter Bürosklave, sondern als Freiangestellter, der seine Arbeitszeit selbst einteilt, Phasen intensiven Geldverdienens mit langen Urlauben abwechselt und allgemein so viel wie möglich zu Hause arbeitet, weil er dort viel produktiver ist als in der oft ineffizienten Atmosphäre von Meetingwahn und Büropolitik.

Schriefer findet nun, zwei Jahre später, immer noch, dass dies die beste Entscheidung seines Lebens war – und er möchte seinen Lebensentwurf einen Schritt weitertreiben. Er hat schon immer davon geträumt, ein Grundstück mit altem Baumbestand zu besitzen. Ein kleines Häuschen nahe an einem See. Ruhe, Natur, Grün. Jetzt hat er sich überlegt: Seine

Art zu arbeiten kann er wirklich von überall aus umsetzen. Nicht nur aus der eigenen Wohnung – sondern auch von seinem erträumten Haus am See aus. Er ist einige Wochen pro Jahr bei Kunden vor Ort, viele weitere Wochen arbeitet er für sich allein an Konzepten und Strategien für diese Kunden – und den Rest der Zeit arbeitet er gar nicht, sondern reist und fotografiert, denn sein Honorar ist gut und seine täglichen Ansprüche sind bescheiden.

Herr Schriefer, Sie haben Ihr Leben komplett umgekrempelt, einen sehr gut bezahlten Job gegen mehr Freiheit getauscht. Bereuen Sie das schon?

Volker Schriefer: Nein, ich denke, es war wohl die beste Entscheidung meines Lebens. Erst im Rückblick ist mir deutlich geworden, wie wenig angestelltenkompatibel ich war, wie sehr ich mich in die Rolle quetschen musste, die ich in dem Unternehmen gespielt habe. Der jetzige Arbeitsmodus fühlt sich für mich als der richtige an; ich bin nicht an ein Unternehmen gebunden, kann meine Arbeitsauslastung – in gewissen Grenzen – selbst steuern und mich weitgehend fernhalten von der Innenpolitik einer Organisation. Wenn ein Auftraggeber für mich unerträglich wird, dann kann man das Engagement beenden und sich in seinem Netzwerk nach einem anderen Auftrag umsehen.

Können Sie anderen raten, es Ihnen gleichzutun?

Schriefer: Ich würde jedem, der den finanziellen Puffer hat, raten, sein Berufsleben umzukrempeln und nach anderen Möglichkeiten zu suchen. Die Lebenszeit ist von limitierter Länge und bei der Pensionierung sollte sich niemand selbst vorwerfen müssen, dass man Jahrzehnte in einem unbefriedigenden Arbeitsverhältnis verbracht hat. Natürlich ist das nicht jedem möglich. Ich habe einen Kollegen, der sich auch gerne selbstständig machen würde, aber durch eine Hypothek und seine Familie nicht über die Reserven verfügt, diesen Schritt wagen zu können.

Hilft die neue Technik?
Schriefer: Natürlich wäre es ohne E-Mail sehr schwierig, auch mal vom Home-Office aus zu arbeiten. Telefonkonferenzen benutzen wir häufig. Auf einem Projekt haben wir eine Software namens Projectnet eingesetzt, mit der man Projekte online managen kann. Mit ortsunabhängigen Präsentationsprogrammen wie Netviewer lassen sich Kunden ganz gut Resultate der Arbeit vorführen. Gelegentlich nutzen wir Videokonferenzen.

Sie haben jetzt ein kleines Häuschen vor den Toren Berlins. Was reizte Sie am ländlichen Leben?
Schriefer: Die Uckermark ist der denkbar konträrste Gegenentwurf zu Berlin Prenzlauer Berg. Es gibt dort die reine, unberührte Natur. Die Menschen sind äußerst einfach und unprätentiös. Die Luft ist gut. Man fühlt sich nicht verpflichtet, von der überbordenden freizeitgestalterischen Vielfalt Berlins Gebrauch zu machen. Alles, was man in der Uckermark benötigt, sind Ruhe und Natur.

Wie sieht ein typischer Tag aus, wenn Sie nicht vor Ort beim Kunden sind?
Schriefer: Frühstück im Garten, Laptop aus dem Haus holen, E-Mails lesen und schreiben, Bildschirmarbeit im Garten, zwischendurch Hekken schneiden und Unkraut jäten oder im See baden. Am Nachmittag eine Telefonkonferenz mit Kollegen zu aktuellen Fragen, dazwischen kurzer Plausch mit Gerd, dem arbeitslosen Handwerker von gegenüber, zu Problemstellungen des Dachausbaus. Am Abend Laptop zuklappen und Handy ausschalten, dann Barbecue mit Freunden zwischen Obstbäumen.

Doch das Häuschen im Grünen ist nicht nur etwas für saturierte Besserverdienende, auch die Jüngeren können ihm durchaus etwas abgewinnen. „Der Trend, dass junge Leute auch ohne Kinder aufs Land ziehen, hält unvermindert an", sagt Eugen Schnoor vom Ring Deutscher

Makler in Berlin. Zwar seien die angesagten Lagen in den deutschen Großstädten nach wie vor gefragt. Doch wählten junge, gut verdienende Akademiker immer wieder gern die ruhigen Gegenden vor den Toren der Stadt. Für viele begann der Trip ins Grüne als Urlaub: „Sie entdekken das Sommerhaus vor den Toren der Großstadt als Alternative zum Backpackertrip durch Thailand", so der Trendforscher Peter Wippermann: „Ihre Eltern haben ihnen bei der Geburt eine Senatorkarte für die besten Flughafenlounges reserviert, sodass ihnen das Reisen zur zweiten Heimat wurde. Für ihre Erzeuger sind sie auch heute gern bereit, über das Netz Pauschalurlaube preiswert zu buchen, aber nicht für sich selbst. Sie kennen die Welt, nicht jedoch die Wäldchen in der Nähe." Die Lust am Vergnügen in den Naherholungsgebieten zwischen Nord- und Ostsee und den bayerischen Alpen wachse „nicht, weil es eine steigende Sozialschwäche in der nachwachsenden Touristenzielgruppe gibt, sondern weil die Stil-Gruppen eine ästhetische Entscheidung getroffen haben: Heimat ist schön. Das haben sie vom Wunderkind Joop gelernt, der seine Liebe zu Potsdam öffentlich bekennt."

Wippermann sieht hier größere Zusammenhänge am Werk: „Das Aussteigen aus dem Projekt ‚schneller leben' kann nicht mehr mit der Mentalität der Hippies gelöst werden." Die ersten Erfahrungen mit der neuen Arbeitswelt zeigten, dass Einfallsreichtum und Innovationen die höchste Wertschöpfung in der Wissensgesellschaft haben werden. Gerade in der Krise wird nach einer Phase des Rationalisierens und Automatisierens vor allem Kreativität gefordert. „Aber das Denken und die Ideenfindung kann man nicht beschleunigen, nur provozieren", so Wippermann. „Das schöne amerikanische Wort ‚Serendipity' benennt die Rahmenbedingungen für Kreativität. Es ist nicht verplante Zeit in einer anregenden Umgebung. Genau dafür ist das Sommerhaus ideal."

Die These wäre also nicht: Dörfer haben jetzt auch manchmal Internet – das wäre natürlich trivial. Sondern: Die kreativen Zentren der Zukunft liegen nicht notwendig im Urbanen. Vielmehr können sich gerade kleine Gemeinden als idyllischer Ort zum Leben und Arbeiten neu erfinden.

VON DER ME- ZUR WECONOMY

Allein oder gemeinsam?

Neulich hing in unserem Treppenhaus ein Zettel: „Liebe Nachbarn“, stand da, „es soll ein Straßenfest organisiert werden, wer macht mit?“ Normalerweise ignoriere ich so etwas, man hat ja auch so schon genug zu tun. Aber irgendwie fand ich den Gedanken diesmal nett. Ich arbeite ja seit einiger Zeit sehr viel daheim, trotzdem kannte ich kaum jemanden aus dem Haus, geschweige denn aus der Straße. Könnte man ja mal ändern, dachte ich. Vielleicht lag es auch ein bisschen daran, dass ich ja nun bald Vater würde, da macht man sich plötzlich Gedanken über Dinge wie Heimat, Heimeligkeit und hilfsbereite Nachbarn, die auch mal babysitten könnten. Wenn man sie denn kennen würde.

Also haben wir mitorganisiert. Endlose Planungsrunden durchgestanden, in denen überlegt wurde, welche Farbe die Dekoballons haben sollten, wie viel Spende man für Würstchen verlangt und in welchem Hof die Kinderklaviershow stattfinden könnte. Wir haben riesige Senf- und Ketchupflaschen aus dem Großmarkt besorgt und Pappteller. Am Tag des Festes habe ich mich zum Grilldienst eintragen lassen, ein kleiner Junge aus dem Haus war mein Assistent, öffnete Flaschen und kassierte die Spenden. Was soll ich sagen? – Es hat Spaß gemacht. Die Straße war voller Leute, alle haben gegessen, getrunken, geredet. Man konnte mal in die Höfe der Nachbarn schauen und tatsächlich grüße ich jetzt viele Straßenbewohner. Das übrig gebliebene Geld wurde für eine Kinderinitiative gespendet. Kurzum, es war ein gelungenes Straßenfest, aber eben auch nur ein Straßenfest. Oder, der Gedanke kam mir, war das Fest und besonders meine Bereitschaft, es mitzuorganisieren, vielleicht das Anzeichen von etwas Größerem? Fingen in der Krise selbst wir als isoliert, individualistisch und egozentrisch geltende Großstädter an, gute alte Werte wie Gemeinschaftsgefühl, Nachbarschaftshilfe und Solidarität wiederzuentdecken? Und wie passte das zu meiner These der Meconomy, vom Trend hin zu Selbstverwirklichung und Individualisierung? Diese Frage musste geklärt werden, um sie soll es im letzten Teil dieses Buches gehen.

Solidarität in der Meconomy

Hat uns die Krise zu besseren Menschen gemacht? Der Hamburger Zukunftsforscher Horst Opaschowski ist davon überzeugt: „Aus der Gesellschaft der Ichlinge wird eine Gemeinschaft auf Gegenseitigkeit", fasst der Leiter der Stiftung für Zukunftsfragen seine jüngste Studie mit dem Titel „Vision Deutschland. Neue Wege in die Welt von morgen" zusammen. Die „Wiederentdeckung der Familie, die Wiederentdeckung der Freunde, das Comeback der guten Nachbarn" hätten nun Vorrang. Im Leben nach der Wirtschaftskrise kommen für die Deutschen Familie und Freunde zuallererst, hat er herausgefunden – Geld und Reichtum stehen nicht mehr obenan.

Die Gesellschaft in Deutschland werde eine andere sein, ist der Forscher überzeugt – „eine selbstbewusstere und solidarischere Gesellschaft mit starken Bürgern". Allerdings müssten die Weichen für die Welt von morgen schon heute gestellt werden, zitiert der Wissenschaftler aus der repräsentativen Zukunftsstudie – die pünktlich zum 60-jährigen Bestehen der Bundesrepublik und dem 30-jährigen Bestehen der Stiftung erschien. „Jedes dritte Arbeitsverhältnis dauert kein ganzes Jahr mehr. Und viele Unternehmen können keine Jobgarantie mehr gewähren. Es gibt immer weniger Mitarbeiter, die einer Firma zeitlebens die Treue halten“, so Opaschowski. „Was man früher Betriebstreue nannte, die Loyalität zum Arbeitgeber, das gibt es nicht mehr. Ein Wir-Gefühl wird zwar erwartet, aber ist so gut wie nicht mehr da. In 20 Jahren wird nur noch jeder Zweite einen Vollzeitjob haben.“ Bei den Studenten, die er interviewe, stehe in der Lebenszielplanung die Karriere nicht mehr an oberster Stelle, sondern das Gleichgewicht von Privat- und Berufsleben. „Die junge Generation nimmt eine Güterabwägung vor und stellt fest: Der Karrierismus allein bringt keine Lebenserfüllung. In der derzeitigen Arbeitswelt wird man als Person geopfert.“

Ergebnis: Die „ultimative Auspowerung“ finde nicht mehr statt. „Man sagt sich: Lieber reduziere ich meine Karriereansprüche und bleibe in der zweiten Reihe. Dann kann ich wenigstens noch in den Spiegel schauen – und mein eigenes Lebenskonzept verwirklichen.“ Opaschowski sieht darin eine Revolution und Evolution zugleich – verbunden mit dem Wandel vom quantitativen zum nachhaltigen Wohlstandsdenken. Die Formel laute: Lieber gut leben statt viel haben.

Dieses Umdenken wurde in seinen Augen durch die Wirtschaftskrise endgültig eingeleitet. Veränderungen kündigten sich immer in Krisenzeiten an. Solange die Arbeitswelt Anreize bereitstellen kann, die zum Wohlleben beitragen, denkt man nicht groß darüber nach. „Dann ist man im Hype des Aufstiegs gefangen. Das konnten wir in den 80er- und 90er-Jahren beobachten: Es ging immer nur aufwärts, bis die Luftblase der New Economy platzte. Seither kann die Arbeitswelt diese Garantie nicht mehr einlösen.“

So könnte der Zusammenhang von Meconomy und Gemeinschaftsgefühl, von Selbstverwirklichung und Ausstieg aus dem Leistungswahn aussehen: Gerade junge Arbeitnehmer sind pragmatisch genug zu erkennen, dass der Job ihnen keine absolute Sicherheit mehr bietet, auch keine feste Lebensstruktur. Deshalb verzichten sie nicht auf Karriere und Leistung, sie wollen diese aber nach ihren eigenen Regeln gestalten. So, dass sie dem Job nicht mehr das ganze Leben unterordnen müssen. Dass sie nicht mehr – wie frühere Generationen – für den Arbeitgeber ihre Freunde, Familie, Interessen und Reisen komplett vernachlässigen oder aufgeben. Die Meconomy ist nicht leistungsfeindlich, aber ihre Protagonisten wissen sehr genau, dass Arbeit nicht alles ist und der Job kein Ersatz für ein erfülltes Leben.

Der Thinktank im Kanzleramt

Horst Opaschowskis Studie war Teil einer großen Bestandsaufnahme und Prognoserunde, die 2009 im Auftrag von Angela Merkel stattfand. Das Bundeskanzleramt bat Zukunftsforscher und Experten aus verschiedenen Disziplinen an einen Tisch, um herauszufinden, wohin sich Deutschland entwickelt: Soziologen und Medienwissenschaftler, Arbeitsexperten und Unternehmer, Designer, Stiftungsvertreter und sogar ein Science-Fiction-Autor waren dabei. Der Publizist Peter Felixberger hat die Ergebnisse protokolliert. Gegenstand der Überlegungen war, schreibt er, „die nächste Generation, die im Jahr 2030 an den Schalthebeln in Politik, Wirtschaft und Gesellschaft sitzen wird", sowie „die möglichen Verbindungslinien dorthin".

Die Beteiligten diskutierten Felixbergers Beobachtung nach „ergebnisoffen, welche Zukünfte gerade begonnen haben" und für welche wir uns entscheiden können. „Die Kanzlerin wollte Denkanstöße von ganz unterschiedlichen Experten erhalten. Langfristige Perspektiven jenseits des Tagesgeschäfts." Dass die Regierung diesen Prozess initiierte, adelt die Prognosen. Auf ihrer Basis, so darf man annehmen, werden in naher Zukunft Entscheidungen gefällt, die uns alle angehen.

Eine der wichtigsten Veränderungen in den letzten Jahren wurde im Kanzleramt im Wandel des Selbstverständnisses unserer Arbeitsgesellschaft geortet: „Während die einen diesbezüglich ihre Berufswelt zunehmend als kreatives Improvisationstheater und Selbstverwirklichungsraum empfanden, fühlten sich viele andere ausgegrenzt und fremdbestimmt", so der Protokollant. Es wirkt fast so, als sei hier unter den Experten die Meconomy beschrieben worden, darum soll diese Debatte hier in einem längeren Auszug wiedergegeben werden:

Es hat sich mittlerweile herumgesprochen, dass feste, stabile Dauerarbeitsplätze, noch dazu ein Leben lang, immer weniger werden. Arbeit wird nicht mehr begriffen als das, wohin man geht, sondern als etwas, das man kann – und das längst nicht mehr nur an einem Ort. Die Zukunft der Arbeit ist bunt, schillernd und riskant. Neue Berufsbilder sprießen ebenso aus dem Boden wie neue Arbeitsstrukturen. Einer der Trends in den letzten Jahren ging beispielsweise in Richtung Selbstunternehmer, welcher sein berufliches Schicksal selbst in die Hand nimmt, auch wenn die Realität derzeit oft noch in eine unzumutbare Vielbeschäftigung oder in Richtung Selbstausbeutung oder gar Scheitern mündet.

Dieser Lebensunternehmer denkt seine Biografie eher als Patchwork. In jedem Lebensabschnitt will er einen Entwicklungsschritt ermöglichen, der zur persönlichen Reifung beiträgt. Und zwar sowohl innerhalb als auch jenseits des bezahlten Jobs. (...)

Das dahinterstehende Interesse am selbstbestimmten Leben ist ungebrochen und in der Werteskala der Menschen mittlerweile weit nach oben gerückt. Arbeit dient mehr denn je der Persönlichkeitsentwicklung und Lebenserfüllung. (...) Selbstverwirklichung ist angesagt. 59 Prozent der jüngeren Arbeitskräfte bis 34 wollen eigene Vorstellungen verwirklichen.

Felixberger nennt als ein Fazit der Expertenrunde, dass Selbstbestimmung und Individualisierung für viele in Zukunft die höchsten Werte sein werden. „Die Menschen wollen künftig ein Leben in Eigenregie führen.“ Dass dies eine „wichtige Zukunftslinie“ ist, scheint also im Kanzleramt angekommen zu sein. Was aber bedeutet das für staatliche Institutionen, für Bildung, Gesetzgebung und die dahinterstehenden Prinzipien von Solidargemeinschaft und Chancengleichheit? Institutionen bildeten dann „nur noch einen administrativen Rahmen“, so Felixberger. Der Kölner Soziologe Heiner Meulemann merkte in der Runde an: „Die Menschen brauchen nach wie vor Institutionen, aber sie wollen selbstbestimmter und reflexiver mit ihnen umgehen.“ Sein Bielefelder

Kollege Klaus Hurrelmann spricht statt von „Individualisierung“ lieber von „Diversifizierung“ und sieht künftig das „Streben nach Selbststeuerung“ im Mittelpunkt, das Gefühl, selbst wirksam zu sein. Thomas Perry und Joop de Vries von Sinus Sociovision fürchten, dass die zunehmende Individualisierung die Gesellschaft tiefer spaltet. Die Kluft zwischen Gewinnern und Verlieren werde immer größer: „Während einige Freiheit und Autonomie einfordern, brauchen andere Fairness und Solidarität.“ Die Politik werde zunehmend unter dem Druck stehen, diese Kluft zu überbrücken, die eben nicht die traditionelle zwischen Arm und Reich, Rechts und Links, Modern und Konservativ sei, sondern „eine Kluft, die auf der individuellen Fähigkeit basiert, mit einer immer komplexeren Welt fertig zu werden.“ Ein Spagat für die Politik, so Felixberger. „Einerseits die Talente, die Kreativen, die Unabhängigen – mit Potenzial und Optionen. Äußere Zwänge und Führung lehnen sie ab. Sie sind in der Welt zu Hause, mobil und vernetzt.“ Auf der anderen Seite, so Perry und de Vries, „Menschen, welche die negativen Auswirkungen der Individualisierung erleben“ – Anonymität, Stress, Einsamkeit. Sie erwarten eher Fairness als Freiheit, wünschen sich starke Institutionen. Ralf Fücks von der Heinrich-Böll-Stiftung gab der Diskussion einen anderen Dreh. Er sieht in der Individualisierung einen entscheidenden Nutzen, nämlich das Entstehen einer neuen, global orientierten Generation: „Eine wachsende Minderheit, die eine kosmopolitische Identität entwickelt.“

Felixbergers etwas pathetisches Zwischenfazit lautet: Der Mensch stehe heute an der Schwelle zur Freiheit. „Er ist endlich so klarsichtig und gebildet, dass er sich frei machen kann von Kontrolle und Überwachung. Von Staat und Kirche. Von Unmündigkeit und Dummheit!“ Jeder sei „ein Talent, das Grenzen überwindet“. Gleichzeitig hätten immer mehr Menschen Angst davor, erlebten die Freiheit als Unfreiheit.

Neue Strukturen für die Digitalen Ureinwohner

Sebastian Sooth, der 30-jährige Berliner Protagonist des Coworking, sieht sich und seine Mitstreiter durchaus als Sozialreformer. Mit ihm habe ich mich darüber unterhalten, wie seine Generation zu diesen von Experten und Politikern im Kanzleramt diskutierten Themen steht.

Sebastian, wenn wir künftig entscheiden, wo und mit wem wir arbeiten – ist das nur ein Teil einer größeren Emanzipationsbewegung hin dazu, sich das Leben, auch mithilfe neuer Techniken, so einzurichten, wie man es gern hätte?
Sebastian Sooth: Sympathisch finde ich die Open-Everything-Bewegung, die von einem gemeinschaftlichen, offenen Zusammenwirken in allen Bereichen der Gesellschaft ausgeht. Bisher ist Individualismus nur in unserem Freizeitverhalten akzeptiert. Beim aktuell stattfindenden Wandel zur Netzgesellschaft wird sich das aber auf alle anderen Bereiche ausdehnen. Wir werden nicht nur anders arbeiten, sondern auch anders wohnen und anders zusammenleben. Das Internet ist hierbei der Katalysator, weil Transaktionskosten für eine extrem flexible Nutzung verschiedenster Ressourcen gegen null sinken.

Klingt sehr abstrakt. Hast Du konkrete Beispiele?
Sooth: Es werden flexiblere Mobilitätskonzepte zwischen reinem Individualverkehr und öffentlichen Transportmitteln entstehen. Daimler probiert im Projekt „Car2go" beispielsweise die absolut flexible Nutzung von Carsharing aus, mit Autos, die man nicht mehr an Sammelstellen abholen und abstellen muss, sondern im gesamten Stadtgebiet on demand nutzen kann. Ein anderer Bereich ist Couchsurfing, hier bieten Menschen in einer Web-Community kostenlose Unterkünfte für Reisende an.

Sind technische oder gesellschaftliche Veränderungen die Ursachen für solche Phänomene?

Sooth: Die Prinzipien des Netzes und von Netzwerken werden Vorbild sein für Veränderungen im realen Leben. Cloud Computing, dezentrale Strukturen, Peer-to-Peer-Kommunikation werden ihre Entsprechung im gesellschaftlichen Umgang miteinander finden. Access statt Eigentum wird nicht nur bei immateriellen Gütern die Nutzungsmöglichkeiten revolutionieren. Neue Technologien ermöglichen es uns, orts- und zeitunabhängig miteinander zu kommunizieren. Der einfache Zugang zu Gleichgesinnten überall auf der Welt über das Netz weckt das Bedürfnis, uns auch im alltäglichen, lokalen Umfeld mit den Leuten und Fragen zu beschäftigen, die uns wirklich interessieren und mit denen wir freiwillig Kontakt suchen. Die Gleichzeitigkeit von Aktionen, Verbindungen, Interessensphären wird weiter zunehmen.

Wir erfinden gerade unser Leben neu?
Sooth: Wir leben in interessanten Zeiten. Lange angenommene Strukturen und Verlässlichkeiten brechen weg, die eine Sicherheit vortäuschten, die es so nie gab. Im Gegenzug schränkten sie individuelle Freiheiten und Entwicklungsmöglichkeiten ein, indem sie die Unterwerfung unter ein hierarchisches, paternalistisches System verlangten. Für die neu zu gewinnenden Freiheiten braucht es aber natürlich auch neue Arten von Sicherheiten und ganz andere Unterstützungssysteme. Nur die Politik hat das noch immer nicht erkannt oder verschließt die Augen davor. Wenn in den Wahlprogrammen der Parteien das Prinzip Vollbeschäftigung immer noch als höchstes Ziel deklariert wird, wenn auf der Website des Arbeitsministeriums im Bereich „Lebenslagen" die Freiberufler und Selbstständigen fehlen, wenn jenseits aller gesellschaftlichen Realität das Modell der lebenslangen Ehe immer noch das Maß aller sozialen Sicherungssysteme ist, dann wird deutlich, dass wir die Neuerfindung unseres Lebens selbst in die Hand nehmen müssen.

Zum Beispiel wie?
Sooth: Wir erziehen und bilden unsere Kinder immer noch für eine Industriegesellschaft, mit Menschen, die aus einer solchen kommen. Wir

leben aber in einer Netzwerkgesellschaft, in der die ständige, flexible Neukombination unendlich viele neue Möglichkeiten bietet. Insofern sind neue Arbeitsformen wie Coworking eigentlich eine logische Konsequenz dieser Entwicklung. Da sind natürlich rückwärtsgewandte Instrumente wie die Abwrackprämie nur ein letztes verzweifeltes Aufbäumen der alten Strukturen. Man stelle sich vor, wie viel brachliegendes Potenzial eine Aktion „One Laptop per Adult" hätte nutzbar machen können, wenn die Produktionsmittel der Wissensgesellschaft in die Hände der bisher abhängig Beschäftigten gegeben worden wären. „Baut kleine, geile Firmen auf", sang schon Funny van Dannen.

Ist das Ganze nur ein Elitephänomen?
Sooth: Ich denke, das, was wir gerade erleben, ist ein Phänomen einer Avantgarde, nicht das einer Elite. Als ich 1996 mein erstes Mobiltelefon hatte, stieß ich größtenteils auf Unverständnis. Es war als „Yuppie-Statussymbol" negativ angesehen. Wozu solle denn ein normaler Mensch ständig und überall erreichbar sein, wurde immerzu gefragt. Heute ist es selbstverständlich, sich sein Leben mithilfe dieses ständigen Begleiters zu organisieren. Meine Generation ist mitten im Wandel von der analogen in die digitale, vernetze Welt aufgewachsen. Wenn ich mir ansehe, wie schnell und einfach man heute mit einem Facebook-Event ein Treffen organisiert hat oder mittels Google Docs mit auf der ganzen Welt verstreuten Menschen Texte oder Konzepte schreibt oder in Wikipedia Informationen zu jedem denkbaren Thema findet, und das mit der Welt von vor 1995 vergleiche, dann sehe ich trotz aller krampfhaften Einschränkungsversuche der alten Garde eine Welt, in der wir mehr Freiheiten haben als je zuvor.

Also doch eine Generationenfrage?
Sooth: In dem Moment, in dem die nachfolgende Generation ins Berufsleben eintritt, wird sich der Prozess extrem beschleunigen. Jemand, der damit groß geworden ist, seine Freunde jederzeit online zu erreichen, sich kollaborativ im Netz zu bewegen, sich Informationen mit

zwei Mausklicks zu besorgen und alles ständig neu zu kombinieren, wird sich mit den alten Strukturen nicht lange abfinden. Und das ist auch gut so.

Lifestyledesign und Verantwortung – wie passt das zusammen?

Das amerikanische Magazin Fast Company galt in den späten 90er-Jahren des letzten Jahrhunderts als intelligente Stimme der New Economy. Auch in den Folgejahren etablierte es sich weiter an der Speerspitze neuer ökonomischer Trends. Im Jahr 2009, auf dem Höhepunkt der Weltwirtschaftskrise, war es offenbar an der Zeit, einen neuen Paradigmenwechsel auszurufen: „Das Ende des modernen Finanzsystems, wie wir es kannten, hat den Weg frei gemacht für eine Ära ethischen Wirtschaftens“, proklamierte Fast Company und hatte auch gleich einen Namen für diese neue Bewegung parat: „Ethonomics“. Der Autor Noah Robischon argumentierte, dass wir in einer Welt mit begrenzten Ressourcen aber fast unbegrenztem Einfallsreichtum leben. Deshalb sei eine Generation von jungen Gründern und Innovatoren in den Weltkonzernen dabei, Unternehmen zu gründen, die gut für den Planeten sind und gut für die Rendite. „Sie praktizieren sozialen Wandel durch eine Wiederbelebung der Innenstädte, nachhaltige Landwirtschaft, umweltfreundliche Computertechnologie, alternative Energiequellen und Investments, die aus Online-Communitys kommen“, so Robischon.

Jedes Geschäftsmodell, das sich nachhaltig und innovativ nennt, müsse heute zunehmend effizient mit Energie und natürlichen Ressourcen umgehen, transparent und haftbar sein, eine vernünftige Balance zwischen Menschen und anderen Lebewesen befördern. Ethonomics sei ein Hybrid aus Technologie, Design und sozialer Verantwortung – „wir bei Fast Company sind der Überzeugung, dass darin die Zukunft jeder Geschäftstätigkeit liegt.“ Die Selbstverwirklichung der Meconomy kann heute kein autistischer Ego-Trip mehr sein. Wer nur an sich denkt, wird keinen Erfolg haben. Deshalb ist die Diagnose der zunehmenden Individualisierung und des Strebens nach der Erfüllung selbst gesetzter Lebensziele nicht weniger richtig. Die Kunst für uns alle wird sein, diese Ziele mit den Interessen der anderen an besserem Leben und nachhaltigem Wirtschaften in Einklang zu bringen.

Sinnsuche überall: „Wir leben in Zeiten großer Unsicherheit", schreibt zum Beispiel Tim Leberecht, Marketingchef und Vordenker der weltweit tätigen, in Deutschland gegründeten Gestalterschmiede Frog Design, die ihre Produkte traditionell an Zukunftsprognosen und gesellschaftlichen Analysen orientieren. „Die Untergangsstimmung der Wirtschaftskrise, die Auflösung der Massenmärkte, die Verbreitung des digitalen Lebensstils und die Fragmentierung traditioneller gesellschaftlicher Institutionen ängstigen die Menschen nicht nur, sondern inspirieren auch eine Suche nach Einfachheit und nichtökonomischen Wertesystemen."

Leberecht, der mit seinen Kollegen Innovationen für Firmen wie IBM, T-Mobile, SAP oder die Lufthansa entwickelt, fordert Unternehmen auf, ihrer Runde der Führungskräfte einen „Chief Meaning Officer" hinzuzufügen – einen Geschäftsführer für Sinn. Konsumgetriebener Wohlstand und Status würden künftig abgelöst von Identität, Zugehörigkeitsgefühl und einem starken Bedürfnis, an etwas Sinnvollem teilzuhaben, statt noch mehr Dinge anzuschaffen. Auch der Philosoph Alain de Botton empfiehlt angesichts der Krise einen individuellen Wertewandel: „Es gibt keinen Reichtum außer dem Leben. Darum sollten uns auf unser Lebensportfolio konzentrieren statt auf unser Finanzportfolio."

Partizipation und Ethik

Auf der TED-Konferenz finden sich jedes Jahr Wissenschaftler, Philosophen, Politiker und Popstars aus der ganzen Welt ein, um 15 Minuten kurze Vorträge vor einer ausgewählten Zuhörerschaft zu halten. Diese Reden werden komplett gefilmt und ins Internet gestellt. TED gilt als wohl wichtigste Konferenz innovativer Ideen weltweit. 2009, auf der

TED Global in Oxford, war es ausgerechnet der sonst als eher farblos geltende britische Premierminister Gordon Brown, der die Zuhörer mitriss und mit seiner Rede in die Medien kam. Wir seien in einer historisch einmaligen Situation, argumentierte er. Wir könnten die heutige Vernetzung nutzen, um unsere gemeinsame globale Ethik zu entwickeln. Um daran zu arbeiten, die Herausforderungen von Armut, Sicherheit, Klimawandel und in der Wirtschaft anzugehen. „Neu ist, dass wir jetzt Kapazitäten haben, spontan über Grenzen und die ganze Welt hinweg zu kommunizieren“, so Brown – nachdem er ein Foto der im Iran bei Protesten getöteten Studentin Neda gezeigt hatte, deren Sterben per YouTube um die Welt gegangen war: „Wir können gemeinsame Positionen mit Menschen entwickeln, die wir nie treffen werden, aber die wir über das Internet und die modernen Kommunikationstechnologien treffen. Wir können jetzt kollektive Aktionen organisieren und unternehmen, um das Problem der Ungerechtigkeit anzugehen.“ Dies markiere den Beginn einer wahrhaft globalen Gesellschaft. Der amerikanische Wissenschaftler Clay Shirky behauptet schon länger, dass Facebook, Twitter und SMS-Nachrichten Menschen, die unter repressiven Regimen leben, dabei helfen, Nachrichten über tatsächliche Vorgänge zu verbreiten und so zumindest kurzfristig Zensoren zu umgehen. Das Ende der von oben kontrollierten Nachrichten verändere die Natur von Politik, sagt Shirky, dessen Buch „Here Comes Everybody“ als Standardwerk zu diesem Thema gilt. Auch er sieht uns an einem historischen Scheideweg: Wir erleben im Augenblick den größten Zuwachs an individueller Ausdrucksmöglichkeit in der Geschichte der Menschheit.“

Das wirft Fragen auf. Sollte in einer Gesellschaft, die sich zunehmend auf technologische Partizipation, Selbstverwirklichung in fragmentierten Gruppenidentitäten, lebenslanges Lernen und permanentes Sich-neu-Erfinden eingestellt hat, nicht auch der Staat anfangen, sich unter stärkerer Einbeziehung der Bürger neu zu erfinden? Reicht es vor diesem Hintergrund, auf die repräsentative Demokratie mit ihren alle paar Jahre stattfindenden Wahlen zu verweisen? Oder müssen nicht vielmehr direktdemokratische Elemente gestärkt, Bürgerengagement gefördert und externes Expertenwissen auch im lokalen Bereich eingeworben werden? Das wohl prominenteste deutsche Beispiel für das zunehmende Bedürfnis der Bürger, sich elektronisch vermittelt einzubringen, war die Protestwelle in der Online-Community angesichts der als Zensurversuch empfundenen Internetsperren auf Initiative Ursula von der Leyens. Gleichzeitig tragen die neuen Kommunikationswege zu einem erstarkenden Interesse an Politik bei. Gut ein Drittel der Deutschen bediente sich im zweiten Quartal 2009 des Internets, um Nachrichten über Politik abzurufen. Bezogen auf die Gruppe der Internetnutzer sind das satte 47 Prozent. Jüngere nutzen diese Möglichkeit deutlich häufiger als Ältere. Dass man mit der neuen Technologie, die den Wandel zur Meconomy vorantreibt, auch im Sinne der Allgemeinheit ethisch handeln kann, tritt immer mehr in den Vordergrund, und diese Erkenntnis erschüttert bestehende Strukturen nicht nur in der Politik, sondern auch in der Wirtschaft.

Es werden verstärkt junge Arbeitnehmerinnen sein, die diese Entwicklung vorantreiben. „Überdurchschnittlich viele Frauen zieht es in Jobs, die etwas mit Nachhaltigkeit zu tun haben, die also Lösungen für Fragen einer alternden Gesellschaft bereitstellen, die mit grüner Energie, Bildung und Gesundheit zu tun haben", schreibt die Zeit Ende 2009 in einer Titelgeschichte über „Die Weiberwirtschaft". Die Shell-Jugendstudie hat kürzlich einen Typus namens „Engagementelite" beschrieben: Leistungsorientierte junge Menschen, die zugleich über einen ausgeprägten Werterahmen, über Toleranz und Umweltbewusstsein verfügen – darunter besonders viele Mädchen. „Die Krise beschleunigt den Wandel zugunsten der Frauen", so die Zeit. Wie tief der Wandel im Denken ist, zeigt sich an der beeindruckenden Zahl neuer Manifeste und Generationendefinitionen, die derzeit Konjunktur haben. Eines der meistdiskutierten stammt von Umair Haque, Leiter des Havas Media Lab, Gründer der Unternehmensberatung Bubblegeneration und Leitartikler der Harvard Business Review. Haque rief Mitte 2009 die „Generation M" aus und verfasste kurzerhand einen offenen Brief an alle Führungspersönlichkeiten aus Politik und Wirtschaft, der mit den Worten begann: „Sehr geehrte alte Leute, die die Welt leiten – meine Generation würde gern die

Beziehung mit ihnen beenden." Einige Punkte daraus:

- Sie wollten große, massive, schwerfällige „Unternehmen". Wir wollen kleine, reaktionsschnelle Geschäfte
- Sie haben Politik zu einem schmutzigen Wort gemacht. Wir wollen authentische, echte Demokratie – überall
- Sie wollten einen finanziellen Fundamentalismus. Wir wollen ein Wirtschaften, das den Menschen nützt, nicht nur den Banken
- Sie wollten Shareholder-Value – durchgesetzt von knallharten Managern. Wir wollen wahre Werte, aufgebaut von Menschen mit Persönlichkeit, Würde und Mut
- Sie wollten Wachstum – immer schneller. Wir wollen langsamer sein – damit wir besser werden können
- Sie wollten mehr Geld, Kredite und Hebel – um gefräßig zu konsumieren. Wir wollen gut darin sein, sinnvolle Dinge zu tun

Haques Generation M – das „M" steht für die englischen Wörter „movement", „meaningful", „matters" und „most" – soll getrieben sein von Leidenschaft, Verantwortungsgefühl, Authentizität und dem „Infragestellen von jeglicher Art, wie Dinge bisher getan wurden". Das klingt radikal und etwas naiv – man darf dabei jedoch nicht vergessen, dass der Autor zu den begabtesten jungen Wirtschaftsexperten und -beratern gezählt wird. Haque hat an Chris Andersons Buch „The Long Tail" mitgearbeitet und tritt auf Kongressen neben Jeff Jarvis auf. Die Krise sei nicht vorbei, sagt er, sie nehme sogar zu. Ihre Ursachen lägen „in den Institutionen, den Regeln, nach denen unsere Wirtschaft organisiert ist".

Jede Generation habe ihre Herausforderung und die seiner sei es, die Rechnung für die Verschwendungssucht der Vergangenheit zu zahlen und statt ihrer „einen authentischen, nachhaltigen und gemeinsamen Wohlstand zu erzeugen". Das sind große – und, zugegeben, auch noch recht vage – Worte eines zornigen jungen Mannes. Was sie zeigen, ist mindestens dies: Die so technik- und selbstverliebten Mitglieder der Meconomy sind sehr wohl bereit, Verantwortung zu übernehmen. Sie wollen aus den Fehlern der Vergangenheit lernen und fordern ihren Teil der Zukunft ein. Vielleicht haben sie die Werkzeuge, die Energie und den Pragmatismus, tatsächlich manches zum Guten zu verändern.

Reformen für die Kreativwirtschaft

Wenn es stimmt, dass die Meconomy in erster Linie von der Lust an Selbstverwirklichung sowie den fast kostenlos werdenden Produktionsmitteln und Vertriebsaufwendungen für digitale Produkte und Dienstleistungen angetrieben wird, ist eine der wichtigsten Fragen an die Politik: Was kann, was muss sie für die Kreativen tun, die ja heute nicht mehr nur aus wenigen Künstlern bestehen, sondern – glaubt man Forschern wie dem Sozialwissenschaftler Richard Florida – bald 40 Prozent der Arbeitnehmer umfassen werden? Wie es aussieht, ist das einiges.

„Seit die Regierung Schröder 1998 im Kanzleramt die Position eines Beauftragten der Bundesregierung für Kultur und Medien schuf, hat die Kultur- und Kreativwirtschaft maßgeblich zur Identität, zur Integration und zum wirtschaftlichen Aufschwung in Deutschland beigetragen“, heißt es in der Präambel des sogenannten „Kreativpaktes“, den der ehemalige Musikmanager Tim Renner zusammen mit diversen anderen Unterzeichnern wie dem Filmemacher Pepe Danquart, dem Designer Axel Kufus, dem Werber und Buchautor Sascha Lobo oder dem Architekten Meinhard von Gerkan 2009 der Politik anbot. „Keine andere Branche wächst schneller“, heißt es dort. „So stieg die Zahl der erwerbstätigen Kreativen von 2006 bis 2008 um acht Prozent an. Mit einem Jahresumsatz von 132 Milliarden Euro erwirtschaftet die Branche mehr als etwa die Chemieindustrie und beschäftigt mit über einer Million Menschen mehr als die Automobilindustrie.“

Im Gegensatz zu anderen Branchen sei in der Kreativwirtschaft die Emanzipation der Geschlechter längst vollzogen. So belege das aktuelle „Forschungsgutachten Kultur- und Kreativwirtschaft” der Regierung, dass in dieser Branche mehr als die Hälfte der Beschäftigten und 44 Prozent der Selbstständigen Frauen sind. Zudem integrierten die kreativ Arbeitenden Migranten wie kaum ein anderer Bereich: Fast zehn Prozent der bei der Künstlersozialkasse gemeldeten deutschen Künstler sind keine deutschen Staatsbürger. Und: „Die Kultur- und Kreativwirtschaft hat Arbeits- und Sozialstrukturen verändert und einen Entwicklungsprozess im Sinne von Produktion (Organisation von Arbeit in Netzwerken), Eigentum und Werten, auch jenseits des Materiellen, angeschoben." Diese Prozesse seien für die Gesellschaft relevant. Deshalb verlangen Renner und seine Mitstreiter von der Politik ein Umdenken in den Bereichen Bildung, Arbeit und informationelle Grundversorgung.

In Sachen Bildung fordern sie unter anderem ein Schulfach Medienerziehung, in dem der Umgang mit Informationen und geistigem Eigentum gelehrt wird, sowie „sicherzustellen, dass überhaupt an allen Schulen moderne Informations- und Kommunikationsmedien in ausreichender Menge vorhanden sind und die Lehrkräfte an diesen auch geschult sind". In Sachen Arbeit gehen die Unterzeichner noch weiter: Diese sei in der Kultur- und Kreativwirtschaft meist weder an geregelte Zeiten noch an definierte Orte und oft auch nicht an sozialversicherungspflichtige Beschäftigungsverhältnisse gebunden. Es seien auch die Erwerbstätigen selbst, die Vorteile in diesen Strukturen sähen und sich andere Arbeitsverhältnisse für sich nicht vorstellen könnten: „An Sicherheiten, die ein vermeintlicher Lebensarbeitsplatz mit Kündigungsschutz und Rente bringt, glauben viele nicht. Sozialversicherungen wurden für andere Arbeits- und Lebensentwürfe geschaffen. Deshalb müssen wir unsere Versicherungssysteme an die spezifischen Bedürfnisse und Bedingungen künstlerischer Arbeit anpassen, Modelle entwickeln etwa für die kurzfristigen Beschäftigungszeiten in der Filmwirtschaft."

Und so verlangen die Künstler und Kreativmanager, dass Sozialabgaben überall dort fällig werden, wo Entlohnung stattfindet, „egal ob in fester oder freier Beschäftigung". Dass bis zu einer neuen Regelung die Künstlersozialkasse nicht abgeschafft, sondern erneuert wird. Dass Mindeststandards für kreativ Beschäftigte und insbesondere für Praktikanten entwickelt sowie die Rahmenfristen als Voraussetzung für den Bezug von

Arbeitslosengeld verlängert werden. Neben verschiedenen Reformen von Urheberrecht und Abrechnungslogik der Verwertungsgesellschaften sowie neuen Vergütungsmodellen für Inhalte im Netz geht es den Unterzeichnern zudem um eine staatlich garantierte Internetgrundversorgung in Form von WLAN, wie es sie in den meisten baltischen Ländern gibt: „Ein solches kostenfreies Angebot würde allen einen Einstieg in digitale Produktions- und Vertriebswege ermöglichen und gewährleisten, dass jede Bürgerin und jeder Bürger Zugang zu den Resultaten kreativer Arbeit und dem im Internet bereitgestellten Wissen hat."

Die Kreativarbeiter sehen das Internet zu Recht als Auslöser des Reformdrucks. Es habe nicht nur die Welt der Kommunikation verändert, sondern „mit ihm entstanden in der Breite neue Zugänge zum Wissen, neue Möglichkeiten der Arbeit und Arbeitsformen, eine neue Situation für Eigentum und Wertschöpfung, eine Demokratisierung kultureller Produktion und Distribution, eine endgültige und absolute Informationsfreiheit". Ihr Fazit: Das Internet habe neue Realitäten geschaffen und viele analoge Grundlagen unserer Gesellschaft obsolet gemacht. Die Politik müsse sich dem gemeinsam mit Kulturschaffenden stellen. Der hier angebotene „Kreativpakt" soll, so die Unterzeichner, ein überparteilicher Aufruf sein, doch er wurde schnell im beginnenden Bundestagswahlkampf instrumentalisiert. Die Welt am Sonntag kommentierte das Interesse der Parteien am Thema: Es sehe so aus, als wollten Politiker zum ersten Mal ernsthaft um die Stimmen der Kreativen und Künstler kämpfen.

Der Sozialstaat für die Generation Facebook

Die Kreativökonomie kann mit ihrem Selbstverwirklichungsimpetus, der permanenten Neudefinition individueller Handlungsfelder und dem Anerkennen flüssiger Arbeitsmodelle in vieler Hinsicht als Blaupause künftiger Lebenswirklichkeiten gelten. Doch Wissenschaftler machen sich weitergehende Gedanken über „Reformen, die an den Grundlagen unserer Ordnung ansetzen", wie das Wissensmagazin der Süddeutschen Zeitung schreibt. Da wäre zum Beispiel das bedingungslose Grundeinkommen, wie es Thomas Straubhaar vertritt, der Leiter des Hamburgischen Weltwirtschaftsinstituts: Würde es umgesetzt, bekäme jeder Bürger ausnahmslos eine feste monatliche Summe, zwischen 800 und 1 000 Euro, von der man leben kann – wenn auch auf sehr niedrigem Niveau. Wer mehr verdienen will, kann das – wie bisher auch – durch Erwerbsarbeit tun. Finanziert würde das Grundeinkommen durch die Abschaffung nahezu der gesamten bisherigen Bürokratie, weil Bürger nur noch einen festen Konsumsteuersatz bezahlen müssten.

Der Soziologe Sascha Liebermann ist auch für das bedingungslose Grundeinkommen, geht aber einen Schritt weiter. „Freiheit statt Vollbeschäftigung" heißt seine Initiative und fordert ebendies: Weil heute menschliche Arbeitskraft mehr und mehr durch „Maschinen (Automaten, Computersoftware)" ersetzt wird, dürften wir nicht mehr an der ausschließlichen Verteilung von Einkommen über Arbeitsleistung festhalten. „Innovationen steigern die Produktivität und befördern die Wertschöpfung: Sie ermöglichen es, Arbeitsabläufe zu automatisieren und menschliche Arbeitskraft einzusparen", heißt es auf der Website der Initiative. Arbeitslosigkeit sei kein Zeichen von Armut, sondern ein Ausdruck der Produktivität und des Vermögens unseres Landes. „Das Festhalten am Ziel der Vollbeschäftigung hat zur Folge, dass Bürger – ohne Not – dauerhaft zu Tätigkeiten gezwungen werden, die automatisierbar sind. Automatisierbare Arbeit ist ersetzbare Arbeit; ersetzbare Arbeit kann nicht sinnstiftend sein." Das Festhalten am Ziel der Vollbeschäftigung gehe somit für eine steigende Anzahl von Bürgern mit dem Verlust beruflicher Sinnstiftung einher.

Könnten die Unternehmen, dank der finanziellen Versorgung der Menschen durch das Grundeinkommen, erst einmal automatisieren, „ohne sich Sorgen um entlassene Mitarbeiter zu machen", könnten sie allein „auf leistungsbereite Mitarbeiter setzen, denn Erwerbsarbeit wird freiwillig geleistet". Unproduktive Industrien und Wirtschaftszweige müssten nicht mehr subventioniert werden. Innovation würde belohnt und bestärkt, denn „technologische Problemlösungen könnten entwickelt und radikal genutzt werden, um menschliche Arbeitskraft dort einzusparen, wo es praktisch vernünftig ist“. Bürokratie, vor allem in den Sozialsystemen, könnte abgebaut werden, denn das bedingungslose Grundeinkommen würde „weitestgehend“ bestehende Sozialleistungen ersetzen. Wir werden uns aber daran gewöhnen müssen, Entscheidungen unter Bedingungen großer Unsicherheit und Komplexität zu treffen. Die Süddeutsche Zeitung sieht den „Königsweg zum guten Leben“ denn auch in dem, was Biologen Koevolution nennen, und zitiert den Leipziger Soziologen Ulrich Bröckling: „Es entsteht immer eine Korrespondenz zwischen den Anforderungen und der Kompetenz, darauf zu reagieren. Der notgedrungen flexible Mensch findet auch besonders kreative Möglichkeiten, sein Leben zu meistern.“

An diesem Punkt sind sich dann linke Grundeinkommensbefürworter und liberale Globalisierungsbefürworter wieder einig: Man darf die Selbsterfindungskräfte des Menschen und der Gesellschaft nicht unterschätzen. Innovationen können das Leben verbessern. Der maschinenstürmerische Technikpessimismus der 80er-Jahre, der sich in Teilen der politischen Klasse noch heute hält, verliert an Einfluss. Vor allem für die nachwachsende Generation gilt: Wir müssen und werden uns schon etwas einfallen lassen. Das heutige Sozialversicherungssystem erlaubt individuelle Lösungen für festangestellte Rentenzahler allerdings ebenso wenig, wie es die zunehmende globale Mobilität erleichtert. Vom jungen Regierungsberater Werner Eichhorst wollte ich wissen, was sich in dieser Hinsicht ändern muss:

Brauchen wir ein Sozialversicherungssystem für die Generation Facebook? Muss man zum Beispiel die globale Mobilität vereinfachen, sodass ich meine Rentenansprüche mitnehmen kann, wenn ich ein Jahr in Singapur arbeite, zwei in New York und dann nach Deutschland zurückkomme?

Werner Eichhorst: Das wäre eine logische Ergänzung vieler Trends, die wir derzeit beobachten, ist aber ein großes Rad, wenn man das global regeln wollte – und nichts, was über Nacht kommt. Vor allem was den Ruhestand angeht, wird für mobile Menschen das private Vorsorgen oder die betriebliche Absicherung wichtiger, weil sie über staatliche Systeme weniger erwarten können. Nur innerhalb Europas gibt es eine Zusammenrechnung der Rentenzeiten.

Drängen deshalb künftige Generationen raus aus der Rente und helfen sich selbst?
Eichhorst: Wir sehen eine Delegitimation des Sozialstaates vor allem bei denen, die sich für stark genug halten, auf eigene Rechnung besser abzuschneiden. Die logische Konsequenz wäre zumindest für global agierende gut Ausgebildete, aus der Sozialversicherung heraus zu optieren und zu sagen: Wir versorgen uns selbst durch unsere Ersparnisse, die wir im Laufe eines Arbeitslebens mit mehreren Arbeitgebern in verschiedenen Ländern aufbauen. Das ist aber ein schlechtes Geschäft für die Sozialversicherung. Denn werden international mobile Menschen aus der Sozialversicherung verabschiedet und sorgen nicht genug selber vor, können sie immer noch nach Deutschland zurück und dort die Grundsicherung beantragen.

Wo bleibt dabei das in Deutschland bewährte Solidarprinzip?
Eichhorst: Die beschriebene Entwicklung wird wohl dazu führen, dass die Sozialversicherung weiter schrumpft und wir am Ende einen steuerfinanzierten Grundsicherungsstaat bekommen. Das ist das Maß an Solidarität, das man am Ende nachhaltig finanzieren kann und muss. Alles andere bleibt letztlich der betrieblichen und privaten Vorsorge überlassen. Klar ist aber auch, dass die Sozialversicherung in der aktuellen Krise sich als stabiler erwiesen hat als die kapitalgedeckte Vorsorge und vieles dafür spricht, diese auch für weltweit mobile Menschen attraktiv zu machen.

Drei Dinge, die die Politik in der Meconomy jetzt tun muss?
Eichhorst: Es muss Schluss sein mit rückwärts gewandten Förderungs-

maßnahmen wie der Abwrackprämie, Geld für Opel und anderer Politik, die dem Strukturwandel hinterherläuft. Zweitens braucht es eine breit angelegte Grundqualifikation für jeden, der in den Arbeitsmarkt hineinkommt. Das muss mit entsprechendem finanziellem Aufwand auch für Migranten und Kinder aus schwierigen Elternhäusern durchgesetzt werden. Und drittens muss der Bereich Existenzgründung, also das Wachstum von Kleinunternehmen, begünstig werden. Das ist ein Bereich, mit dem wir neue Wirtschaftszweige eher erproben und austesten können als mit Subventionen, die der Staat an einzelne Branchen gibt.

Deutschland braucht eine Start-up-Kultur?
Eichhorst: Ja. Vielleicht gehen 80 Prozent dieser Kleinunternehmen pleite, aber 20 Prozent sind dann doch lebensfähig.

Konkret, wie kann man das befördern?
Eichhorst: Man könnte sagen: Jeder, der eine gute Idee hat, bekommt keine Abwrack-, sondern eine Aufbauprämie. Mit der kann er zwei bis drei Jahre experimentieren. Vielleicht bekommt er noch einen erfahrenen Berater an die Seite gestellt. Und dann schaut man einfach mal, was da passiert.

Start-up Deutschland

Wenn es also stimmt, dass die deutschen Unternehmen eine Start-up-Kultur brauchen, warum dann nicht die Institutionen? Man kann den Wandel zur Meconomy kurz so beschreiben: Wir wollen unser Glück stärker als bisher in die Hand nehmen, wollen selbst bestimmen, wann und wo wir arbeiten, wo wir leben. Wir wissen, dass wir nie aufhören dürfen zu lernen, wir wollen uns stärker sinnvoll betätigen, etwas für die Gemeinschaft tun und deshalb auch politisch stärker mitreden – allerdings weniger in Parteien oder Gewerkschaften, sondern zeitnah, konkret und anlassbezogen. Dies war auch Tenor der Zukunftsforscher im Kanzleramt. Was sie der Politik geraten haben, kann als Blaupause für eine solche Start-up-Kultur der gesellschaftlichen Verhältnisse in Deutschland gelten. Ihre wichtigsten Kernthesen lauten:

- Sinngebung, Identitätssuche und Glücksstreben werden als Motivation und Triebfeder für das, was man tut, immer wichtiger
- Institutionen wie Gemeinschaft, Nation, Gemeinwohl oder Solidarität stehen massiv unter Druck und beginnen zu bröckeln
- Die Menschen entscheiden selbst über Ihren Lebensentwurf und befreien sich von traditionellen Vorgaben aus der Vergangenheit
- Die Polarisierung im Sinne einer Pluralisierung von Werten nimmt zu. Flexible Menschen empfinden das als Befreiung und nutzen ihre Chancen. Überforderte Menschen suchen Schutz und Geborgenheit, Fairness und Ausgleich bei den Institutionen. Politik kann diese Führungsrolle (im Sinne eines Top-down-Prozesses) aber immer weniger spielen
- Die neuen Medien und Kommunikationstechnologien erobern immer stärker den Alltag der Menschen. Damit entstehen neue Wirklichkeiten und Erörterungslagen, die wir erst verarbeiten müssen
- Deutschland ist eine kreative und innovative Dienstleistungsgesellschaft mit einem starken industriellen Kern
- Deutschlands Vision ist eine Wissensgesellschaft, in der die sozialen und wirtschaftlichen Chancen jedes Einzelnen steigen
- Bildung ist der zentrale Schlüssel zu Arbeit, Selbstbestimmung, Wohlstand und Erfolg
- Die Arbeitswelt erfährt eine Zweiteilung. Gewinner sind Kernbelegschaften und hoch qualifizierte Selbstständige. Verlierer sind Randbelegschaften und Selbstbeschäftigte
- Flexibilität, Selbstverantwortung, Selbstorganisation und die Bereitschaft zum lebenslangen Lernen sind unverzichtbar, um in der Arbeitswelt von morgen bestehen zu können

- Die Deutschen entdecken die ursprüngliche Bedeutung des Wohlstandsbegriffs wieder: wohl leben und glücklich sein. Wohlstand heute basiert weniger auf Geld und Vermögen denn auf persönlichem Wohlbefinden und Wohlergehen
- Lebensqualität heißt, Vorsorge zu treffen für Ökonomie (angemessen mit Geld ausgestattet), Gesundheit (fit und gesund bleiben), Soziales (Zusammenhalt mit Freunden, in der Familie) und Mentales (lebenslang neugierig und offen bleiben). Das Ziel für den Einzelnen heißt Selbsterkundung und lebenslange Vervollkommnung

Die Grundlage für auf diesen Voraussetzungen basierende staatliche Start-up-Unternehmungen ist aber, dass dafür Geld vorhanden ist. An dieser Stelle ist die Skepsis der jungen Generation besonders berechtigt, hat die vorhergehende doch auf ihre Kosten viele Mittel verprasst und so mögliche Reformversuche in die Zwangsjacke gesteckt: Wenn gut 60 Prozent der öffentlichen Ausgaben für Zinsen, Tilgungen und Pensionen draufgehen, also für Leistungen der Vergangenheit, und nur zehn Prozent für Bildung, produziert das „eine gewaltige Generationenungerechtigkeit“, wie Wirtschaftswissenschaftler Jansen sagt. Weil Sparen kaum noch helfe und der Spielraum für Steuererhöhungen ausgeschöpft sei, rät er zu Privatisierungen. In Zeiten, in denen plötzlich wieder überall nach mehr Regulierung gerufen und eine Renaissance des intervenierenden Keynesianismus gefordert wird, weniger Staat zu verlangen, erfordert Mut, ist aber richtig. Es wird in der Tat „Zeit für einen neuen Gesellschaftsvertrag und eine demokratische Debatte darüber, was wir staatlich und was privat produzieren und finanzieren wollen“.

Das Verhältnis von Individuum und Institutionen ist in der Meconomy neu zu verhandeln. Muss der Staat „die öffentlichen Güter selbst herstellen oder nur gewährleisten, dass sie dem Bürger verlässlich zur Verfügung stehen?“, fragt Jansen zurecht: „Muss er für alle Unsicherheiten des Lebens vorsorgen – oder nur sicherstellen, dass wir es tun?“ Er sieht zwei Antworten: Erstens die Bildungsfinanzierung insgesamt zu erhöhen und in späteren Phasen stärker auf private Bildungsträger zu setzen, das heißt Studiengebühren, Wirtschaftsbeteiligung. Zweitens einen unternehmerischen Wettbewerb gegenüber öffentlichen Gütern zu ermöglichen. Sozialunternehmer, „die Speerspitze moralisierten Wirtschaftens", seien genau die Akteure, die sich nicht mit den Missständen und der Veränderungsgeschwindigkeit des Staates abfinden wollen.

Ob sich für beides eine breite politische Mehrheit finden lässt, sei allerdings fraglich, da Parteien an wirklich langfristigem Denken per Definition kein Interesse haben können. Die Politik „denkt nur im Heute, weil die noch nicht geborene Generation nicht wählt", so Jansen. Ein verändertes Wahlrecht, das diese repräsentiert, nennt er als Lösung, sowie eine Analyse der Demografiesensitivität von Politik. Das Parteienspektrum wird sich ausdifferenzieren, Koalitionen werden schwieriger und damit inhaltsreicher, Sozialunternehmertum und die Einmischung von Stiftungen nehmen zu. Und das ist auch gut so, ansonsten drohe nichts weniger als „die Auswanderung der nächsten Generation".

Die Ressource Information

Die gerade beschriebenen Phänomene stellen also die wohl einflussreichsten Faktoren für die Entwicklungstrends in den nächsten beiden Jahrzehnten dar, doch Tim Leberecht von Frog Design, Teilnehmer des Thinktanks im Kanzleramt, betont vor allem einen als besonders wichtig: die Digitalisierung unserer Gesellschaft. Seine Analyse fasst viele in diesem Buch beschriebenen Trends prägnant zusammen. Trotz der neuen Bescheidenheit, des neuen Haushaltens, und der neuen Sinnsuche in einer postmaterialistischen Gesellschaft dürften wir nicht vergessen, so Leberecht, dass wir eine Ressource im Überfluss besitzen und auf Jahrzehnte besitzen werden, nämlich Information – „und das heißt vor allem: Internet." Hier sei Information weitgehend unentgeltlich verfügbar und kombiniere ein Überangebot an Auswahl mit einer Fragmentierung der Nachfrage. „Alle bisher gemachten Prognosen über den Einfluss des Internets haben sich als zu konservativ herausgestellt", so der in San Francisco lebende Deutsche, „und mit dem jüngsten Phänomen der sozialen Medien hat sich der Einfluss des World Wide Web noch einmal verstärkt. Es gibt weltweit 120 Millionen Blogs. 13 000 Videos werden jede Minute auf YouTube hochgeladen. Ein Social Network wie Facebook hat weltweit 250 Millionen User, deren Sozialverhalten sich schrittweise verändert."

Blogs und Micro-Blogging Services wie Twitter verwandelten die Kommunikationskultur, beschleunigten den Nachrichtenzyklus und untergrüben die Autorität der traditionellen Medien und der herkömmlichen politischen Agenda-Setter. „Und dann ist da noch das expandierende Mobile Web mit steigenden Penetrationsraten. Und GPS. Near-Field Communications. RFID. Und, und, und ... Die Vision vom ubiquitären Datenzugang, vom Onlinesein 24 Stunden am Tag, ist längst Realität geworden, und für viele Mitglieder der Generation X und der Generation Y, die mit dem Internet aufgewachsen sind, bedeutet dies: Google ergo sum. Das Leben ist digital." Wenn man dann noch bedenkt, dass beide Generationen zu den Entscheidern der nächsten beiden Jahrzehnte in Deutschland zählen werden, kann man die Rolle des Internets bei der Diskussion über Lebensqualität gar nicht überschätzen. „Lebensqualität bedeutet zunehmend eben auch Qualität des digitalen Lebens und wird ganz sicher über das Internet verhandelt werden."

Das Internet wird soziale und politische Organisationsprinzipien dramatisch verändern. Die Grenzen zwischen privat und öffentlich, Konsument und Produzent, Amateur und Experte, Freizeit und Arbeit verschwinden ebenso wie die zwischen Bürger und Staat. Leberecht in schönstem Zukunftsforscherjargon: „Wir leben in einer neuen hybriden ‚Bindestrich'-Kultur, in der Bürger zur gleichen Zeit verschiedene Rollen und Identitäten annehmen können und zum Social oder zum Political Entrepreneur werden. Kollaboration und Selbstorganisation, Mashups, Schnittstellen-Design, „Open-Sourcing" und „Crowd-Sourcing" und „Peer-to-Peer-Sourcing" ersetzen Koordination und Top-down-Management sowie traditionelle institutionelle Vermittler von Sinn und

Ordnung." Man ahnt, was er meint, und es ist ja sehr viel dran. Auch der Wired-Chefredakteur Chris Anderson sieht in unserem Leben grundsätzlich veränderte Mechanismen am Werk. In der neuen ökonomischen und gesellschaftlichen Wirklichkeit, die vom Überfluss an Information, Computerkapazität, Reichweite sowie potenziellen Kunden und Kollaborationspartnern geprägt ist, lautet die Grundregel nicht mehr: Alles ist verboten, solange es nicht ausdrücklich erlaubt ist, sondern gerade im Gegenteil – alles ist erlaubt, wenn es nicht ausdrücklich verboten ist.

Das gesellschaftliche Modell sei nicht länger der Paternalismus („wir wissen, was für Dich am besten ist"), sondern der Egalitarismus („Du weißt, was für Dich am besten ist"). Das erfolgversprechendste Geschäftsmodell sei nicht länger der strikte Businessplan, sondern das Motto: „Wir werden es schon herausfinden." Der effektivste Entscheidungsprozess sei nicht mehr von oben nach unten, sondern gerade andersherum. Und der Management-Stil nicht, wie früher, „Kommando und Kontrolle", sondern „keine Kontrolle". Klingt anarchisch und irgendwie furchteinflößend? Wir sollten uns besser schon mal daran gewöhnen.

Die Weconomy

Auch unsere Vorstellung von Freundschaft und Solidarität wird sich wandeln. Soziale Netzwerke und Peer-to-Peer-Networks, Communitys und Tribes der Gleichgesinnten erweitern den Begriff der Familie. „Die soziale Lebensqualität wird immer wichtiger", so Tim Leberecht, aber die Definition von „sozial" müsse um die Dimension des Social Web erweitert werden: „Freunde sind – um den Titel eines Wim Wenders Films zu zitieren – ‚in weiter Ferne, so nah'." Das Konzept der Privatsphäre wird kontinuierlich abgelöst werden von radikaler öffentlicher Transparenz – für Individuen und Organisationen. „Offene" Unternehmen werden einen entscheidenden Wettbewerbsvorteil verzeichnen, denn sie sind besser für Wissensaustausch und Innovation aufgestellt. „Innen- und Außenwelt werden kongruent", prognostiziert der Gesellschaftsanalyst und Strategieberater: „Authentizität wird zum entscheidenden Kriterium für Kundenqualität auf der organisatorischen und Beziehungsfähigkeit auf der individuellen Ebene.“ Mit den Mitteln des Social Web, wird das Cocooning der 90er-Jahre einem Geben weichen, einer neuen Großzügigkeit, einem neuen Bürgerengagement, das Sozialkapital schafft. Laut Engagementatlas 2009 der AMB Generali Gruppe sind bundesweit 34 Prozent aller Personen über 16 Jahre bürgerschaftlich engagiert und dabei ist überraschenderweise die Gruppe der 30- bis 55-Jährigen überdurchschnittlich vertreten. „Im Zeitalter des Free Internet, in dem viele kommerziellen Transaktionen nicht mehr Geld als Währungsgrundlage haben, wird Kapital zunehmend identisch mit Sozialkapital“, so Leberecht, oder wie Wirtschaftsphilosoph Umair Haque formuliert: „Kapital entsteht, wenn mindestens zwei Menschen übereinstimmen, einer Sache Wert beizumessen.“

In dieser Hinsicht gehört die Zukunft einer doppelten Produktivität des Ökonomischen und Sozialen, einer sozialen Leistungsgesellschaft, einer Wir-Gesellschaft mit der Ökonomie des Unentgeltlichen, die ganz natürlich aus den Selbstverwirklichungstendenzen der Meconomy erwächst. Leberecht sieht künftig „Werteschöpfungsketten anstelle von Wertschöpfungsketten, Lifeholder-Value anstelle von Shareholder-Value.“ Leidenschaften können darin zum Lebensunterhalt werden. Standorte und formale Organisationen werden unwichtiger und durch selbst organisierte „Micropreneurs“ abgelöst. „Intrinsische ersetzt extrinsische Motivation. Die Identifizierung mit dem Arbeitgeber lässt nach, nicht aber der Stellenwert der Arbeit. Wir sehen so etwas wie die Renaissance des Renaissance-Menschen. Es wird mehr unorthodoxe, nichtlineare Lebensläufe geben, hybride Qualifikationen und Neuorientierungen im mittleren Lebensalter, sowie Telearbeiter und Digitale Nomaden. Kreativität ersetzt Produktivität. Jeder ist seine eigene Marke, ein kollaborativer Designer, ein sozialer Unternehmer.“

Dies bedeutet, dass Bildung zunehmend Kreativität lehren und fördern muss, Kollaboration, interdisziplinäre Schnittstellenkompetenz, laterales Denken und Eigeninitiative. „Es bedeutet auch“, so Leberecht, „dass es digitale Eliten geben wird und geben muss, die besondere Förderung verdienen." Gleichzeitig sei es Aufgabe des Staates und der Bildungsinstitutionen, die digitale Spaltung zu minimieren. Denkbar seien hier Modelle wie intergenerationelle Onlinenetzwerke oder Mentorenschaften. „Wie wir digitale Technologien, das Internet und insbesondere das Social Web kreativ gestalten und nutzen werden, um diese offene, kreative, soziale Leistungsgesellschaft Realität werden zu lassen, halte ich für einen der Schlüsselfaktoren und die größte Herausforderung für die Entwicklung von Lebensqualität in Deutschland in den nächsten beiden Jahrzehnten", so das Fazit des Kanzlerberaters, dem man sich uneingeschränkt anschließen kann.

Um nicht nur in der digitalen Gesellschaft anzukommen, sondern diese auch mitzuprägen, müssen sich Politik und Bürger Deutschlands aber entscheidend verändern. Die von der amerikanischen Zeitschrift Newsweek jüngst festgestellte deutsche Technophobie muss einer technologiefreundlicheren Haltung weichen, die akzeptiert, dass Deutschland schon längst Teil des Global Village ist. „Für die Mehrheit der Generation Y sind geografische und nationale Grenzen obsolet und Konzepte wie Privatsphäre lediglich ein Feature von Selfbranding und Reputationsmanagement", sagt Leberecht. Der Staat solle sich als Impulsgeber für bürgerliches Engagement, als Inkubator für Social und Political Entrepreneurship sehen. „Initiativen wie Obamas ‚Office for Social Innovation' in den USA würden auch Deutschland gut zu Gesicht stehen, und die Nutzung von Social Media zur Bürgerbindung und Förderung von Sozialkapital betreibt ja sogar schon der Vatikan", kritisiert der Analyst, „nicht aber die deutsche Politik. Hier und in anderen Bereichen scheint mir die deutsche Gesellschaft weiter als die deutsche Politik, die deutlich aufholen muss."

Es sind die Jüngeren, denen manchmal die Geduld mit Deutschland ausgeht. Gerald Hensel, Frankfurter Werber, Politologe und Internettheoretiker, polemisiert in einem Grundsatzkommentar in seinem Blog: „Wir glauben an einen starken Staat, der von Parteien, öffentlicher Wohlfahrt, Autoproduzenten und einer mehr oder weniger festen Ordnung beherrscht wird, in der jeder und alles seinen besonderen Platz hat. Klingt nach 16. Jahrhundert? Nun, manchmal ist es das." Vor allem mit dem liberalen Geist des Web 2.0 hätten die Deutschen so ihre Probleme, denn da gibt es ja keinen, der einem sagt, wie die Welt sein solle. Hensel: „Keine Institutionen. Nur wir und unseres persönliche Kreativität." Wir seien unsicher, wie wir uns in dieser individualistischen Welt verhalten sollen, „einer Welt, in der keine allgemeinen Wahrheiten mehr zu gelten scheinen. Und darum bewegen wir uns gar nicht."

Grundsätzlich fürchtet auch Tim Leberecht, ähnlich wie Werner Eichhorst, dass es Deutschland an Risikobereitschaft mangelt („nicht zufällig heißt Venturecapital hier ja Risikokapital") sowie an Optimismus und Innovationstempo. Keinesfalls gehe es darum, amerikanische Verhältnisse zu fordern, „aber ein Schuss mehr Mut unter Wahrung des eigentümlichen deutschen Skeptizismus würde Wunder wirken". Auch die Forscher der renommierten amerikanischen Wharton Universität in Pennsylvania haben sich mit den Grenzen des deutschen Erfindergeistes beschäftigt und kommen zum selben Schluss: Die hierarchische Natur deutscher Unternehmen stelle oft eine Hürde für Innovation dar, zumindest in jenen Branchen, die sich schnell verändern. „Dass die Organisationen sehr strukturiert sind, kann sein Gutes haben", sagt Susanne Shields, die sich an der amerikanischen Uni mit deutscher Kultur beschäftigt. „Gleichzeitig sind Deutsche nicht sehr flexibel, sodass es sehr lange dauert, bis neue Ideen sich durchsetzen. Sie können nicht einfach ins Büro des Vorgesetzten gehen und sagen: ‚Ich habe dieses beobachtet und würde darum jenes vorschlagen ...'"

Shields kritisiert, dass die deutsche Bildung Wissen über Kreativität stellt: „Das behindert unternehmerisches Denken im späteren Leben", zitiert die Studie Dietmar Grichnik, Professor für Unternehmertum und Existenzgründung an der Otto Beisheim School of Management. Die bürokratischen Hürden, ein Unternehmen zu gründen, seien in Deutschland nicht zu hoch – es sei vielmehr die Angst zu versagen, die viele vom Schritt in die Selbstständigkeit abhalte: Laut einer Umfrage würden mehr als 50 Prozent aller Deutschen aus diesem Grund davor zurückschrecken.

Doch langsam ändert sich das: Manche Universitäten bieten Seminare in Unternehmertum an und es gibt mehr staatliche Unterstützung für Existenzgründer. Dies könnte mit der Zeit das deutsche Henne-Ei-Problem lösen, das Jürgen Habichler, Chef des Venturecapital-Fonds Mountain Cleantech, beschreibt: „Es gibt nicht genügend inspirierende Erfolgsgeschichten, aber ohne diese Vorbilder wird niemand sich trauen.“

Die Meconomy bietet nun dem Einzelnen Chancen der ökonomischen Selbstverwirklichung und dem Staat die Gelegenheit, seine Aufgaben und Institutionen auf den Prüfstand zu stellen, Strukturen zu modernisieren und seine Bürger auf die erheblichen Veränderungen vorzubereiten. Die Wirtschaftskrise hat ihren Teil dazu beigetragen, dass diese Prozesse als dringlicher empfunden und hoffentlich schneller vonstattengehen werden. Sie darf insofern als Scheideweg gelten zwischen klassischer Festanstellung und Selfbranding. Zwischen Ausbildung und lebenslangem Lernen. Zwischen egoistischem Renditestreben und sozialem Engagement. Zwischen gerade noch planbaren Lebensläufen und fundamental fragmentierten. Zwischen einem paternalistischen Staat sowie einem, der seine Leistungsgrenzen anerkennt und verlässlich Grundversorgung und Chancengleichheit sichert. Wir sind in Zukunft stärker auf uns allein gestellt, aber wir haben die Werkzeuge und die selbst organisierten Gemeinschaften, um diese Herausforderung zu meistern.

Zurück aus der Zukunft: Lifehacking im Alltag

Was nehme ich persönlich aus diesem Buch mit? Sehr viel, denn das Schreiben war zugleich ein Selbstversuch. Meine Ausgangsthese lautete ja: Es ist für uns alle heute so leicht wie noch nie, uns neu zu erfinden. Unser Leben als Baukasten zu betrachten, aus dem wir uns die passenden Teile heraussuchen und eine Identität basteln können. Wir können das nicht nur tun, wir müssen es sogar. Zugleich hatte ich das starke Gefühl, diese Recherche müsse mit mir selbst anfangen. Ich habe darum auf zwei Ebenen gearbeitet: Auf der theoretischen sprach ich mit Experten, wertete Studien aus und las mich durch den aktuellen Stand der Fachliteratur. Ein Berg Bücher lag stets auf dem Schreibtisch und neben meinem Bett, mit Titeln wie „Upgrade Your Life", „The Power of Less", „Geografie des Glücks" oder „Ich: Wie wir uns selbst erfinden". Ich habe Interviews mit Soziologen und Psychologen, Managern und Unternehmensberatern, Philosophen und Politikwissenschaftlern geführt. Ich las ein Jahr lang jeden Tag die neuen Einträge in Blogs, die „Lifehacker" heißen oder „You 2.0", „Outsource Your Life" oder „Zen Habits", „The Art of Nonconformity" oder „Digital Nomads". Auf der praktischen Ebene wollte ich so viel wie möglich von dem, was ich da an Theorien kennenlernte, an mir selbst testen. Wollte wissen, wie viel von meinem Alltag, meinen Fähigkeiten und den scheinbaren Sachzwängen nur Gewohnheit, Faulheit und Routine sind, vielleicht auch Angst vor dem Unbekannten. Und wie viele Bereiche meines Lebens ich tatsächlich selbst umbauen kann.

Ich hatte mir Ziele gesetzt: Ich möchte selbstbestimmt mein Geld verdienen, wann ich will und wo, ohne dass ein Chef mir sagt, wie lange ich an welchem Schreibtisch zu sitzen habe. Ich möchte gern viel reisen und unterwegs arbeiten. Ich möchte meine persönliche Produktivität verbessern, mich nicht mehr von der digitalen Informationsflut ablenken lassen, keine Termine mehr vergessen, Projekte sinnvoll strukturieren und wenn ich arbeite, das dann bitte auch möglichst effizient tun. Ich möchte neue Fähigkeiten erlernen, bei denen mich eigentlich immer gewurmt hat, dass ich sie nicht beherrsche: Entspannt Vorträge halten zum Beispiel oder auf Englisch Artikel schreiben. Ich habe mir für dieses Buch ein Arbeitspensum auferlegt. Morgens zwei, drei Stunden schreiben, danach Fachliteratur lesen und Interviews führen, dann täglichen Sport – laufen oder Krafttraining – danach noch mal ein paar Seiten schreiben. Zwischendurch immer wieder rausgehen, vor Ort selbst Dinge anschauen, Experten treffen. Nebenher üben, Magazinbeiträge auf Englisch zu verfassen, und möglichst viele Vorträge halten. Ich habe mich von der Wirtschaftskrise nicht nervös machen und in einen sicheren aber öden Bürotrott zurücktreiben lassen, sondern arbeite weiterhin fast nur noch, wann und wo ich möchte: zu Hause oder unterwegs. Ich bin im letzten

Jahr tatsächlich wieder viel gereist, war in Lissabon und Andalusien, auf der Karibikinsel Grenada und der Nordseeinsel Juist und immer war das eine angenehme Mischung aus viel Urlaub und ein bisschen Job. Ich schreibe regelmäßig und inzwischen einigermaßen routiniert Artikel für die britische Zeitschrift Monocle – auf Englisch. Die vielen Vorträge haben mich um einiges lockerer gemacht. Vor Publikum zu sprechen verursacht mir nun keine Magenschmerzen und Schweißausbrüche mehr – immer öfter freue ich mich sogar auf die anschließenden Diskussionen und die Menschen, die ich dabei kennenlernen werde.

Ich versuche, Selfbranding mit persönlicher Produktivität in ein gesundes Gleichgewicht zu bringen, das heißt: Ich blogge und twittere inzwischen regelmäßig, aber nicht mehr jede Kleinigkeit, und ich schaue nur ganz selten auf Facebook vorbei, weil das doch ein riesiger Zeitkiller ist. Ich versuche, nur drei- oder viermal am Tag gesammelt meine E-Mails zu bearbeiten, anstatt mich zwischendurch immer wieder von einzelnen ablenken zu lassen. Ich habe inzwischen ein wasserdichtes elektronisches und physisches Ablagesystem – inspiriert von David Allen –, mit dem ich narrensicher verhindere, dass ich Aufgaben oder Termine vergesse, was mich viel ruhiger schlafen lässt. Ich bemühe mich, insgesamt die Zeit, die ich mit Computer und iPhone verbringe, zu begrenzen, ohne deswegen zum Techno-Skeptiker zu werden. Und ich achte darauf, mir große ungestörte Zeiteinheiten freizuschaufeln, in denen ich konzentriert Dinge „mache", wie Merlin Mann das verlangt – zum Beispiel dieses Buch schreiben.

Bin ich jetzt ein besserer Mensch? Keine Ahnung. Aber ich habe endlich mal ein paar Dinge geregelt bekommen, die mich immer gewurmt haben, aber für die ich im fremdbestimmten täglichen Stress des Bürojobs keine Zeit hatte. Heute, und das ist ein enormer Fortschritt, entscheide ich nicht nur sehr viel öfter, was und für wen ich überhaupt arbeiten will. Nervt ein Auftraggeber zu sehr, lasse ich ihn eben fallen. Ein Luxus, ich weiß, aber auch ein notwendiger Selbstschutz. Es ist schließlich meine Lebenszeit, und die will ich nicht hauptsächlich den anstrengenden Überempfindlichkeiten psychopathischer Vorgesetzter oder Auftraggeber opfern. Vor allem erledige ich meine Arbeit in deutlich kürzerer Zeit. Erst dadurch kann ich mich um neue Fähigkeiten kümmern, die ich erlernen möchte und die mir wiederum im Job zugutekommen. Ich habe aber auch Zeit, mal nur auf dem Sofa zu liegen und einen Film zu schauen oder mit meiner Freundin nachmittags ein Eis essen zu gehen. Ich bin außerdem dabei, ein kleines Unternehmen zu gründen: Ich werde künftig zusammen mit einem kleinen, hochkompetenten Team Medienberatung und Konzeptentwicklung anbieten. Wir arbeiten virtuell zusammen – ob wir irgendwann einmal ein Büro brauchen, werden wir sehen, aber sicher sitzen wir dann nicht 9-to-5 dort. Denn ich will einige Dinge, die ich bei der Recherche für dieses Buch gelernt habe, für mich praktisch umsetzen. Es ist heute leichter denn je, ein kleines Unternehmen zu gründen? Also los! Virtuelle Persönliche Assistenten in anderen Ländern gibt es jetzt auch in deutscher Sprache? Sneha sitzt in Bangalore gerade an einer Recherche für mich. Man soll sich immer wieder neu erfinden und permanent Neues lernen? Als Nächstes könnte eine Fremdsprache kommen, ein regelmäßiges Schwimmtraining oder eben – Gründer sein: Auch das will gelernt sein.

Man könnte sagen: Meine eigene Meconomy läuft auf Hochtouren. Wann fangen Sie mit Ihrer an?

Danke

Ralph Schüngel für Lektorat, Recherchehilfe, Factchecking und viele kritische Fragen. Christian Meier, Thomas Ramge und Thomas Hölzl fürs Lesen des Manuskripts und hilfreiche Anmerkungen. Katrin Hoffmann für das Cover. Torsten Bergler und NoMoreSleep für Gestaltung, Programmierung der Website und strategische Beratung rund ums E-Book. Karolina Leczkowski für unschlagbares Organisationstalent und unbestechlichen Geschmack. Dirk Mönkemöller für den Satz des PDF. Meinem Agenten Thomas Hölzl, der mich geschickt und strategisch durch alle Untiefen steuert. Dem Textunes-Team – allen voran Marlies Hebler und Volker Oppmann – dafür, dass sie dieses Experiment gemeinsam mit mir eingehen. Sandra Winkler für viele kluge Einwände, professionelle Textarbeit und unersetzliche Respektlosigkeit. Milla Annick Albers für einen nachhaltigen Perspektivwechsel.

Die folgenden Menschen haben mir von der Art und Weise erzählt, wie sie ihr Leben neu erfinden oder was ihnen sonst noch zu meiner These von der Meconomy einfällt. Sie verstehen alle viel von ihrem jeweiligen Fach. Sollten Dinge in diesem Buch falsch dargestellt oder eingeordnet sein, ist das mein Fehler, nicht ihrer: Chris Anderson (Wired), Simon Anholt (Policy Advisor), Klaus Eck (Personal-Branding-Experte), Werner Eichhorst (Institut für die Zukunft der Arbeit), Timothy Ferriss (Buchautor und Unternehmer), Tobias Fröhlich (Teravolt.de), Wolff Horbach (Faktor G), Johannes Kleske (Tautoko), Bastian Kröhnert (strandschicht.de) Tim Leberecht (Frog Design), Kai Müller (StyleSpion.de), Timo Off (Geistesblitz.de), Sunder Prakasham (GetFriday), Rolf Potts (Buchautor und Reisereporter), Volker Schriefer (freiberuflicher Controller), Sebastian Sooth (Hallenprojekt), Andreas Stammnitz (Gründer), Florian Steglich (Imgriff.com), Jürgen Schweizer (Things), Andrew Tuck (Monocle), Eric Weiner (Buchautor und Journalist).

Literatur

David Allen: Wie ich die Dinge geregelt kriege: Selbstmanagement für den Alltag (Piper 2008)

Kurt Andersen: Reset (Random House 2009)

Chris Anderson: Free (Campus 2009)

Leo Babauta: The Power of Less (2009)

Alain de Botton: Die Kunst des Reisens (Fischer 2003)
The Pleasures and Sorrows of Work (Hamish Hamilton 2009)

Tom Butler-Bowdon: 50 Lebenshilfe Klassiker (MVG 2003)

Dan Clements & Tara Gignac: Escape 101 (Brainranch 2007)

Heike Faller: Wie ich einmal versuchte, reich zu werden (dva 2009)

Peter Felixberger: Deutschlands nächste Jahre (Murmann 2009)

Richard Florida: Who's Your City?: How the Creative Economy Is Making Where to Live the Most Important Decision of Your Life (Basic Books 2008)

Holm Friebe & Thomas Ramge: Marke Eigenbau: Der Aufstand der Massen gegen die Massenproduktion (Campus 2008)

Malcolm Gladwell: Überflieger (Campus 2009)

Seth Godin: Tribes – We Need You to Lead Us (B&T 2008)

Wolff Horbach: 77 Wege zum Glück (Graefe und Unzer 2008)

Richard Horne: 101 Things to Do Before You Die (Bloomsbury 2004)

A. J. Jacobs: Britannica und ich (List 2006)

Jeff Jarvis: What Would Google Do? (HarperCollins 2009)

Rich Karlgaard: Life 2.0 – How People Across America Are Transforming Their Lives by Finding the Where of Their Happiness (Three Rivers Press 2005)

Guy Kawasaki: Reality Check (Portfolio 2008)

Martin Kihn: Asshole (Ullstein 2008)

Stefan Klein: Einfach glücklich (rororo 2004)

Georg Kneer, Armin Nassehi: Niklas Luhmanns Theorie sozialer Systeme (UTB 2000)

Charles Leadbeater: We-Think: Mass innovation, not mass production (Profile Books 2008)

Jens Uwe Meyer: Das Edison-Prinzip (Campus 2008)

John Naisbitt: Mindset (Hanser 2007)

Kathrin Passig & Sascha Lobo: Dinge geregelt kriegen – ohne einen Funken Selbstdisziplin (Rowohlt 2008)

Daniel Pink: Drive – The Surprising Truth About What Motivates Us (Riverhead 2009)

Rolf Potts: Marco Polo Didn't Go There (Travelers' Tales 2008)

Siegfried J. Schmidt: Die Wirklichkeit des Beobachters, in: K. Merten, S. J. Schmidt, S. Weischenberg: Die Wirklichkeit der Medien (Westdeutscher Verlag 1994)

Clay Shirky: Here Comes Everybody (Penguin 2008)

Werner Siefer, Christian Weber: Ich: Wie wir uns selbst erfinden (Campus 2008)

Werner Siefer: Das Genie in mir (Campus 2009)

Neill Strauss: Emergency (HarperCollins, 2009)

Nassim Nicholas Taleb: Der schwarze Schwan (Hanser 2008)

Twyla Tharp: The Creative Habit (Simon & Schuster 2006)

Gina Trapani: Upgrade Your Life (Wiley 2008)

Gary Vaynerchuk: Crush It! – Why NOW is the Time to Cash in on Your Passion (Harperstudio 2009)

David Weinberger: Das Ende der Schublade: Die Macht der neuen digitalen Unordnung (Hanser 2008)

Eric Weiner: Geografie des Glücks: Auf der Suche nach den zufriedensten Menschen der Welt (Rogner&Bernhard 2008)

0819-1157771 212 G